조선총독부의 간도 시찰 보고서

압록강·두만강 유역 『國境地方視察復命書』

조선총독부의 간도 시찰 보고서

압록강·두만강 유역『國境地方視察復命書』

문상명 번역

역사로

책머리에

10여 년 전 두만강과 압록강 연안의 조선족 마을을 찾아 그들의 생활과 문화를 조사했던 경험이 있다. 조선족 중학교 앞에서 60대 중반 정도 되시는 한 아주머니가 김치를 팔고 계셨다. 불쌍한 딸은 한국에서 돈을 벌고, 한국에서 결혼하고 낳은 손자는 본인이 김치 판 돈으로 연변에서 키우고 있다고 말씀하셨다. 간도 이주 2세대인 본인의 삶도 힘들었는데, 3세대인 딸의 삶도 그리 녹녹치 않아 보였다. 그들은 중국식 발음이 섞인 한국어를 구사하고 한국식 느낌의 중국어 사투리를 쓰는 중국인이지만, 우리와 같은 민족이라는 사실에는 변함이 없다.

흔히 우리 민족은 간도를 북간도라 불렀다. 두만강 사이 감자를 심던 모래톱을 간도라 부르기 시작하다가 강 건너 북쪽으로 이주하며 북간도라는 말이 생겨났다. 정확히 어디서 어디까지가 간도인지 아무도 규정한 적 없지만, 분명한 것은 우리민족이 살았던 공간은 어디든 간도였다. 일본은 우리나라에 대한 통치를 간도까지 확장하고 나아가 청과 러시아를 견제하여 만주 일대를 차지하고자 1907년 8월 23일 용정촌(龍井村)에 '통감부임시간도파출소(統監府臨時間島派出所)'를 설치하였다. 본격적으로 우리 한인들을 관리하기 시작하여 이 지역을 중심으로 연변 일대를 동간도라 불렀으며, 동부와 서부로 구분하기도 하였다. 당시 소장을 맡은 사이토 스에지로(齋藤季

治郞)는 대한민국 황제폐하의 성의(聖意)를 받들고 통감각하의 명을 받아 한인(韓人)의 생명과 재산을 보호하고 복리를 증진시키기 위해 간도파출소를 세웠다고 말하였다.

통감부 통감(統監府統監) 이토 히로부미[伊藤博文]가 대한제국의 내각총리대신(內閣總理大臣) 이완용(李完用)에게 간도파출소 관내 일반상황에 대해 통보(1907 11월 18일)한 내용은 간도파출소의 역할을 잘 보여준다. 일반적인 상황, 청국 관민의 한인에 대한 불법 폭압행위, 무산(茂山)·회령간도(會寧間島) 및 흑산령(黑山嶺) 산맥의 지질·농업·광물 등에 대한 조사, 위생 사항 등을 담고 있다. 특히 일본은 용정촌에 대하여 "이 지역은 청국 관헌에게 징세하지 않고 거주의 안전함과 장래 발전이 예상되어 가옥을 신축하고 이주한 한인이 날마다 증가하였다. 파출소 개설 당시에 98호였던 한인 가옥이 현재 155호이다." 라며 간도파출소의 위상을 홍보하기도 했다. 간도파출소는 간도 문제에 대한 현지 조사는 물론이고 간도의 현황, 관습, 호구, 산업 등에 대한 각종 조사를 실시하고 그 결과를 여러 차례 보고서로 제출하였다. 1909년 9월, 청과 간도협약을 맺음으로써 2년 만에 간도파출소는 철수되고 공식적으로 활동이 종결되었다.

『국경지방시찰복명서』는 1914년 여름, 비록 2개월 이라는 짧은 기간동안 압록강·두만강 일대를 조사하고 기록한 출장보고서이지만 내용이 자세하고 풍부하다. 그 이유는 책에서도 밝히고 있지만, 일본이 간도파출소를 설치하고 조사하기 시작한 이전의 보고서를 바탕으로 하였기 때문이다. 이는 또한 보고서가 중요한 자료라는 것을 반증해주기도 한다. 간도파출소가 설치된 직후부터의 자료가 축적되어 있으며, 철수 된 이후 간도의 새로운 상황까지 더해진 자료이기 때문이다.

우리나라에서는 대구광역시립중앙도서관이 원본을 소장하고 있으며, 국립중앙도서관에서는 이를 복제하고 전자자료로 구축하여 소장 중이다. 2005년에는 일본 동경의 龍溪書舍에서 새롭게 영인하기도 했다. 국내에서는 백산학회에서 『백산학보』 9호(1970년)와 10호(1971년)에 두 차례에 걸쳐 번역본을 수록하기도 하였다. 그렇지만 이 번역본은 일본식 한자어를 그대로 사용하고 조사 정도만 한글로 바꾼 것에 불과하여 대중이 이해하기 어려웠다.

필자는 간도파출소가 철수된 이후 처음으로 동간도 지역을 종합적으로 조사한 이 책이 간도 연구에서 중요하다는 것을 인식하고 공부하는 마음으로 새롭게 번역하고 정리하였다. 책의 앞 부분에는 해제를 대신하여 '편찬 경위와 조직구성', '목차 구성 및 개요'를 썼다. 특히 독자의 이해를 돕기 위해 당시의 사진과 지도를 첨부하였으며, 일부 지도에는 설명을 더하기도 하였다.

번역을 하고 「조선총독부의 압록강·두만강유역 간도시찰 보고서」라는 제목을 붙였다. 당시 우리 한인들이 이주하였던 간도라는 공간은 국경이 불분명했으며, 국가의 역할은 충분하지 못했다. 그런데 당시 압록강과 두만강을 건넜던 한인들에게 백두산은 매우 중요한 산이었다. 우리의 산이며 민족의 상징이었고, 백두산에서 발원하는 두만강 북쪽의 토문강이 중국과의 경계라는 인식이 있었기에 간도가 우리 땅이라는 확신을 가지고 강을 건넜던 것이다. 그렇기에 새로운 공간에 정착했지만 낯설음은 덜했고 백두산을 중심으로 새로운 문화권을 형성 할 수 있었다. 간도는 넓은 의미에서 백두산 문화권이며, 압록강·두만강 유역 생활권이다.

역사지리 연구, 백두산 연구와 답사에 큰 가르침을 주신 양보경 교수님께 깊은 감사를 드린다. 한성과고의 치열한 경쟁 속에서 힘든 공부를 하면서도 늘 밝은 우리 고 3 수연이 너무 대견하고 고맙다. 책이 출간되어 나올 즈음 좋은 소식이 있길 소원해 본다. 대원외고에 이제 막 입학해서 적응하느라 최선을 다하는 우리 착한 채령이. 지금 잘 하고 있고 앞으로도 잘 할거니 힘내라고 엄마가 응원을 보낸다.

벚꽃 만개한 2023년 3월의 마지막 날

알아두기

1. 한인은 이주한 조선인[韓人]을 일컫는다.
2. 장백산은 중국에서 부르는 백두산의 명칭이다.
3. 중국 지명의 경우, 중국어 발음이 아닌 한자음으로 표기했다.

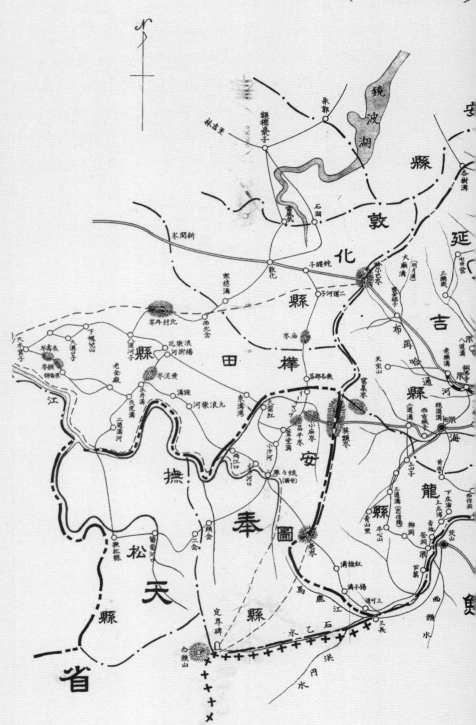

《間琿地方略圖》 1937년, 조선총독부 경무국

앞에 실은 지도는 1937년에 조선총독부 경무국에서 발행한 『間島問題의 經過와 移住朝鮮人』이라는 책에 첨부된 지도이다. 간도와 혼춘지역의 경계와 총영사관, 경찰분소 등을 표시하였다. 특히 1909년 간도협약 당시의 간도지역(동간도 동부)과 동간도 서부 지역의 범주를 명확히 표현하고 있다. 간도협약에서 백두산 동쪽으로 흐르는 석을수(石乙水)를 중국과 조선의 경계로 정한 것도 자세히 나타나 있다.

동간도 동부는 '석을수-두만강-알아하'의 하천으로 이어지다가 왕청현을 동쪽 경계로 하며, 북쪽으로는 녕안현(寧安懸)의 노야령(老爺岺)을, 서쪽 경계로는 연길현의 합이파령(哈爾巴岺)과 화룡현의 영액령(英額岺)·노령(老岺)을 경계로 한 연길·화룡현 일대이다. 동간도 서부 지역은 백두산 정계비에서 북쪽으로 발원하는 오도백하에서 이어지는 '이도강-송화강'을 따라 북서쪽 경계를 이루며 대수분자에서 동쪽으로 '이도하자-합이파령'에 이르는 동간도 동부를 경계로 하는 서쪽 공간이다.

이 지도를 통해 간도협약에서 간도로 규정한 공간은 '동간도 동부'지역이고, '동간도 서부'는 오도백하(조선에서 주장하는 백두산정계비에 명시된 토문강)에서 송화강으로 이어지는 선을 경계로 하고 있다는 것을 확인 할 수 있다. 이와 같은 간도 공간에 대한 이해는 백두산정계비에 명시된 토문강을 기본으로 하고 있지만, 그 해석은 여전히 논쟁의 중심에 있다.

편찬 경위 및 책의 구성

1. 편찬 경위와 조직 구성

　『국경지방시찰복명서』는 압록강·두만강 일대를 1914년 여름에 2개월 동안 현장 조사한 뒤에 1915년 조선 총독에게 보고한 출장보고서이다. 이는 간도 조사의 계보를 추적할 때 지역조사의 원형이 되는 귀중한 자료이다. 조선총독부가 간도 월경 조선인이 30만 명을 넘어서 중국 측과 분쟁이 종종 발생하자, 국경지방 현지 시찰이 필요하다 판단하여 조사 지시를 한 것이다.

　조사반은 조선총독부 촉탁 3인, 일본육군 장교 6인의 총 9명으로 구성되었다. 이들은 1914년 8월 16일 서울에서 출발하여 약 2개월 동안 현지답사를 하고 그해 10월 23일에 돌아왔다. 일본인은 조선총독부 試補 今村邦典(관방 총무국 총무과), 杉本良(관방 참사관실), 高武公美(내무부 지방국 제2과) 등과 육군헌병 대위 太田淸松·長谷部巖·村井因憲 등이었다. 이들 외에도 특이하게도 '조선 군인' 3명이 포함되어 있다. 육군보병 正尉 김태원(金泰元)과 김형섭(金亨燮), 그리고 參領(참령)으로 나중에 民生團(민생단) 단장을 지낸, 박두영(朴斗榮) 등이다. 조사 답사의 목적이 국경지방 조선인의 생활실태를 파악하는 것인 만큼 현지 한인 농민들과 소통할 수 있고, 그들의 생활관습 등을 잘 아는 이들이 필요했을 것이다.

　그래서 이 보고서만이 아니라 1940년대까지도 재만 조선인에 대한 조사보고에는 어떤 형태로든 민관의 조선인과 또 군경(軍警)이 참여하였다. 조선인은 조사 실무자이자 통역관으로 참여하였고, 군경은 접경지역 조사의 안전을 확보하고 현지 주민의 '협조'를 끌어내는 역할을 하였다.

보고서의 서언에 이와 같은 내용이 잘 소개되어 있다.

조선의 국경은 압록강·두만강의 水脈(수맥)으로 러시아와 중국과 接壤(접양)했
으며 犬牙錯綜(견아착종)한 경계선은 그 연장이 수 백리에 달하여 두 강의 원천지
방에는 아직도 인적이 이르지 않은 곳이 있다. 그리고 해마다 팽창하는 조선 인구
의 과잉은 사회 생존의 필요성, 두 강을 나룻배로 건너 국외로 이주 경작하는 자
가 해마다 늘어나 현재 이미 30만 명을 초과하는 추세에 있다. 彼我(피아)의 인민
이 서로 混糅(혼유) 섞여 거주 경작하는 고로 종종 繫爭(계쟁)이 발생하고 왕왕 國
交(국교)를 해칠 우려가 있다. 이에 조선총독부는 국경지방의 실지 시찰이 필요
하다고 인정하여 지난 해 1914년 8월 중순 3개의 시찰반을 편성해서 각기 방면을
나누어 실지 조사케 하였다. 겨우 2개월 여의 일자로서 수 백리의 산하를 跋涉(발
섭)한 각 반원은 星行露宿(성행노숙) 席溫(석온)할 겨를도 없었다. 고로 복명서는
혹은 皮相(피상)에 그치는 것이 있고 혹은 正鵠(정곡)을 얻지 못하는 것이 있을지
라도 역시 때로는 机上(궤상)의 想像(상상)과는 전혀 상이한 실상을 서술한 바 있
어 시정상 裨益(비익)이 적지 아니한 記事(기사)가 있으므로 蒐集(수집)하여 일책
을 마련하여 剞劂(기궐)에 附(부)한다. 문장이 구구하여 기사 또한 중복이 있음은
각반의 기초자가 다르기 때문이며 일부러 이를 통일하지 아니함은 각반원의 直覺
(직각)한 실상을 그르칠까 우려하기 때문이다.

2. 목차 구성 및 개요

1) 목차 구성

목차는 서론을 제외한 모두 10편으로 구성되었다. 1편부터 6편까지
는 행정·교육·위생·산업·금융·도량형·교통 및 통신 등으로 소프트웨
어 성격이지만 7편 부터는 하드웨어적인 요소를 갖고 있다. 이를 자세히 살
펴보면 다음과 같다.

보고서의 전반부는 ① 간도와 동변도 지역의 '지형적 조건'을 개괄한 후, ② '지방통치기구'를 소개하고 뒤이어 ③ '인구의 구성과 변천'을 기술한 다음, ④ 종교·교육·위생 등 소위 '사회문화시설'을 소개·평가하고, ⑤토지·농업·임업·공업·상업 등의 '산업 개황'을 제시하고 나서, ⑥ 금융·도량형·교통·통신 등의 '인프라' 등을 설명한다. 이런 구성은 지역조사의 일반적인 패턴을 보여준다. 즉 정치 행정, 인구 변천, 사회문화, 산업경제가 지역조사의 기본 범주인데, 이 조사는 지역조사가 갖춰야 할 조사 사항들을 대부분 담고 있다고 하겠다. 그래서 1910년대 전반기 간도 지역 조선인의 생활상을 잘 보여주는 자료로 활용되고 있다.

2) 주요 내용 개요

보고서의 조사 내용을 유형 별로 재구성하면 가)인구변천과 이동, 나)토지 소유의 현황, 다)경제활동 및 상황, 라)한국과의 관계 등 4가지 범주로 정리할 수 있다.

먼저 '가)인구변천과 이동' 현황은 지역조사의 가장 기초적이면서 핵심적인 조사 대상이다. 간도는 한국인 집단거주지이자 여러 민족의 잡거지로서 민족문제가 사회적 관계의 중심을 구성한다. 조선총독부는 간도가 군사 요충지이자 한국인 집단거주지라는 점에서 특별한 관심을 기울였다. 그 가운데 가장 큰 관심 사항은 간도의 민족 관계였다. 그와 관련한 조사 내용은 다음과 같다.

간도의 민족 별 인구 구성은 1913년 말의 자료를 기준으로 한국인, 중국인이 약 20만 명으로 두 민족집단이 대부분을 차지하고 있다. 다만 일본 정부의 조사와 중국 정부의 조사가 차이를 드러낸다. 그 이유는 한국인의 중국 귀화를 인정하는지가 중요한 요인이었다. 일본 정부는 한국인의 일본 국적 이탈을 허용하지 않아 간도의 한국인 인구를 약 16만 명이라 파악했지만, 중국 정부는 한국인이 중국으로 귀화한 경우를 제외하여 한국인 인구를 약 2만 명 더 적은 약 14만 명으로 파악했다. 결국 한국인, 중국인 수의 차이인 약 1만 명 혹은 2만 명이 한국인 중국 귀화자인 셈이 된다.

이처럼 일본은 한국인의 국적 이탈을 패전할 때까지도 법적으로 허용하지 않았다. 이에 조사서만이 아니라 일본이 작성한 간도-만주에 대한 다른 인구 조사서에서도 '중국인'의 범주에 한국인은 포함하지 않았다. 그렇다면 이와 같은 민족 별 인구 구성을 낳은 원인인 한국인들의 간도 이주의 양상과 이유가 무엇보다 중요하다. 조사반이 파악한 한국인 이주의 동기는 ① 한국에서의 생활난, ② 연고 이민과 월경 경작, ③ 세금 및 부역 등의 경제적 문제, ④ 배일사상(排日思想) 등을 꼽았다.

간도는 국경지대라는 특성과 한인 농민 촌락의 분포라는 조건으로 인해 무장투쟁의 근거지 역할을 하였다. 영토주권이 불분명하다는 간도의 지리적 특징은 일본이 대륙침략에 이용할 명분이기도 했지만, 반대로 독립운동 세력에게도 일제에 직접 맞설 기회의 공간이기도 하였다. 이에 19세기 후반부터 형성된 한인 집단거주지에는 일제의 통감부 설치와 '한일합방'을 계기로 독립운동을 꿈꾸는 한국인들이 대거 이주해 들어왔다. 이런 사정에서 조사반은 "간도 이주자 중에는 배일사상을 품은 자가 있는 것은 사실이지만 … 근래에는 거의 없을 것으로 믿는다"라는 자신들의 해석을 덧붙이기도 하였다.

다음으로 민족 관계와 연관지어 토지 소유 관계를 살펴보자. 보고서에는 1913년 간도총영사관이 추산한 것임을 밝히며, 당시 간도의 한인 농민 총 호수는 약 2만8천 호에 소유지는 2만 정보(町步, 3000 평) 중국인은 총 호수 약 6천 호에 총 소유지는 약 4만5천 정보였다고 하였다. 한인 중 '지주'는 총 호수의 60% 정도인 1만7천 호 가량이며 중국인 지주는 총 중국인 호수의 80%로 추산하였다.

조사반은 한인 지주와 소작농의 형성에 대해 한인들이 처음에는 간도에 들어와 중국인 지주 밑에서 소작하였지만, 중국에 귀화한 뒤로는 경작지의 소유권을 공인받아 여유 있는 지주가 되는 경우도 흔했다고 전했다. 하지만 실제로 당시 이주자들은 자금이 없고 또한 한인들은 토지소유권도 완전히 인정받기 어려워 소작인으로 지내는 자들이 많았다.

그런데 '지주'라고 하지만 한인의 경우 평균 소유지는 약 2정보로 사실은 '자영농'의 경작 규모이다. 당시 일본은 미작 자영농의 최소 경지 규모를 1.5정보(약4,500평) 정도로 산정하였는데, 간도의 한인 지주의 경작 면적은 이를 조금 상회하는 수준이었다. 따라서 '지주'를 다수의 소작농을 거느린 대지주로 이해해서는 안 된다. 그렇다면 한인 신규 이민자들은 10정보 이상의 토지를 경작하고 있는 중국인 지주의 소작농으로 볼 수밖에 없다. 한인 '지주'는 소작농을 거느린 지주가 아니라 자기 소유의 농지를 스스로 자영하는 소농에 불과했다.

경작 형태를 민족 별로 보면, 한인은 자작농과 자소작농을 합쳐 64%로 지주 60%에 근사치를 보인다. 여기서도 한인 '지주'가 대체로 자작농이며 그 절반 이상은 소작을 겸하여 생계를 꾸리는 영세 자작농이라는 점도 확인할 수 있다. 다시 말해, 간도의 한인 인구 중 순 소작농은 100명 중 36명 정도였으며, 이들은 주로 1910년대에 들어와서 간도로 이주를 한 사람들로 보인다.

조사반은 이러한 토지 소유관계를 전제로 한인 농민의 경제생활 실태를 밝혀 보고자 했다. 자료의 미비로 충분하지는 않다고 하면서 대략 다음과 같이 설명하였다. 우선 토지 가격과 농업 생산성의 경우, 간도의 경지 가격은 조선의 1/2에서 1/3에 지나지 않지만, 수확량이 20~30%, 많으면 50% 정도 높기에 농업경영에 매우 유리하다고 평가하였다. 게다가 아직 개간의 여유가 있어 더 많은 생산이 기대된다고 하였다. 세금의 경우에는 한국과 일본보다 간도가 더 농민들에게 제도적으로는 유리하지만 실제로는 중국 당국의 가렴주구로 인해 그렇지 않다고 비하하면서 국가 근대화에 있어 일본의 우위를 드러내기도 하였다.

한편 조사반은 한국인의 취업 실태도 조사하였다. 취업선이 한국 내로 향한다는 점에 특별히 주목하였다. 간도의 한국인들은 함경북도 출신이 다수인데, 이들은 고향을 등진 것이 아니라 고향과 간도를 언제든지 오가면서 생활을 할 수 있다는 점에 유의해야 한다는 것이다. 조사반 보고서에 한국의 전체 취업선과 인원을 찾을 수는 없지만, 조선 내 취업 현황은 제시되어 있다. 조사반이 확인한 취업선은 바로 한국의 헌병보조원과 학교의 교사였다. 무산헌병분대에 11명, 회령헌병분대 4명, 종성헌병분견소 1명, 경원헌병분대 4명, 경흥헌병분대 6명으로 총 26명의 간도 한인이 일본 헌병보조원이 되었다고 한다. 교사는 2명에 그쳤다. 조사반은 본인들이 파악하지는 못했지만, 다른 직장에 많은 한인들이 취업했을 것이라고 덧붙였다.

조선총독부의 1914년 간도 조사는 농업경영에 있어 간도가 갖는 좋은 조건을 제시하면서도 한인의 생활 상태가 호전되지 않는 이유를 중국 측의 간섭과 압박으로 돌리고 있다. 한인 신규 이주자가 개간 가능지가 많이 남아 있음에도 경작지를 매입하여 자영농이 되지 못하고 소작농으로 살아갈 수밖에 없는 것은 중국 정부가 한인의 귀화를 종용하기 때문이라고 비판하였다. 간도에는 한인 농민들이 개간하여 경작할 넓은 농지를 자연적인 조건으로 갖춰져 있지만 중국 정부의 토지정책, 한인 정책이라는 정치적 문제로 인해 빈곤 소작농이 양산되고 있다고 분석한다. 간도에서 외국인의 토지소유권을 완전히 인정한다면, 한인들이 굳이 귀화하지 않고서도 간도의 토지를 구입하여 자영농으로 생활을 해 갈 수 있다고 주장하는 것이다. 이는 만주의 토지에 대한 일본 정부의 기본 방침―일본인의 만주토지 소유권 요구와 동일하다. 일본의 입장에서 한인은 법적으로 일본 국적자이기 때문에 한인의 간도 토지소유는 곧 일본인의 만주 토지소유권 보장으로 연결되는 것이다.

서론

1장

지세 및 범위(廣袤)

1 압록강 대안 지방

일행이 시찰한 압록강 대안은 관전·환인(회인의 개칭)·집안·통화·임강·장백 등 6현이다. 봉천성(奉天省, 현재 랴오닝성 지역) 동변도 관할로 그 동쪽에 위치한다. 통화·환인을 제외한 4현은 모두 압록강을 끼고 조선과 접해 있다. 각 현의 범위, 면적은 다음과 같다.

현명	넓이(단위 리)		주위(리)	면적(방리)
	동서	남북		
관톈[寬甸]	40	30	140	295
환런[桓仁]	21	26	85	260
지안[集安]	44	57	127	221
통화[通化]	40	18	126	90
린장[臨江]	96	13	248	171
창바이[長白]	21	20	70	225

먼저 지세를 살펴보고자 한다.

1. 산맥

이곳은 만주 동부 산악지방으로 구릉이 많은데, 특히 장백현·임강현·통화현은 몇 갈래의 산맥이 서로 맞닿아 있어 산이 높고 가파르다. 그 가운데 산맥에 대해 간략히 기술하고자 한다.

1) 장백산맥

장백산맥의 주위는 명료하지 않은 듯하다. 잠정적으로 백두산(중국

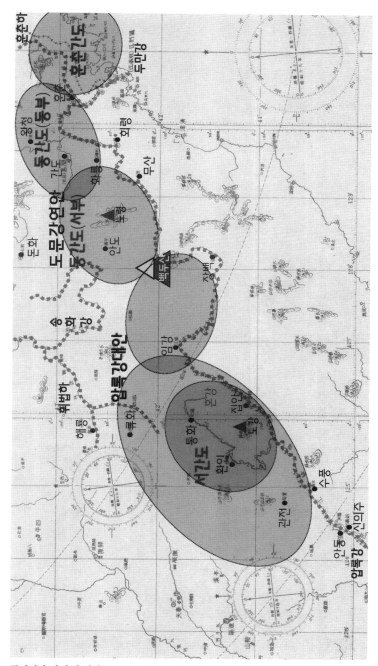

국경지방 지세 및 범위(《항법용경위도도》, 참모본부, 1944)

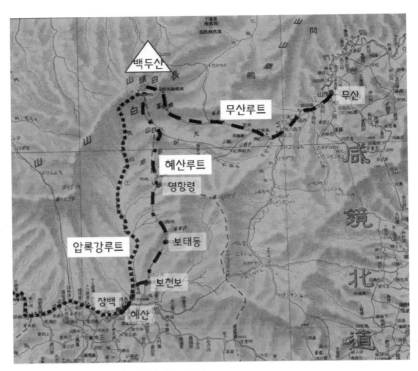

백두산 등정 루트(《경성》, 일본육지측량부, 1909)

명 장백산 또는 노백산(老白山))을 중심으로 소백산, 보태산 등 남북의 방향
으로 연장한 휴화산을 총칭하고자 한다. 장백산맥은 답사지역의 동변(東
邊)을 가로질러 고도가 최고이며 조선과 만주 산맥의 중심이 된다. 최고봉
인 백두산은 산 정상이 항상 백설로 덮여 있으며 한인은 이를 백두산이라
부른다.

산 정상 분화구에는 물이 고여 있어 화구호(火口湖)를 이뤘다. 백두산 발
원 수계 및 백두산 봉우리, 일본인은 이를 용왕담(龍王潭) 또는 천지라 칭하
며 화구호는 북쪽으로 흘러 송화강 원류의 한 지류인 이도백하의 수원(水
源)이 된다고 한다. 주위는 약 3리, 거야(裾野; 산기슭의 완만한 경사지-역자)
가 넓은 범위에 펼쳐져 있어 동서 약 50리, 남북 약 30리에 이르고 적암(赤

백두산 천지(1910년대 초, 국립중앙박물관 소장 조선총독부박물관 유리건판 사진-이하 '유리건판 사진')

岩)·무봉(茂峰)·무두봉(無頭峰)·연지봉(臙脂峰) 등 낮고 작은 측화산(側火山)이 있으나, 일대는 망망한 거야가 펼쳐져 당회(唐檜; 가문비나무), 낙엽송, 백회(白檜; 분비나무) 등 침엽수의 단순림으로 표고가 2,600m라고 하지만 아직 실측 결과를 얻지는 못했다.

백두산의 등산로는 동과 남으로 오르는 길이 세 개가 있다. 하나는 장백부에서 압록강에 연하여 24도구를 거쳐 남쪽으로 오르는 것, 두 번째는 혜산진에서 보천보, 보태동(寶泰洞), 영항령(靈項嶺)을 거쳐 신무장(神武場)으로 오르는 것, 세 번째는 무산에서 농사동(農事洞), 무봉(茂峰)을 거쳐 신무장으로 오르는 것이다. 두 번째, 세 번째 등산로에는 올해 토지조사를 위해 토지조사국 조사반이 설치한 임시 가옥이 있어 숙박하기 편하지만, 장백부에서 오르는 것은 전연 숙박 편의 시설이 없고 또 경로도 험준한 듯하다.

일행은 제2의 등산로를 따라 10월 6일 혜산진을 출발하여 보태동·영항령·무두봉에서 숙박하고, 10월 10일 정오 정상에 도달하였다. 무두봉의

길림 이밀대자에서 본 노령산맥(1910년대 초, 유리건판 사진)

임시 숙박지 위쪽은 눈으로 덮여 산 정상은 정오에 영하 8도에 달하였지만, 다행히 무사히 목적을 달성하고 농사동을 거쳐 무봉으로 내려왔다.

이외에 북방에서 오르는 등산로가 있다. 즉 동변 안도현 안도(또는 낭낭고(娘娘庫))에서 삼도백하 외도산(外島山)을 거쳐 황봉(黃峰) 부근으로 오르는 것으로 20여 리에 달하는 깊은 삼림 가운데를 통과해야만 하고 맹수·초적(草賊)의 위험이 있어 이 등산로를 택하는 자는 극히 드물다고 한다.

2) 노령산맥

노령은 백두산에서 시작하여 처음에는 서쪽으로 송화강과 압록강과의 분수령이 되고 모아산 부근에 이르러 서남쪽으로 통화·집안 두 현을 거쳐 혼강의 하류에 다다른다. 고도가 비교적 높지 않고 험준하지 않으며 모아산 서쪽은 잘 경지가 정리되어 있다.

3) 노룡강(老龍崗) 산맥

노룡강은 노령에서 갈라져 무송현과 임강현의 경계에서 시작하여 송화강과 혼강의 분수령이 되고, 통화현의 서쪽 신병보(新兵堡)에 미친다. 산맥의 북쪽은 완경사로 북만주의 평원으로 이어지지만, 남쪽은 산악이 중첩하여 표고 4천 척이 넘는 곳이 적지 않다. 단, 혼강과 그 지류의 연안에는 왕왕 골짜기가 깊어 인가 또한 희박하다.

2. 하류(河流)

1) 압록강

압록강은 백두산에서 발원하여 남쪽으로 흘러 약 30리 지점에서 갑산강과 합쳐져 서쪽으로 흘러 장진강을 합하고 모아산의 남쪽에서 서남쪽으로 흘러간다. 다시 동래강·혼강·애강(靉江) 등의 지류를 흡수하여 황해로 흘러간다. 다시 수원에서 모아산까지 상류, 모아산에서 혼강까지 중류, 혼강 입구 이하를 하류라 한다.

상류는 양안에 산악이 매우 많고 단애절벽을 따라 강물이 흐르고 고개 꼭대기에서 수면까지 높은 것은 500m에 이르는 것도 있다. 상류의 우측 기슭만 해도 24개의 지류가 있어 모두 노령에서 발원하여 본류에 흘러 들어간다. 이런 지류의 양쪽 기슭은 유명한 삼림지대로서 압록강 채본공사(採本公司)의 벌목 구역이다. 강폭은 혜산진에서는 20~30칸, 수폭 5~6칸을 넘지 않지만, 모아산에 이르러서는 하폭 132~220칸, 수폭 80~65칸, 수심 4~13척에 이른다. 하류는 175~290칸, 수심 1~2칸 정도로 하신(河身; 하천의 유로 중에서 흐름이 빠른 곳 또는 깊은 곳의 중심을 잇는 선-역자)이 여러 개로 나뉘면서 모래섬[사도(沙島)]을 만든다. 주즙(舟楫; 배와 삿대라는 뜻으로 대개 배 전체를 이른다-역자) 교통편은 장백부부터 있으나 15도구 입구(나난보(羅暖堡) 상류 약 1리)에는 문감자초(門坎子哨)의 급한 여울[急灘]이 있

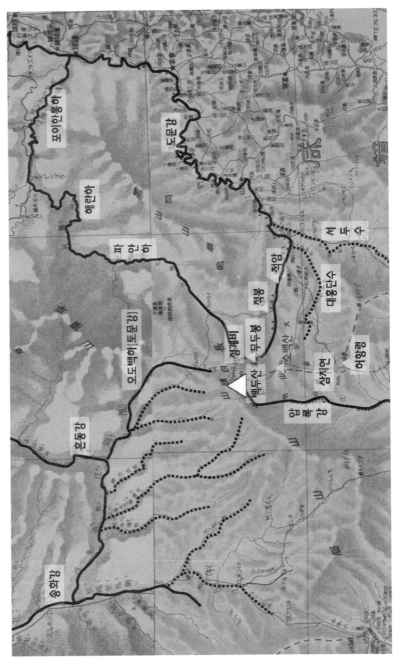

백두산 주요 수계

요녕성 오녀산성에서 본 혼강(1910년대 초, 유리건판 사진)

어 배로 이동하기에 가장 위험하다. 융극(戎克)[1]은 보통 외찰구문자(外察溝門子, 초산 부군)까지 거슬러 올라가지만[遡江] 모아산까지 그런 것은 적고 장백부에 가기 위해서는 별도의 작은 배에 짐을 실어야만 한다. 물살이 빨라서 내려가기는 쉽지만, 거슬러 올라가기에는 힘들어 안동에서 모아산까지 가장 빨라도 22일 걸리고 보통은 40일에서 50일이 소요된다. 장백부까지 약 2개월 걸린다.

상류는 11월 말부터 다음해 4월까지 5개월 동안 결빙하는데 이때는 강 위로 인마(人馬)가 다닐 수 있기에 강안에 도로가 발달하지 않은 한가지 이유이다. 강안의 주요한 마을은 장순하구(長旬河口), 영석하구(永石河口), 포석하구(蒲石河口), 혼강구(渾江口), 외찰구문자(外察溝門子), 모아산, 장백부 등이다.

1 중국의 고유 배, 범선을 말하는데 정크(junk)라고도 한다.

2) 혼강

혼강은 압록강 최대의 지류로 압록강 수량의 3분의 1을 점유한다. 수원이 임강(臨江), 통화의 현 경계에서 발원하고 서남쪽으로 흘러 통화, 환인 두 현을 느리게 흘러 혼강구에서 본류[압록강]에 합쳐지고 하류(河流)는 우여곡절이 많으며 전체 길이가 200리라 한다. 주된 지류는 대라권하(大羅圈河)·합니하(哈泥河)·나고자하(喇咕子河)가 있다. 이런 강의 상류는 모두 유명한 삼림지대이다.

혼강은 혼강구로부터 사첨자(砂尖子)까지 15리로 융극(戎克)을 이용하는데 물이 불어나면 통화에서 배로 내려갈 수 있다. 벌목은 해빙기를 이용하여 모든 지천의 상류에서 이를 내릴 수 있다.

서간도의 명칭은 백두산 서쪽 압록강 대안 일대를 가리킨다고 해석하는 설이 있으나, 혼강과 압록강 본류와의 사이를 가리키는 것이 통설로 되어 있다.

3) 애하(靉河)

애하는 본계현 건마집(騫馬集) 부근에서 발원해서 구련성(九連城)의 동쪽으로 몇 리 지점에서 본류에 합해진다. 전체 길이가 50여 리로 봄·여름철 강물이 불어날 때는 초하(草河)의 합류점까지 20여 리 사이는 20석을 실은 작은 배로 운송할 수 있다.

2 도문강 연안 지방

    도문강(圖們江)[2] 양안은 산악 구릉이 구불구불하게 이어졌고 강에 다다라서 절벽을 이룬 곳도 적지 않다. 따라서 평지라 말할 정도의 토지는 극히 적은데, 특히 조선 쪽이 심하다. 도문강 강안 중에서 동간도, 훈춘의 지지(地志)를 개설하고자 한다.

1. 산맥

    도문강의 양안에는 얼마 안 되는 평지를 제외하고는 매우 큰 산의 언덕은 없으나 산악 구릉이 중첩해 있어 특별히 산악이라 지적할 필요는 없고 오히려 도문강이 산악 협곡 사이를 누비며 흐른다고 할 수 있다.

2. 하류(河流)

1) 도문강

    도문강은 백두산 분수령의 남쪽 기슭에서 발원하여 동쪽으로 흘러 조선 증산의 북을 지나 무산군 삼하면(三下面, 현 삼장면) 연암(延岩)·창평(蒼坪)에서 흘러오는 서두수(西頭水)와 합쳐져 동북 방향으로 흘러 무산에 이른다. 이후 많은 작은 하천과 합류하여 동쪽으로 흘러 회령 앞을 지나고 우여곡절 해서 종성, 온성을 거쳐 훈융(訓戎), 경원의 동북으로 흘러 토리

---

2   도문강은 두만강을 가리키는데 본문에 언급된 데로 '도문강'이라 기술한다. 이는 백두산정계비에 기술한 '토문강'과는 다른 강이다.

함북 온성 어후 봉수에서 본 간도(1910년대 초, 유리건판 사진)

(土里)에 이르러 마침내 바다로 흘러간다. 도문강의 길이에 대해서는 정확한 조사가 없으나 들은 바에 따르면 대략 다음과 같다.

수원지~농사동	20리	온성~토리	35리25정
농사동~회령	41리9정	합	120리 20정

도문강의 길이는 대략 120리 내외라 해도 큰 차이가 없을 것이다. 삼하면 지류 서두수는 삼하면에서 21리의 상류에 있는 연길로부터 유벌(流筏; 산에서 베어낸 나무를 강물에 띄워 보내거나 그렇게 하는 뗏목을 말함-역자)할 수 있으나, 본류에 있어서는 삼하면의 상류에는 암석이 많아 유벌하기 쉽지 않다. 그러나 하류에서는 용이하여 여름철에는 목재의 유하(流下)가 자못 성하다.

하폭과 수심을 곳곳에서 조사한 바에 따르면, 농사동 부근에서는 하폭 5~6칸, 깊이 2~3척, 삼하면에서는 하폭 7~80m, 수심 2~3척, 무산에서는

함북 경흥 두만강구 토리 후산에서 본 도문강(1910년대 초, 유리건판 사진)

하폭 약 60m, 하상폭 약 100m, 수심은 가장 깊은 곳은 약 8~9척이다. 온성
에서는 하폭 약 60m, 수심 2m90, 신아산(新阿山)에서는 하상폭 600m, 하
폭 530m, 유속이 통상 영미(零米) 50, 수심 보통 10척, 경흥에서는 하상 폭
이 가장 넓은 곳이 800m, 가장 좁은 곳이 600m, 하폭이 최대 450m, 최소
300m, 수심은 최고 13척, 최소 6척, 유속은 1초당 최고 3척8촌, 가장 느린
곳은 2척4촌, 토리에서는 하폭이 최대 600m, 최소 500m, 하구낙구에서는
200m가 된다. 수심은 최고 12척에서 15척, 유속은 1분간 60칸이다.

　요컨대 삼하면부터 상류는 물살이 빨라 벌목의 유하(流下)조차 곤란하
지만, 강을 내려가면서는 점차 유속이 느려진다. 다만 온성 부근부터 극히
완만해진 하안(河岸) 굴곡이 심해 물흐름이 한쪽의 산봉우리[山角]에만 충
돌하여 대개 연안이 깊으면 다른 쪽의 연안이 얕은데 중류는 더욱 얕아 사
주(砂洲)로 된 곳이 적지 않다. 그리고 하폭은 회령 부근으로부터 넓어져 통
상 300m에서 600m로서 수심은 가장 깊은 곳은 3m에 불과하다. 그 위에

함북 경원 동림고성산에서 본 훈춘천과 두만강 합류점(1910년대 초, 유리건판 사진)

깊고 얕은 곳이 일정치 않아 기선 운항은 전혀 불가능하며 현재 겨우 7, 8명을 실은 매우 작은 경비선이 신아산(新阿山)과 토리(土里) 사이를 오가는 상태이다.

2) 알아하(嘎呀河)(후술)

3) 밀점하(密占河)

수원은 목극특형(穆克特亨) 산맥 중 밀담와집(密膽窩集) 서남(西南)쪽에서 발원하여 서남쪽으로 흘러 밀강에서 도문강에 합류한다. 길이 약 12~13리이다.

4) 훈춘하[3]

훈춘하의 수원은 목극특형 산맥 중에서 시작하여 토문자를 거쳐 오도구하·사도구하 등의 모든 수로를 우안(右岸)에서 받아 서쪽으로 흘러 훈춘성동을 지나 남쪽으로 흐르다가 도문강에 합류한다. 총 길이는 약 33리이다.

3. 평지

도문강 연안은 산악이 높고 낮아 평지라 할만한 곳이 매우 적지만, 협소한 평야가 곳곳에 있어 주로 한인이 이를 경작하고 있다. 먼저 평야라 칭할만한 것으로는 무산 하류, 양영진(梁永鎭)의 대안인 화룡현 덕화사(德化社) 지역이다. 덕화사 용연동(龍淵洞)·화동(樺洞)은 간도에서 가장 땅이 기름진 곳으로 두도구(頭道溝)와 필적할 만하다. 동경대(東京台) 지역은 고원(高原)이나 광활하여 경작지가 협소하지 않다. 회령 대안 영화사(水化社) 지역은 평지이지만 종성 대안에 이르러서는 평야 폭이 좁아진다. 길이가 3, 4리에 달하는데 농촌이 서로 연접하여 있다. 온성에 이르면 도문강의 유속이 다소 느려져 양안 모두 평야가 형성되어 비로소 대륙적인 모습을 보인다.

온성 대안의 양수천자(凉水泉子; 현재 도문시 양수진) 지역[4]은 자못 광대한 평원을 이루는데 훈춘[5]에 이르면 소위 훈춘평야가 있다. 이로부터 하류

---

3 훈춘하는 훈춘시 춘화진·하다문향·영안진·삼가자향·양포향·마천자향·반석진·근해가두 등 8개 향진, 가두와 36개 행정촌을 흘러 훈춘 서남에서 두만강에 유입되는데 총길이가 198㎞에 달한다.
4 1903년 간도관리사 이범윤이 사포대를 조직하여 한인의 보호에 나서자, 구춘선이 온성 대안 양수천자에 보호소와 병영을 설치하고 만주 한인 보호에 진력하였다.
5 '훈춘'은 '훈춘하'에서 따왔는데, 이는 '꼬리'를 뜻하는 만주어로 성읍·변경·국경지대라는 의미가 있다고 한다.

두만강하구와 훈춘하, 훈춘

에 이르면서 완만한 경사의 구릉지를 이루고 하구에 접근하여 러시아 영토에 들어서면 끝없이 넓게 펼쳐진 경관이 펼쳐진다.

위에서 서술한 바와 같이 도문강의 흐름이 120여 리에 달하지만 거의 평지로 인정할 만한 것이 없다. 그렇지만 오래전부터 한인은 산간 경작의 경험이 풍부하여 경사지 개간의 농사기술이 뛰어나 평지가 적은 데 비해서 경작지가 많다. 따라서 강연안 곳곳에 전혀 경작지를 볼 수 없는 곳이 없다고 해도 과언이 아니다.

3 동간도

동간도 동부는 중국의 현행 행정 구획에 비춰 길림성 연길도 연길현, 화룡현 전역, 왕청현 서반부, 봉천성 동변도, 안도현의 동남 일부를 포함한다. 동서 평균 약 25리로 면적은 1,030여 방리(方里)[6]이고 일본의 시코쿠(四國, 1,151방리) 및 황해도(1,102방리)의 넓이에 해당한다. 또한 1909년 청일 간 협약[간도협약]에 규정된 소위 도문강 북잡거(北雜居) 지역은 그 경계가 대략 이와 서로 일치하나 동북 경계는 알아하[7] 서쪽으로 조금 협소하다.

지세에 관하여 간도산업조사서에 기술한 바를 그대로 적으면 다음과 같다.

"동간도 동부는 동남 양변이 도문강으로 함경북도에 경계하고 서남 쪽에 백두산이 우뚝 솟아 있으며 그 지맥은 북쪽으로 노령산맥이 되어 서부와의 경계를 긋고 북은 노야령 산맥에 의하여 둘러싸여 한 지구(地區)로 남북 편 40리, 동북 평균 25리이며 총면적이 1,032방리에 달한다. 남부에서는 노령산맥의 최고봉인 북증산(北甑山, 중국에서는 출개타산(秫稭垜山)이라 칭함)에서 분기한 올량합령(兀良哈嶺) 산맥은 남쪽의 두만강과 함께 두만강 본류와 해란하의 분수령이 되어 그 주맥(主脈)은 종성 남쪽에서 두만강을 가로질러 조선에 유입하고 한 줄기는 분기하여

---

6 사방으로 1리가 되는 넓이를 말한다.

7 도문과 왕청을 경유하여 흐르는 하천으로 한인들이 만주로 건너올 때의 주요 이주 경로였다. 고대로부터 영고탑(寧古塔)과 훈춘을 잇는 역참로에 위치하고 있다. 효종 때 청의 요구로 나섰던 나선정벌(羅禪征伐) 당시 조선군의 이동 경로 역시 알아하를 거슬러 노송령, 영고탑으로 향했다. 알아하는 만주어 이름인데 채주하(采珠河, 진주를 캐는 강)라고도 한다. 금나라 때에는 잔준하(孱蠢河), 청나라 때에는 갈합리하(噶哈哩河) · 갈이합하(噶爾哈河)라고 불렀다. 또 다른 이름으로는 가야하, 대두자천(大肚子川), 왕청하(汪淸河)로 불리기도 한다.

모아산 정상에서 내려다 본 전경. 왼쪽 모아산기상탑, 오른쪽에 들판을 가르는 해란하가 보인다
(2000년대)

북쪽의 국사령(國師嶺, 일명 대화첨산맥(大花尖山脈))이 되어 해란(海蘭), 부얼하
통(布爾哈通)[8]의 두 강 및 알아하(嘎呀河)의 합류 지점을 감싸고돈다. 북부에서는
노야령 산맥에서 분기하는 여러 지맥이 질주하여 산악 지대를 이뤄 계곡에 작은
평지를 가지고 있다.

중앙부는 해란, 부얼하통의 두 강이 관통한다. 해란하는 수원을 서남북 증산에서
발하고, 부얼하통하는 수원을 서북 합이파령(哈爾巴嶺) 방면에서 발하여 점차 서
쪽으로 병행해서 간도의 서부를 관류하며, 국자가의 동이리하(東二里河) 동쪽에
서 합류하고 동북쪽으로 흘러 알하하와 합쳐져 온성 대안 부근에서 도문강과 만
난다. 두 강 유역은 중생층의 충적된 와지(窪地; 움푹 패어 웅덩이가 된 땅 - 역자)를
이뤄 두 강의 분수령에는 마안산(馬鞍山), 모아산(帽兒山)[9]이 솟아 있으나 다른 곳

---

8 연길에서는 '부르하통하'라고 부른다. '부르하통'은 만주어로 "버드나무가 무성하다"라는 뜻이다.
9 모자산은 연길시 서남부와 용정시 접경지에 위치하며 연길시 중심지와 8㎞ 떨어져 있다. 높이는
   517.2m로 산 동쪽은 비교적 가파르고 서쪽은 완만한 구릉을 형성하고 있다. 산 모양이 모자와 비
   슷하다고 하여 모아산이라는 명칭이 붙여졌다. 정상에서 연길·용정 시내의 고층 건물들과 해란
   강·천경밭·부르하통하가 한눈에 보인다. 모아산은 일반명사로도 불리어 압록강 대안 3도구 부
   근에도 모아산이 있다.

모아산 전경(1910년대 초, 유리건판 사진)

모아산 전경. 오른쪽 모아산기상탑(2000년대). 밑으로 조선족 마을의 가옥이 보인다.

은 대개 평지에서 솟아 100m에서 150m의 경사가 극히 완만한 구릉지대로 더욱
이 두 강의 남북측 역시 완경사의 구릉지가 되어 소위 삼강(三崗)의 와지(窪地)를
형성하여 평지 면적이 약 28방리에 달하여 동간도 중 가장 중요하고도 풍요한 풍
지(豊地)이다." 운운

알아하의 수원은 노송령(老松嶺)에서 발원하고 계곡 사이를 남류하여 온
성 부근에서 도문강으로 유입한다. 그 유역은 매우 넓으나 평지가 적고 왕
청, 합마당(哈蟆塘), 목단천(牧丹川), 백초구(百草溝) 등지에 2방리에서 3방
리의 지역이 흩어져 있다. 또한 도문강 연안에서는 올량합령(兀良哈嶺) 강
변에 근접해 있어 큰 평지를 볼 수 없기 때문에 동간도 동부는 삼강(三崗)의
와지(窪地) 및 각 하천의 양안에 협소하고 길다란 지대가 낮은 땅 외에 대
부분 산지에 속하며 이에 일부의 구릉지가 섞인 것이라 할 수 있다. 그 비례
(比例)에 대해 〈간도조사서〉에 기재한 바는 아래와 같다.

산지: 전 면적의 79% 이상(127만 정보)

구릉지: 전 면적의 15%(24만1천 정보)

평지: 전 면적의 6% 이상(9만4천 정보)

이같이 평지가 적다고는 하지만, 구릉지 역시 경작지에 통합하여 금일까
지 조사에 따르면, 30만 정보 이상의 경작 가능한 토지를 계산해 볼 수 있
다. 토질은 일대가 비옥하여 전답에는 화곡(禾穀; 벼에 속하는 곡식)이 자라
고 산야(山野)에는 포목이 번성함은 간도의 한 특색이라 말할 수 있다. 하천
의 주된 것은 알하(嘎呀)·부얼하퉁·해란 등 3개로 결국은 하나로 합쳐져
안산(安山)에 이르러 도문강에 합류한다. 이런 모든 천은 수량이 풍부하지
못하고 또한 급류여서 관개의 이점은 기대할 수 있으나 배를 이용하기에는
불편하다.

요컨대 동간도 동부는 토질이 비옥하나 일대에 산지가 많아 사방이 바다에 접해 있지 않고, 수운이 편리한 하천이 없어 교통이 불편하여 금일에도 개발이 늦은 이유일 것이다.

동간도 서부의 면적은 6백 방리라고 하지만 물론 정확하지 않다. 남쪽에 백두산이 우뚝 솟아 있고 산기슭의 완만한 경사지가 북쪽 수십 리에 이어져 동남의 넓이가 약 7리에서 10리이다. 그 사이에 작은 언덕 여러 개가 흩어져 있는 것을 빼놓고는 일대에 기복이 적다. 동에는 노령산맥, 마천령 등 해발고도 1천m 내외의 산이 우뚝 솟아 있다. 고동하(古洞河) · 대사하(大沙河) · 소사하(小沙河) · 두도백하 · 이도백하 · 삼도백하 · 사도백하 · 오도백하(별명 土們江) 등이 모든 산의 계곡에 발원해서 차례로 서로 만나 송화강 동 원류의 하나인 이도강(二道江)을 이룬다.

이로부터 지세는 동남에서 북서로 낮아지는 것을 알 수 있다. 고동하 · 부이하(富爾河) 유역의 지역은 토질이 동간도 동부보다 손색없고 대사하 유역, 양강구 지역 역시 농경에 유리하지만, 백두산에 가까워짐에 따라 화산회(火山灰)와 용암이 많이 섞여 있어 흙이 점차 얇아진다. 대사하 상류 지역의 대지(臺地)도 많은 부석(浮石)이 지표면에 노출되어 있다. 요컨대 토질은 동간도 동부보다 조금 못하다.

2장

기후, 기상

1 압록강 대안 지방

이 지방에는 겨우 중강진에 1914년 4월부터 측후소가 개설되었기 때문에 기후, 기상에 대해 거의 들을 수 없었던 것은 유감이다. 또 겨울철에는 통상 온도계는 전혀 쓸모가 없다. 여름철 한낮에는 더위가 강하지만, 야간에는 급속도로 온도가 내려가는 일이 있다. 예년 7, 8월은 강우량이 많으나 대부분 건조하여 강설량도 장백산맥 지방을 제외하면 매우 적다. 길 양쪽의 식물이 대개 비후(肥厚; 살져서 두툼함 — 역자)한 것은 그런 원인에 의한 것이다. 4월 초순부터 강물이 풀리고 9월 중순에는 서리가 내리기 시작한다.

2 도문강 연안 지방

이 지방은 극한이 1월 중순으로 최저온은 섭씨 영하 27, 28도가 되고 드물게 30도까지 내려가며, 가장 무더운 7, 8월이 되면 최고 35도에서 37도까지 올라 최고 최저의 온도 차는 실로 65도에 달한다. 매년 9월 10일 혹은 20일경부터 서리가 내린다. 10월 말 또는 11월 초에 눈이 내리고, 11월 하순 12월 초순부터 강물이 얼었다가 3월 하순, 4월 상순부터 점차 풀리는 것이 통례이다. 매년 7~9월경이 우기로서 호우가 계속되고 하수가 범람하며 도로가 질퍽해져 교통이 자못 곤란하다. 또한 겨울철에는 서북풍이 특히 강렬하다. 도문강 안 각지의 1913년, 1914년 1월부터 8월까지의 온도 조사표는 다음과 같다.

온성

연도	월	1	2	3	4	5	6	7	8	9	10	11	12
1913	평균	-6	-1	3	12	16	26	24	31	24	16	7	3
	최고	12	18	17	36	34	36	41	44	37	36	15	10
	최저	-23	-20	-7	6	6	19	11	22	19	9	-	-5
1914	평균	-11	5	10	9	14	23	21	29	-	-	-	-
	최고	15	15	20	29	30	39	35	39	-	-	-	-
	최저	-20	-16	2	3	12	20	28	21	-	-	-	-

훈춘

연도	월	1	2	3	4	5	6	7	8	9	10	11	12
1913	평균	-	-	-	8	14	16	19.5	22	16.4	7	-2.8	-10
	최고	-	-	-	21	30	30	34	34	26	19	9	2
	최저	-	-	-	-3	6	12	12	10	6	-2	-14	-21
1914	평균	-9	-6	2	9.8	16	19.4	24	33.7	-	-	-	-
	최고	0	2	10	23	25	32	32	33	-	-	-	-
	최저	-20	-15	-11	-4	8	14	16	15	-	-	-	-

토리

연도	월	1	2	3	4	5	6	7	8	9	10	11	12
1914	평균	-	-	-	-	-	-	-	-	-	-	-	-
	최고	-	-	-	21	29	26	35	34	-	-	-	-
	최저	-	-	-	3	10	18	22	20	-	-	-	-

경흥

연도	월	1	2	3	4	5	6	7	8	9	10	11	12
1913	평균	-13	-10	10	14	18	22	24	28	20	15	8	-8
	최고	-10	-4	12	18	26	26	32	37	34	18	14	8
	최저	-26	-26	-18	3	9	12	20	16	10	-6	-20	-26
1914	평균	-14	-6	8	18	18	26	28	28	-	-	-	-
	최고	-6	-2	12	23	28	30	34	34	-	-	-	-
	최저	-28	-24	-10	2	12	24	21	24	-	-	-	-

1. 온도는 섭씨이다.
2. 온성·훈춘 부근은 일본의 아사히카와(旭川, 홋카이도), 간도의 국자가, 만주의 창도(昌圖) 부근과 위도가 대개 비슷함.

3 동간도

　　동간도 동부의 기후는 대륙적 성질을 띠며 한서(寒暑)의 차가 커서 극한에는 영하 30도 내외로 내려가는 경우가 종종 있고 또한 더울 때는 35도 이상에 달하는 일이 가끔 있어 평균기온의 온도 차가 35도 9분을 나타낸다.

　　이에 저장할 때 조금만 주의를 기울이지 않으면 여름철에는 파라핀[洋蠟]이 활처럼 휘고, 겨울철에는 맥주 등 항아리에 넣은 액체가 용기를 깨트린다. 주야 기온 차가 자못 커서 연간 13여 도가 된다. 현재 용정촌 간도총영사관의 기상관측에 따라 온도를 표시하면 다음과 같다.

월	평균	최고 평균 기온	최저 평윤 기온	최고 온도	최저 온도
1	-15.0	-8.2	-22.8	-0.5	-29.6
2	-10.0	-2.7	-17.6	5.7	-25.6
3	-3.7	4.0	-10.7	13.6	-21.3
4	5.3	13.6	-14.0	32.8	-10.0
5	12.2	20.7	4.3	30.7	-1.6
6	17.5	24.9	10.2	31.8	4.6
7	20.1	27.0	14.2	33.1	9.1
8	20.8	27.3	14.4	32.3	8.2
9	14.7	22.3	7.9	28.0	1.5
10	7.2	14.8	-0.4	21.5	-7.9
11	-2.1	3.5	-9.7	15.0	-20.8
12	-12.2	-5.9	-19.4	2.3	-27.1

1. 온도는 섭씨이다.
2. 본 기온표는 1908년부터 1913년까지 6년간 누계에 의한 것이지만, 어떤 해는 최저 기온의 극한이 영하 32.5도로 내려가고, 최고 기온 36도로 올라간다.

초기 통감부임시간도파출소(1907.8)

용정촌의 기상관측은 1907년 8월 통감부임시간도파출소 설치 당시부터 개시하였고 파출소가 철수한 뒤에는 간도총영사관에 인계하였다. 관측소 위치는 동경 129도 24분 북위 42도 46분으로 동간도 동부의 중앙에 가깝다. 백초구 등 동간도의 북쪽에 있는 지대는 위의 표보다고 추위가 한층 더 심하다.

서리가 내리는 것은 9월 하순부터 다음 해 4월 초순까지이고, 눈은 9월부터 다음 해 4월까지 볼 수 있다. 드물게는 5월에도 눈이 내리는 일도 있다. 강은 11월 중순부터 얼기 시작하여 다음 해 4월 하순에서야 풀린다. 이에 매년 11월 상순부터 다음 해 4월 상순에 이르는 약 반년은 빙결(凍結)의 계절이다. 추위가 이른 봄까지 이어져 뼈에 사무칠 정도인데[料峭徹骨], 삼한사온의 순환에 따라 따뜻하기도 하다. 겨울철에는 특히 하늘이 맑고 화창하여 매우 상쾌한 느낌마저 들지만, 공기가 지나칠 정도로 매우 건조하다.

춥고 따뜻한 계절은 4월 하순부터 5월 중순에 이르는 약 1개월, 그리고 9월 중순부터 10월 초순에 이르는 약 1개월이다. 6월에 들어서면 더위가 시작되어 왕왕 연내의 최고 온도가 35, 36도로 상승하는 수도 있다. 그러나 온량(溫量)은 7, 8월 두 달 동안 최고조에 달해 평균기온은 20도 정도이다. 1년 강수량은 400~500㎜로서 북해도의 절반도 되지 않지만, 여름철 우량은 비교적 풍부하여 특히 7, 8월 두 달 동안 강물이 범람하여 교통이 끊어지기도 한다. 해에 따라 9월에도 호우를 볼 수 있다. 강수일수도 겨우 100일 내외로 조선에 비하여도 훨씬 적으며 또한 겨울철에도 강설은 거의 측량할 수 없을 정도로 적을 때가 많다고 한다.

풍향은 서풍이 가장 많고 최근 수년의 관측에 의하면, 117일 동안의 기록을 보였는데 특히 겨울철에 많다. 여름철에는 서풍, 동풍이 섞여 불기도 하고 서풍 다음으로 많은 것은 북풍, 동풍인데 남풍은 드물다.

최근 5개년 평균 쾌청일수는 1년 중에 94일, 흐린 날씨[曇天]는 65일이다. 쾌청은 겨울철에 많고 여름철은 적다. 각지 기온, 우설(雨雪) 상황을 비교하면 다음과 같다.

구분	용정촌	봉천	성진	경성	부산	도쿄
평균기온	4.3	6.7	7.9	10.7	13.5	13.7
최고기온 평균	11.8	13.3	12.7	16.7	17.4	18.5
최저기온 평균	-3.6	-0.7	3.7	5.8	9.0	9.5
최고	36.0	36.0	35.5	35.6	33.6	36.6
최저	-32.5	-32.9	-21.4	-15.8	-15.8	-9.2
우설량(mm)	471.4	614.6	637.9	918.6	1,411.4	1,502.8
강수일수	98.8	87.3	110.0	107.5	107.8	143.7
쾌청일수	94.0	113.7	91.0	61.5	98.0	60.2

비고: 최고·최저의 극(極) 온도 외에는 각지 기온기상에 대하여 수년의 누계 평균에 따라 비교함.

동간도 서부 지방은 산야 구별 없이 곳곳이 거의 삼림으로 덮여 있어 동간도 동부 및 만주 다른 지방에 비하면 공기가 많이 습하여 강수량이 조금 많고[稍多] 적설은 3척에 달한다고 한다. 밤낮의 온도 차는 크지 않으나 춥고 더운 것은 앞선 지역과 큰 차이가 없다. 계절의 순환 상태 역시 거의 비슷하고 바람은 서북풍 및 서풍이 많으나 강도가 크지 않다.

첫서리는 예년에 8월 하순부터 9월 상순에 내리며 늦서리는 다음 해 5월에도 볼 수 있다. 눈은 10월 중순 혹은 하순부터 시작하여 4월 상순에 완전히 녹는다. 9월 중순에 이미 살얼음이 보이지만, 강의 결빙은 11월 중순부터 시작하여 약 1주간이면 완전히 얼어 4월 말에 이르러서야 해빙한다. 4월 하순, 5월 상순부터 강수량이 증가하여 7, 8월에 이르러 우기로 접어든다. 해에 따라 큰비가 없는 것은 아니지만 극히 드물며 지역 일대는 삼림으로 덮여 있어 주민들이 큰 피해를 보는 일은 없다. 1914년 올해 9월에는 수십 년 내 처음으로 홍수가 나기도 했지만, 도로를 파손시킨 것 외에 손해로 특기할 사항은 없었다.

3장

주민

1 주민 수

1. 압록강 대안 지방

각 현의 중국인 인구는 중국 측의 조사와 관동도독부의 조사가 일치하지 않는다. 중국인은 수를 명시하기 꺼려 말을 돌리다가 마침내 회피하여 버리곤 한다. 각 현의 중국인 수는 다음과 같다.

현명	관전	환인	집안
인구	225,890	167,000	101,340
현명	통화	임강	장백
인구	85,651	28,500	조사 중

인구조사는 1913년 집안현에서는 각호로부터 비용을 징수하여 순경에게 조사케 하였다고 한다. 다음으로 대안에서의 이주 한인 수도 정확히 알기는 매우 어렵지만 종래 일본 관헌이 조사한 바와 중국 관헌의 담화, 실지 시찰 결과를 종합하면 한인 수는 다음과 같다.

현명	관전	환인	집안
인구	5,000	18,000	30,000
현명	통화	임강	장백
인구	20,000	2,451	15,000

즉 합계 90,451명이다. 이는 종래의 조사에 비하면, 관전·통화 두 현은 증감이 없고 장백현은 2,300명이 증가하였고 환인현은 7,000명, 집안현은 20,000명, 임강현은 10,000명이 감소하였다. 이 감소한 수는 얼마간

조사상의 차이가 있을 수 있으나, 근래 해당 지역의 한인이 북진해서 흥경(興京; 현재 신빈)·해룡(海龍) 방면으로 이전하였기 때문에 감소한 듯하다. 이상 6현과 안동현 20,000명, 흥경현 7,000명, 유하현 10,000명, 해룡현 4,000명, 무송현 4,512명(들은 것을 기록함)을 합하면 대안 한인의 총수는 135,000여 명에 달한다.

이주 한인의 분포 상태를 보면, 그들은 교통의 편리 여부, 거리의 원근, 경작지의 유무와 넓이 등에 따라 밀도를 달리한다. 이는 자연적인 추세지만 동간도 동·서부와 같이 대다수는 계곡, 산간에 흩어져 있어 중국인과 섞여 살거나 떨어져 사는데, 계곡이 깊을수록 그 수가 증가하는 상황이기에 통상 큰 도로로만 여행할 때는 그 소재를 발견하지 못하기도 한다.

중강진 대안 3도구 부근 이상의 압록강 연안에는 한인 가옥이 밀집해서 완연히 한인 마을을 이룬 곳이 있다. 한인 인구는 중국인의 10배이고 주거·도로 등 모든 것이 조선과 다르지 않다. 아마도 이 지역은 교통이 불편하고 산간이 수풀로 무성하여 중국인의 왕래가 거의 없는 반면에 한인은 예전부터 대안 사정(事情)을 훤히 꿰뚫고 있었으므로 자연스럽게 한인이 몰려든 것이다. 장백부 부근 또는 약수동(藥水洞)과 같은 곳이 가장 현저한 지역이다. 이같이 한인이 마을을 이뤄 집단을 이룬 곳은 합니하(哈泥河)·대나열구(大羅閱溝)·대횡도자하(大橫道子河)·도서강전자(東西江甸子)·공태보(公太堡) 지역과 모아산 동쪽의 삼도구 부근이다.

대안 이주의 초기에는 강안(江岸)에 이주한 자 많았으나, 지금 그런 지역은 지력이 차츰 감소하여 수확이 종전과 같지 않자 그들은 점차 강안을 떠나 멀리 만주로 이주하고 있다. 특히 최근에 경상도 지역의 작황이 나빠져 이주해 온 자 또는 배일 한인의 도배들이 그렇다. 즉 수년 전에는 관전·환인·통화·집안·임강 각현은 주요한 이주지였으나, 1912년 이후에는 유하·해룡·무송 등지로 눈길을 돌려 강안에서 옮겨오는 자가 없지 않다. 그들은 일찍이 청나라 사람을 따라 혼강(渾江) 유역으로 이주하여 화전 또는 수전을 경영하여 효과가 있었기 때문에 이제는 송화강 주변으로 몰려드는 것이다.

2. 도문강 연안 지방

이 지역 중 동간도 주민 수는 다음으로 미루고 훈춘의 인구, 호수 (1914년 9월 재훈춘영사관부관 조사)를 게재하면 다음과 같다.

한인			
호수	인구		
	남	여	계
3,019	8,845	7,126	15,971
중국인			
호수	인구		
	남	너	계
4,168	12,622	8,960	21,582
일본인			
호수	인구		
	남	너	계
34	46	90	136

3. 동간도 지방

먼저 동간도 동부부터 살펴보면, 간도 내의 주거 호수에 대해서는 다음과 같이 관헌 조사가 각기 달라 정확한 수는 확인할 수 없지만, 대략 한인 160,000명, 중국인 40,000명, 일본인 400명, 러시아아인 27명, 영국인 6명, 프랑스인 1명 등 합계 200,400여 명이다(1913년말 조사).

민족 별	일본 관헌 조사	중국 관헌 조사
일본인	425	-
한인	160,499	141,025
중국인	41,340	52,750
러시아인	27	-
영국인	6	-
프랑스인	2	-

1. 일본 관헌의 조사는 귀화 한인은 인정하지 않음
2. 중국 관헌은 귀화 한인을 중국인으로 계산하였으므로 일본 관헌의 조사에 대비하면 한인은 감소하고 중국인을 증가함
3. 본 조사 후 10개월 여가 지났기 때문에 한인의 현재 수는 약 7,000명에서 8,000명이 증가하였을 것임

동간도 동부의 면적이 1,032방리(方里)로 1방리 내의 평균 거주 인원은 200여 명 이상이다. 한인 인구 밀도는 1방리 내 약 1,000여 명으로 가장 적은 함경북도라 하여도 300명 정도가 거주한다.

분포 상태는 피차 뒤섞여 있다고 해도 대체로 한인은 도문강 안에 밀집해서 살고 있고 그곳에서 멀어질수록 점차 희박해진다. 중국인은 도회지 또는 평지에 많고 산간에는 적으며 일본인, 구주인(歐洲人; 유럽인 – 역자)은 상부지(商埠地)[1] 밖에 거주하는 자가 드물다.

다음으로 동간도 서부의 안도현 내 최대의 마을은 현 관청 소재지인 안도(安圖)로서 중국인 72호가 거주하고 있다. 다음으로 큰 것은 내도산(內島山)으로 한인 약 70호, 중국인 2호 정도 살고 있다. 두 촌은 실로 그 지역에서는 예외적으로 큰 읍이다. 그 밖에 20호가 모여 사는 마을은 드물다. 대개 중국인은 평지 혹은 강가에, 한인은 산간, 계곡에 산재해 있다. 중국 관헌의 조사에 따르면 안도현 내의 호구는 다음과 같다.

중국인		한국인	
호수	인구	호수	인구
3,700	11,120	680	3,400

1 외국인에게 자유로운 상업 활동 지역으로 개방한 곳을 상부지라고 한다.

만주인 농부 가족(1910년대 초, 유리건판 사진)

　부기 : 중국 관헌은 호수만을 조사하고 보통 인구는 조사하지 않는다. 또한 산간에서 임시 가옥[假屋]을 짓고 혼자 기거하면서 수렵, 인삼 재배, 개자(芥子; 겨자－역자) 밀재(密栽)에 종사하는 준 무뢰한은 호수에 포함하지 않았으며 그 수는 300명, 400명 정도이다.

　1방리 내의 평균 인구는 50명 이내이다. 이는 교통이 불편할 뿐만 아니라 백두산록에 가까워 토질이 척박한 곳이 많고 기후가 한랭하여 농경에 적합하지 않기 때문일 것이다. 그러나 현재 대삼림으로 덮인 곳도 개척하기 쉬워 수만 정보의 가경지(可耕地)를 구할 수 있을 것이며, 벌목사업과 같은 것도 교통편이 양호한 판로를 얻을 수 있다면 자못 유망하므로 1방리 평균 200명 내외를 수용하기는 전혀 어렵지 않을 것이다.

2 주민 종류

1. 압록강 대안 지방

1) 중국인

중국인은 다시 만주인과 한족으로 구별해 볼 수 있다. 만주인은 몸체가 장대하지 않고 피부는 암갈색을 띠고 광대뼈가 나오고 이마가 넓으며 밤색의 큰 눈을 가지고 있다. 부인은 길고 넓은 옷을 입고 머리카락은 일종의 기이한 상투를 틀고 전족을 하지 않는다.

그 분포는 통화현에 가장 많고 관전·환인이 이에 버금간다. 청조가 발상한 곳은 통화의 서쪽 20여 리의 지점에 있다. 청조 발흥 당시에 한족은 이 지역에 거주하는 자가 거의 없었던 듯하며, 청조가 남방을 평정한 후에는 그곳 죄인을 만주 변외(邊外)로 유배시켰다. 기타 한족에 대해서는 절대로 이주를 금하였으나, 행상인으로 밀행하는 자가 점점 늘어나 마침내 1820년 공공연히 한인의 만주 이주를 허가하였다. 이후 직예·산동·산서를 비롯해서 남방으로부터 이주하는 자가 증가하였다. 그 가운데 산동성은 토지가 척박하고 황하가 범람하여 많은 농경민들이 이주해 왔다. 이주자들은 산동성을 해남(海南)이라 불렀다.

2) 한인(韓人)

한인에 대해서는 후에 항을 달리해서 설명할 것임

3) 일본인

이 지방에 거주하는 일본인은 극히 적다. 통화·환인·혼강구·모아산 및 장백부에는 압록강 채목공사의 역원, 가족이 거주하고 있었다. 그 수는 작업상 계절에 따라 달라지는데, 통상 적으면 1, 2명 많아야 10수 명에 불과하다. 기타에는 영사 여권을 가지고 1년간 체류할 목적으로 환인에 시계상, 의사가 각 1명씩 거주한 일이 있었으나 현재 이들은 없다. 해룡현(海龍縣) 북산성자(北山城子)에는 매약업자(賣藥業者) 12호, 요리점 2호가 있다고 들었다.

본래 압록강 대안은 개방지가 아니기 때문에 이들은 하등 조약상의 보장 없이 거주한 것이라 보인다. 러일전쟁 후에는 통화에 거주하며 요리점을 경영했으나, 지현(知縣)으로부터 금지되어 퇴거하였다. 현재는 유일하게 일본 이와테현(岩手縣) 출신의 나메시다(滑志田) 모씨가 통화동관(通化東關)에서 의사업을 하고 있다. 그는 5, 6년 전 이미 귀화한 듯하다.

또한 한가지 부기할 것은 이 지방으로 들어온 일본인은 매약업자가 아니면 연초 행상이다. 특히 매약업자가 북산성자(北山城子)에서 신규(新規)로는 매약업을 개시하지 않겠다고 약속 했다고 한다. 1896년 청일통상조약을 보건대, 일본 신민은 개항지에서만 거주 및 합법의 직업을 경영할 권리를 가지고 있고, 불개지(不開地)인 국경지방에서는 일본 영사의 하부(下付)로 중국 지방관이 부서(副署)한 여권을 휴대하고 돌아다니거나 상용(商用)을 위해서만, 여권 발급일로부터 13개월(중국력)에서 각부로 여행할 수 있다고 되어 있다. 조약에 따르지 않는 거주자의 법률상 위치 여하는 문제가 된다고 믿는다. 그리고 이것은 한인 이주자에 대하여 특히 주요하다고 생각되기 때문에 후술하려고 한다.

4) 구미인

구미인으로 이 지방에 거주하는 자는 거의 없다. 영국·베트남·프랑스 선교사 각 1명이 때때로 와서 포교하는 일이 있을 뿐이다.

2. 동간도

1) 중국인

먼저 동간도 동부에 대하여 말하면, 근래에 중국인의 간도 거주는 영고탑 방면에서 남하한 것이 가장 먼저인 것 같다. 한때 훈춘간도 지역은 영고탑 관헌의 관할에 속해 영고탑과 훈춘 간에는 관도(官道)를 개설해 각 역참에 둔전병을 배치한 일이 있다고 한다. 후에 정치 중심이 길림으로 옮겨가면서 관도 역시 길림과 훈춘 간을 연락하면서 일반 교통 상태도 변화하여 근래 이주민은 훈춘간도를 따라 이주하는 자가 다수를 차지하였다.

일부는 송화강 상류에서 와집령(窩集嶺)을 넘어 두도구 지역으로 옮겨갔다. 개간국 설치 전의 이주자는 자기가 좋아하는 지역을 임의로 점유한 후 관헌에 등록하였으나, 개간국 설치 후에는 대개 관으로부터 경작지의 분배를 받았다.

당시 중국 관헌은 섞여 살았던 한인을 압박하였다. 자국민 보호에만 편중하여 모든 일에 우월한 지위를 차지하였다. 더욱이 평지는 대개 중국인 소유로 돌아가고 누구나 지주가 되어 소작 한인보다 의식주 모두 비교적 양호한 상태에 있다.

그러나 재주 중국인은 압록강 대안 지역과 같이 산동인 또는 산동성에서 일단 만주로 이주한 후 간도로 옮겨 온 자들이므로 교통이 불편하여 증가 정도는 한인에 비해 훨씬 미치지 못한다. 중국인 중에는 상당한 자산을 이뤄 산동으로 돌아가거나, 미간지가 많은 다른 지역으로 옮겨가는 자가 있다고 한다.

시가지 및 길가에 인접한 마을에는 상업을 경영하거나 반상반농(半商半農)하는 자가 적지 않다. 기타 지역에서는 모두 농업에 종사한다. 농산(農産) 제조업인 소과(燒鍋; 오지냄비), 기름집[油坊]의 두 가지 업은 간도에서 중요한 공업으로 중국인이 독점하고 있다.

한인에 비하면 중국인은 이주할 때부터 자금을 휴대하는 자가 많은 것 같고, 일반적으로 근면하여 능히 저축에 힘쓰는 기풍이 있다. 그러나 개발 후 아직 많은 세월이 지나지 않았지만, 대부호라 칭할만한 자가 없고 일반 주민의 생활수준 정도가 극히 낮다. 촌락 숙박료는 1박에 30전에서 50전 정도이다.

다음으로 간도 서부의 중국인이다. 만주에 이주해 온 산동 이주민이 유리(遺利)한 곳을 찾아 점차 산간벽지로 들어가 마침내 백두산에 도달한 것이 7, 80년 전의 일이다. 처음에는 수렵, 산삼 채취 등을 목적으로 하는 자가 많아 거주지가 일정하지 않은 유민에 불과하였는데 점차 사금채굴(砂金採掘)에 종사하면서 유리함을 알고 크게 동업자를 유치하였다. 한등거(韓登擧) 일가는 실로 최대 성공한 자로 그의 본거인 협피구(夾皮溝)의 채금(採金)은 아직도 유명하다. 승평령(昇平嶺)의 남북에 걸친 대금창(大金廠) 및 소금창(小金廠)에는 길옆 몇 리에 여러 개의 흙더미가 있음을 볼 수 있다. 지금부터 2, 30년 전에 사금 채취를 위해 굴을 판 흔적은 지난날의 번성을 회상케 한다.

1907	100명	1912	200명
1909	270명	1913	242명
1911	170명	1914	232명

이주 개간의 다른 큰 원인은 그 일대 부원(富源)인 벌목업의 발달이다. 벌목업은 40년 래 점점 발달하여 벌목부, 유목부(流木夫) 등의 식량, 기호품 수요가 점차 증가함과 동시에 강 옆의 평지에 정착하여 농경에 종사하는 자가 점증하였다. 벌목업은 다만 과거에 그 지역의 개간을 촉진하였을 뿐만 아니라 현재 장래 유망한 사업의 하나가 될 수 있다. 이와 같은 중국인 이주의 기원은 지금으로부터 거슬러 올라가 1세기에 달하지만, 왔다 갔다 하는 정도여서 증가 정도는 극히 미미하다.

2) 한인 (후술)

3) 일본인

일본인이 간도에 정착하게 된 것은 1907년 8월 통감부임시파출소 설치 때가 처음이며 이후 아래와 같이 증감을 거쳐 금일에 이르렀다.

이들 보통 주민 이외에 관아, 군대에 봉직하는 자와 그 가족 수는 간도문제 해결 전후에 따라 현저한 차이가 있으나, 지금 185명으로 보통 주민과 합산하면 417명에 달한다. 주요한 직업은 잡화상이지만 대개 자본금이 적어 1만 원 이상의 자산을 가진 자가 없고 일본인과 한인을 주된 고객으로 한다. 요컨대 간도 대지주 일본인은 1907년 이후 현저한 증가가 없고, 발전 경과는 지체되었다고 할 수 있다.

일본인은 상부지(商埠地) 내와 그 부근에 거주한다. 직업별은 '동간도 재류 일본인 직업별 조사표'에 표시한 것과 같지만, 이외 각 상부지에서 멀리 떨어진 곳에 재류하는 자도 여러 명 있다. 즉 천보산(天寶山) 광산에 있는 2명과 일본인 남자를 비롯하여 태납자(太拉子) 조양천(朝陽川) 및 동불사(銅佛寺; 사찰명이며 지명 − 역자)에는 각각 일본 부인이 1명씩 있다. 이들은 원래 작부(酌婦)였는데 중국인으로 낙적(落籍)되어 그 처첩(妻妾)으로 된 자이다. 동불사의 용부상점(龍富商店)이라는 작은 잡화상을 경영하는 중국인 마보룡(馬寶龍)의 아내인 일본 부녀는 지아비와 함께 크게 친일적 태도를 보였다. 중국의 순방(巡防), 순경 등이 우리를 의혹의 눈빛으로 봐서 밀정을 따라붙게 하던 때였는데도 불구하고, 여러 번 여객으로 찾아갔는데 오히려 대접이 부족하다며 극진히 대하였다.

3 민족의 풍속

1. 압록강 대안 지방

1) 의복

중국인의 의복은 인종·계급·계절에 따라 다르다. 한인과 만주인의 복장은 대개 차이가 없고 중류 이상에서는 남녀 모두 무늬가 없거나 직출 모양(織出模樣)의 의복을 좋아하는데 여자와 남아는 때로 채색무늬를 쓰기도 한다. 만주인의 옷감은 가벼운 포[絹布]를 애용하지만, 한인과 같이 마포를 쓰지는 않는다. 중류 이하에서는 감색(紺色) 또는 천황(淺黃)의 강륵(强勒)한 목면지(木綿地) 또는 금건(金巾)을 쓰는데 이는 그 복장이 가장 가벼워 노동자가 작업하기에 적합하기 때문이다. 모자와 신발에는 관심을 가진다. 특히 그들은 신발의 취향을 중요시하는데, 음식이 아닌 생활상에서 사람의 품위를 결정하는 데 신발을 보는 경향이 있다. 겨울철에는 모피(毛皮)로 방한의를 만들고 양피지로 귀까지 덮이는 풍모자(風帽子)라고 하는 물건을 쓴다. 조선산 대홍신지(大紅辛紙)는 통화지방에서는 방한용으로 모피의 안쪽에 넣는다.

한인 복장은 조선과 다를 바 없고 남자는 흰옷을 입고 여자는 편편(片片; 조각조각 -역자)의 복장을 한다. 그런데 옷이 칭칭 얽혀 노동에 적당하지 않다. 이를 경쾌한 중국 노동자의 복장과 비교하면 한편으로는 공정의 차이를 느끼지 않을 수 없다. 또한 농민은 깍은 머리를 다시 길러[蓄髮] 관을 쓰는 자가 많고, 이와 반대로 배일 한인과 대안으로 이주한 지 오래된 자는 중국 복장을 하여 단발하기도 한다. 신교육을 받은 소수 사람은 양복을 착용하기도 한다.

만주 복장을 한 만주인(1910년대 초, 유리건판 사진)

2) 음식

중국인은 옥수수를 주식으로 하는 자가 많지만, 한인은 이를 찧어 취사(炊事)한다. 중국인은 낟알 채로 옥수수를 솥에 삶거나 이를 가루로 만들어 만두를 만든다. 계층에 관계없이 일반적으로 가루를 사용하는데 상류층은 소맥분(小麥粉)으로 국수[饂飩]·만두 또는 떡을 만들고, 중류층 이하에서는 고량(高粱)·메밀[蕎麥]·보리 등을 상용하는데, 고량과 보리는 고량주의 원료가 되는 경우가 많다. 육식을 좋아하며 소·양·돼지는 모두 식용으로 공급된다. 그 가운데 양고기를 상식(上食)으로 친다. 어육을 즐기는 일은 적다. 설탕을 쓰는 일이 적으며 소금은 거칠고 질이 떨어지는 관동염(關東鹽) 또는 산동염(山東鹽)을 쓴다. 쌀은 상류층이 아니면 먹지 못한다. 쌀을 먹는다고 하여도 죽을 쑤거나 밥을 짓는데 일본인과 취사법이 다르다. 벼는 이주 한인이 경작하는 수경(水耕)을 제외하고는 소량의 밭벼[陸稻]가 있을 뿐이지만, 종래부터 밭벼로 만족해 왔다.

콩으로 만든 기름으로 요리하고 야채, 수육도 반드시 이것으로 볶는다. 술은 강렬한 고량주를 쓰는데 쌀로 만든 것은 남중국에서 이입되는 소흥주(紹興酒)[2]가 소량 있을 뿐이다. 술을 좋아해도 정도를 지나치지 않는다. 노상에서 술 취한 사람을 보는 일이 거의 없다. 1일 2식으로 조식은 9시, 오식은 3, 4시경에 먹으며 야식은 하지 않는다. 끓이지 않은 물은 쿠리[苦力, 하층 노동자-역자]들이라도 마시지 않는데, 이는 한인과 크게 다른 점이다.

한인의 음식물은 옥수수·고량이 보통이며 조밥은 상식(上食)이다. 쌀은 자신이 직접 수확할지라도 아껴서 함부로 먹지 않는다. 삼남 지방에서 이주해 온 사람들은 이를 고통스럽게 여겨, "어린아이가 울어 쌀밥을 구하지만 이를 줄 수 없는 만큼의 고통이 없다"라고 말한 적이 있다. 장백현 관내에서는 피와 감자를 주식으로 한다.

3) 주(住)

중국인의 가옥은 촌락과 도회지에 따라 조금 구조가 다르다. 농가는 통상 길이 수칸(7~8칸에서 10칸), 폭 2칸에서 3칸이며 표면 중앙부에 입구를 두는 것이 많다. 그 안에 아궁이를 두고 거실은 입구 좌우에 있으며 벽에 연하여 평상을 놓는다. 평상은 폭 5척 5촌 또는 6척 장 9척 또는 2칸 높이는 2척 정도이다. 흙 또는 돌로 쌓은 아궁이에서 연기를 빼내는 구들을 만들어 난방용으로 쓴다.

거실 수는 빈부의 정도에 따라 다르다. 통상 입구의 좌우 어느 한쪽을 여자와 어린아이의 거실로 하는데 이를 내방이라 칭하여 외래자는 함부로 들어갈 수 없다. 집 앞에는 넓은 마당이 있다. 곡식 창고 등은 마당의 양쪽에 모옥과 직각으로 짓는다. 뒤뜰은 비좁다. 마당은 반드시 나뭇가지 등을 써

---

2 찹쌀을 원료로 양조한 중국의 대표적인 술 가운데 하나이다. 노주(老酒)의 한 가지로 알코올분은 10%이다.

길림 이도구의 만주인과 가옥(1910년대 초, 유리건판 사진)

서 목책을 두르고 문짝을 단다. 가축이 야간에 빠져나가는 것을 막기 위함
이다. 마당 한쪽에는 반드시 화단을 만들어 풍선화(風仙花) · 쑥국화 · 천란
(天蘭) · 해바라기 등 색채가 강하고 단조로운 것을 심는다. 여점(旅店; 여인
숙-역자) 구조도 역시 이에 따른다. 다만 그 앞뜰은 특히 넓게 하고 견마(犬
馬)의 숙박에 편하며 목재를 쪼개 만든 긴 말구유를 둔다.

　도회지의 상점도 역시 중앙부를 입구로 하고 좌우에 계산대를 둔다. 물
건은 벽에 붙여 계산대 후방에 진열하기 때문에 손님은 내부를 엿보지 않으
면 상점을 점검할 수 없어 불편하다. 계산대의 맞은편에는 보통 평상을 만
들어 손님의 휴식 또는 점원의 기와용(起臥用)으로 사용한다. 부엌은 집 뒤
에 두어 연기를 구들로 이용하는 것은 농가와 같다. 다만 도회지 가옥은 한
마룻대 가운데에 방을 달리하여 수호(數戶), 즉 여러 개의 부엌이 있기에 호
수와 부엌 수는 차이가 있다.

　이상 기술한 바와 같은 것은 관민 상하 구분 없이 거의 공통 일률적인 건
축법으로 가옥의 짜임새에 차이가 있을 뿐이다. 관아도 실(室)의 일반(一

길림 신흥평 여점(유리건판 사진)

牛)에는 평상이 있고 헛간에 책상을 놓고 집무를 보며 평상에는 침구를 놓
는다. 관아와 민가를 구분 없이 가장 깊숙한 곳에는 벽상에 '독재부(督財
府)'라고 쓴 액자를 걸어 놓고 공양물을 바쳐 제사를 지낸다.

　가옥은 흔히 목조로 두터운 토벽 또는 석벽으로 이를 두르고 산지에서는
목재를 쌓아 그대로 벽으로 삼기도 한다. 지붕은 조나 고량 줄기, 때로는 나
무껍질로 이으며 도회지 또는 시골에서도 부자는 기와를 사용한다. 평상에
는 삿자리를 깔고 부자는 여름철에 그 위에 화려한 연석을 까는 자도 있다.

　한인의 주거는 중국인 가옥의 1실 혹은 여러 실을 임차하여 공동생활을
하는 자가 많다. 산간에 개간한 지역에서는 한인 스스로 가옥을 지어 주거
하고 있었다. 그 가옥은 왜소하고 빈약한 조선식이다. 지붕은 조 줄기 등의
짚으로 이으며 거실은 겨우 1, 2실이 있을 뿐이다. 장백 지역에는 주거 일부
를 외양간으로 충당하는 자도 있다. 그들이 이같이 빈약한 생활을 영위하는
것은 자력(資力)이 없을 뿐만 아니라 종래의 관습에 말미암음은 것이지만,
또 하나는 중국인으로부터 퇴거 당할 것을 염려하여 제대로 된 건축을 할

생각을 못한 듯하다.

4) 의례오락(儀禮娛樂)

먼저 중국인에 대하여 말하면, 결혼은 정년에 이르러 하는 자가 많다. 결혼 당일에 신랑이 먼저 처가에 가서 신부를 맞이하는 것이 예의이다. 신부는 당일에 진홍 색깔의 의상을 입는 것이 의례였으나 중화민국 이후 이를 폐지한 듯하다. 부부는 말·마차·교자(轎子)로 왕래하며 종·북·피리를 울린다. 오랜 친구들이 모여 잔치가 여러 날 벌어진다. 장례는 종교에 따라 다르나, 환인·관전 지역에서는 죽은 자를 3년간 관에 넣은 채 지상에 방치하는 풍습이 있다. 통화현에서는 번(藩) 지사가 엄하게 이를 단속하여 그 풍습이 다소 감소하였다. 묘석(墓石)을 세우지 않으며, 한인과 같이 완전한 봉분을 만들지 않고 죽은 자에 대해서는 효례(孝禮)가 적은 듯하지만 조상 제사에는 큰돈 쓰는 것을 아끼지 않는다.

일상의 오락으로는 일종의 장기가 있다. 중화민국 후에는 사당(祠堂; 廟 ─역자) 단속이 엄해져 훼손된 것이 있으나, 오늘날 제사를 지내는 것은 연중행사의 하나로 그날에는 모두 모여 기뻐하고 즐거워한다. 가을 수확 후에는 마을 사람들이 모두 모여 연극무대를 설치하여 배우를 불러 전후 1달 동안 향락에 빠지는 일이 있다. 도회지에는 극장이 있어 흥행은 모두 낮에 하고 석식 때에는 돌아간다. 중화민국 이래 9월 17일, 18일을 위안스카이 대총통의 탄생일로 국기를 게양하여 이를 축하하는 것을 보았다.

달력은 신구 양력을 쓰지만, 일반 인민은 상호 간에 흔히 음력을 쓴다. 시계도 아직은 충분히 보급되지 않아 1일을 12지로 나누고 1지를 4각으로, 1각을 다시 15분으로 나눠 시간을 말하는데 자(子)의 2각 7분이라 함과 같은 것이다. 중화민국 후 단발령이 시행되어 관리는 물론 인민 가운데 단발하는 자가 점차 증가하나, 산간벽지에서는 변발(辮髮)한 자가 많다. 이는 첫째 중화민국은 한인의 천하라 해서 신정(新政)을 좋아하지 않는 자가 있고,

보수적인 지역 인민은 단발에 따른 복장의 변개(變改)를 싫어하는 듯하다. 사회 상태에 대해 특히 주의를 끈 것은 이 지역이 신개지여서 장정이 많고 여자 수가 적으며, 또한 가족은 소가족제로 가자(家子; 일족-역자), 낭당(郞黨; 군부대-역자)이 기탁하는 풍습은 볼 수 없었다.

다음으로 한인에 대해 말하면, 혼인은 조선 내에 비하면 대체로 늦다. 이는 하층 한인의 결혼은 금은으로 자녀를 매매로 취하나 대안에서는 쉽게 재산을 모을 수 없기 때문이다. 혼약 풍습이 없으며 또한 중국인과 결혼하는 것도 전연 없다. 가령 중국 부호로부터 자녀를 요청받아도 응하지 않는다. 합의 결혼은 전연 없다고 할 수 있다. 그러나 과부 또는 유부(有夫)의 아내로서 중국인에게 점유되는 수는 결코 적다고는 할 수 없다. 유래로 한인은 바늘 가는 코에 실이 따른다고 일컬어 어느 산간벽지라 할지라도 지아비는 반드시 아내를 따르게 하고, 처는 반드시 지아비에 따라가 일찍이 떨어지는 일은 없다. 이와 달리 중국인은 거의 홀로 이동하여 집에 돌아오지 않는지 수년이 되는 자가 적지 않다. 노동자도, 지주도 그러하며 순찰 관리 역시 그렇다. 여기에서 지주는 한인에게 은혜를 베푼다며 종자, 농구(農

간도 걸만동 부근 혼례(유리건판 사진)

具), 식료를 대여해 주고는 이를 갚
지 못하면 처녀를 대물변제로 공
출케 한다. 이와 같은 악풍(惡風)
은 장백부 지역에 특히 심하다고
들었다.

한인은 분묘(墳墓)를 존숭하는
염원이 두터워 대안에서 사망한 자
가 있으면, 유골을 반드시 향리로
가지고 돌아가 매장하는 것이 보통
이며, 그렇지 않으면 자손은 유리낙
백(流離落魄; 일정한 집과 직업이 없
이 이곳저곳으로 떠돌아다님 –역자)

회령 두만강변 신부차림 여인
(유리건판 사진)

할 뿐만 아니라 일가는 마침내 조락(凋落) 단절한다고 하는 것이다. 장백부
부근과 같이 종래 오랫동안 거주한 지역에서는 이미 분묘를 가지고 있어 우
란분절(于蘭盆節; 백중날 –역자)에는 공양물을 바치고 묘 앞에서 울고 있는
모습을 발견할 수 있었다.

그들의 오락은 음주와 도박으로 이 두 가지는 일반적인 관습이나 이주
한인에게 특히 심하다. 그들은 이를 무상의 쾌락으로 여겨 명절에는 물론
틈만 있으면 이에 탐닉하여 밤새우는 것을 항상 볼 수 있다. 심지어 농번기
에 밥을 먹기 위해 귀가한 자가 우연이 지인을 찾아오면, 서로 상조하여 수
라(輪贏)를 다퉈 패자도 마시고 승자도 마셔 마침내 일이 바쁜 것을 잊고 취
하면 즉, 큰길에 가로로 누워도 평안하다. 중국인도 이러지는 않는다. 또한
근래 모르핀(모르핀은 아편의 주성분으로 마약성 진통제이다 –역자) 주사를
알고 나서는 불결한 기구를 이용하여 일시의 쾌락을 탐닉하고 그로 인해 전
신에 점점 반점이 생기며, 기구가 불결하여 종종 중독을 일으키는 경우가
있다. 이에 따라 그들의 건강을 해쳐 노동력이 더욱 감소한다.

2. 도문강 연안 지역

1) 의(衣)

일행이 통과하는 지역에서 목격한 바에 따르면, 한인의 복장은 대체로 거의 조선과 같다. 학교 생도는 왕왕 중국 복장을 한 자가 있다. 특히 관립학교에서는 중국 복장 착용을 강제하는 것 같다. 기타 보통의 한인 중에는 가끔 중국옷을 걸치고 중국 신발 등을 신은 자를 본 일이 있으나 극히 적다. 그런데 훈춘 부근에서 점차 노령(露領)에 가까워지면 한인은 스스로 풍속을 러시아화하여 농부는 머리에 헌 모자를 쓰고 헌 양복 등을 입는 자도 있다. 여자는 흔히 러시아 경사(更紗; 꽃과 같은 작은 무늬가 화려하게 날염된 광택이 있는 면 평직물 - 역자)를 걸쳤으며, 어린이는 허술한 옷을 입고 종종 러시아 군인 모자와 같은 것을 쓰고 있다. 또한 들리는 바에 따르면, 노령에 있는 500여 가호 대부분은 10년 이상 거주하고 있어 복장이나 태도 등이 전적으로 러시아화 했으며 일견 러시아인으로 혼동되는 경우가 적지 않다고 한다.

2) 식물

식물도 조선과 대략 비슷하다. 단지 간도에는 수전이 극히 적고 또한 인민의 생활 정도가 극히 낮아 쌀을 사용하는 일은 조선보다 더욱 드물다. 그들이 일반적으로 먹는 것은 좁쌀이고 종종 감자의 몇 조각을 넣어 밥을 짓거나, 옥수수를 그대로 삶아 먹거나 이를 갈아 조리하는 등과 같다. 야채로 김치를 담그지만 생식하는 일은 적다.

3) 주(住)

거주도 조선식이나 조선보다 오히려 완비된 느낌이 있다. 무릇 북선(北鮮; 북한 지역 - 역자) 지방에는 기와를 올린 집이 남방보다도 많지만, 대안에 세워진 가옥에는 기와를 올린 집이 그리 많지 않다. 집 구조는 비

교적 견고해서 대개 창고를 가지고 있다. 중국인 가옥은 조선 가옥과 취향
이 달라 대체로 규모가 큰데 매우 부유한 자는 높은 토층으로 가옥 주위를
두른다.

4) 풍습

중국인은 단발한 자가 매우 많다. 특히 관리 또는 공직을 가진 자들
가운데 변발한 자는 거의 없는 것 같다. 예전에 한인이 사장(社長, 뒤에 지방
행정 편에서 소개)·향약(鄕約) 등의 임무를 맡으면 변발역복(辮髮易服; 앞 머
리털을 밀고 뒤 머리털만 남기고 땋는 것과 만주족의 옷차림으로 갖추는 것-역
자)을 요건으로 했다고 전해지나, 요즘에는 그렇지 않은 듯하다. 현재 일행
이 면담한 2, 3명의 사장은 완전히 조선 복장을 하고 또한 상투를 튼 자도
있었다. 일행이 답사한 각지에 널려있는 한인 대다수는 함경북도 출신이므
로 간도는 북선(北鮮)의 연장이라 해도 될 것이다.

따라서 풍속, 관습 등도 조선과 큰 차이가 없다. 즉 무산군 등에서도 아직
전적으로 구습을 벗어나지 못하여 면장과 같은 공직에 취임하는 동안에는
단발을 했다가 퇴직하면 다시 상투를 튼다. 또한 공립보통학교에 다니는 생
도도 통학 중에는 단발을 하지만 퇴학하면 다시 상투를 튼다고 한다. 대안
(對岸)에서도 한인 가운데 단발한 자가 매우 드물다. 북선 지방의 여자는 대
개 강건하고 근면하다. 일행은 그들 대부분이 맨발로 통행하는 것을 보았으
나, 겨울철 심한 추위에 살을 엘 듯할 때도 대개 맨발이라 한다. 간도에 사
는 여자의 풍습도 역시 이와 같다.

3. 동간도 지방

동간도에 거주하는 중국인·한인의 의식주 등 일반 생활 상태에 대
해서는 상술한 각 지방과 별반 다를 게 없으므로 상세히 기술하는 것은 생
략한다.

1부

지방통치의 상태

1장

일반 지방행정

1 관치 행정

1. 압록강 대안 지방

중화민국의 지방제도는 현을 맨 아래 행정구획으로 하고 현에 지사 (知事)를 둔다. 여러 현을 합쳐 도(道)로 하고 도윤(道尹)을 둔다. 여러 도를 합해 성(省)으로 삼고 민정부(民政部)를 두어 행정을 담당한다. 국경의 6현 은 동간도 서부의 안도현 외 8현과 함께 봉천성 동변도에 속한다.

1) 도(道)
내무·재무·교육·실업 등 4과를 둔다. 담당 업무는 다음과 같다.
(1) 내무과 : 선거 사항, 공공단체 사항, 진휼(賑恤) 구제 사항, 공사 자선 사업 및 기타 공익 재단 사항, 징병·징발 사항, 호적 사항, 행정구획사항, 토지조사사항, 관산관물(官産官物) 사항, 행정경찰 사항, 고등경찰 사항, 사법경찰 사항, 저작 출판 사항, 도로 기타 토목공정 사항, 둑·해항(海港)·수도공정 사항, 토지수용 사항, 예속(禮俗) 정칙(整飭) 사항, 사우(祠宇) 및 종교 사항, 고물(古物) 보존 사항, 병원 위생조합 사항, 전염병 예방 및 검역 사항, 의사 약제 업무 감사 사항, 약품매약영업조사 사항, 지방교통행정 사항, 인신(印信) 사항, 통계 및 보고 편제에 관한 사항, 직원 이력 및 진퇴 기록에 관한 사항, 문건의 수발 분배 보존 편찬에 관한 사항, 회계 및 서무에 관한 사항, 기타 각 과에 속하지 않는 사항
(2) 재정과 : 지방세의 징수 감독 사항, 지방세 이외의 수입 감독 사항, 지방세 위법 징수의 처분 사항, 지방세 체납 처분의 소원(訴願) 사항, 지방 세출 감독 사항, 지방예산 결산 편제 사항, 지방 공채 사항, 지방 금융 사항

(3) 교육과 : 공립학교 직원 사항, 교육회의 도서 심사회 교육박람회 사항, 학교 위생 공립학교 보건 사항, 소학교원 검정 및 학령아동 취학 사항, 외국 유학생 사항, 국어통일 및 각종 학술회 사항, 도서관 및 고물(古物) 수집 사항, 통속교육 및 통속도서관 순행(巡幸) 사항

(4) 실업과 : 농업개량 사항, 농사 시험 사항, 양잠사업 개량 및 검사 사항, 지방수리 및 경지정리 사항, 천재(天災) · 충해(蟲害) 예방 선후 사항, 농회 사항, 농업강습 사항, 농림 목어(牧魚) 각 단체 사항, 목축개량 사항, 종축(種畜) 검사 사항, 공유림 · 사유림 감독 보호장려 사항, 권업회 사항, 공업경영 사항, 묘포(苗圃) 및 임업 시험 사항, 수렵감독 사항, 수산시험 및 추행(推行) 사항, 모범공장 사항, 공업 보조 사항, 공업시험소 사항, 공업조사 사항, 공창(工廠) 감독 및 검사 사항, 공인(工人) 교육 및 보호 사항, 수출품 장려 사항, 상품진열 사항, 보험 및 기타 상업 감독 사항, 상공업 단체 사항, 광구(鑛區) 조사 사항, 광업 감독 사항, 광부 보호 사항, 광세(鑛稅) 회계 감사 사항, 지방 지변(自辦) 및 민변(民辦)의 전기 사항, 이외의 기밀에 관한 사항은 별도로 도윤 비서로 하여금 이를 맡게 한다.

2) 현(縣)

소관 사무는 다음과 같다.

(1) 선거 사항 : 하급 지자체 및 기타 공공단체 행정 감독 사항, 진휼 구제 및 기타 자선 사항, 도로 및 기타 토목공정 사항, 종교 및 예속 사항, 징병 · 징발(徵發) 사항, 호적 사항, 경찰 위생 사항, 토지조사사항, 토지수용사항, 현 행정 경비의 출입 사항, 국세 위임 징수 사항, 교육 학술 사항, 농림공상 사항, 관산관물(官産官物) 사항, 지방교통행정 사항, 현에는 통상 제1과(행정과 또는 총무과) 제2과(회계과 또는 재정과), 제3과(사법과)가 이러한 사무를 분장한다. 또한 한 현을 몇 개 구로 나눠 분현(分縣)을 두고 현의 사무를 분담시키는 수가 있다. 관전현이 사평가(四平街)에 분현을 두는 것과 같다.

		화룡현(태납자)
		연길현(국자가)
	장춘도(長春道)	왕청현(백초구)
길림성	빈강도(濱江道)	훈춘현(훈춘)
	의란도(依蘭道)	동빈현(삼분산구)
	연길도(국자가)	영안현(영고탑)
		돈화현(돈화)
		액목현(액목)

2. 동간도 및 훈춘 지역

이 지방(동간도 서부 제외)은 길림성 연길도 일부이다. 연길도는 8현으로 나뉘는데 화룡현·연길현·왕청현을 동간도 동부라 하고, 훈춘현을 훈춘지방이라 칭한다. 도 및 현사(縣事)의 사무는 앞서 말한 바와 같지만, 연길도에는 위의 4과 외에 외교과를 더 둔다.

국자가에는 상부국(商埠局)이 있는데 상부국장은 도윤이 겸직한다. 그 외에 용정촌·두도구·백초구의 각 개방지에는 상부분국을 둔다. 도윤의 위임을 받은 도의 외교과원이 분국장을 맡는데(단 백초구 상부분국장은 왕청현 지사가 겸임) 경미한 외교 사항 외에 도로·위생·경찰 등의 일반 행정을 담당한다. 상부국은 도 외교과에 의하여 처리되는 기관으로 개방지의 행정·경찰권은 도윤에 의하여 행해지며 교섭사무는 지방 교섭관으로 도윤에 의해 행해지므로 그 계통은 내무부 및 외교에 속하는 것이라 볼 수 있다.

2 지방자치행정

1. 압록강 대안 지방

현은 최하급의 행정구획이지만, 그 밑에 일본의 정촌(町村)에 해당하는 자치체가 있어 향·패(牌)·구(區)라 일컫는다. 향 또는 패 밑에는 보(保)가 있고 그 아래 단(段), 사(社)가 있으며, 향에는 향정(鄉正)·향부(鄉副)가 있는데(패·구도 이에 따름) 지사가 이를 임명하고 임기는 3년이다. 보 또는 단은 순경이 담당한다. 이들 지방단체는 도로 수축, 예비 순경 사무와 소학교 교육사무 등 지방 공공사무를 처리하며 조세 공과를 징수한다.

2. 동간도 및 훈춘지방

1) 개설

완전한 자치라 일컬을 만한 실체가 없어서 보통의 관치행정이라고도 볼 수 없지만, 지방자치행정이란 제목으로 이를 논하고자 한다. 무릇 현의 행정구역은 비교적 광범위하여 관청 명령의 전달, 징세 사무 방조(幇助), 각 마을의 치안 유지 등을 담당하는데 흡사 일본의 시정촌의 공리(公吏)와 비슷하다.

동간도 및 훈춘지방에서는 자치체의 명칭을 사(社) 또는 향이라 하여 그 장을 사장·향장·향약·향정이라 하며 그 보조원으로서 갑장(甲長)이 있는 곳도 있다. 지방에 따라서는, 화룡현 하리수(下里水)·남사(南社)·뇌풍동(未豊洞)·상촌(上村) 지방, 연길현 동성용사(東盛湧社)·교계동(橋溪洞) 등지에

훈춘토성 진정문(유리건판 사진)

서는 향정·부향정을 두지 않고 백호장(百戶長), 50호장이 이를 대신한다.

한인촌에서는 이에 개의치 않고 집강(執綱)·존위(尊位)·이장·동장 등을 두는데 이는 조선과 같다. 중국 관헌에 따르면 종래 화룡현을 영원(寧遠)·수원(綏遠)·안원(安遠)·진원(鎭遠) 등 4보(堡)로 나누고 밑에 33개 사(社)를 두었으나, 1914년 8월 1일 이를 개정하여 수원·안원·영원·화원(和遠) 등을 4향으로 고치고 22사로 줄였다. 그런데 보 또는 향의 성격이 매우 불명확하여 왕룡현 지사에 이를 질문하였지만, 끝내 요령부득(要領不得; 사물의 중요한 부분을 잡을 수 없다는 뜻 – 역자)이었다. 요컨대 향은 사수(社數)의 정리라 보면 될 것 같고 사명(社名)도 종래는 덕화사(德化社)·상화사(上化社)라 칭하였으나, 개정 후에는 이를 제1사, 제2사 등이라 부르게 되었다. 훈춘현의 훈춘을 훈춘성이라고 하지만 그 외는 모두 향이라 일컫는다. 홍인(興仁)·덕화(德化)·경신(敬信)·용지(勇知)·순의(純義)·춘화(春

化)·숭례(崇禮) 등 7현이다. 훈춘영사관 조사에 따르면 지금까지 향장은 지사가 임명해 왔으나, 1914년 2월 향장을 폐지하였다 한다.

2) 사장(社長)

사장·향장 등은 처음에 인민 중에서 신용과 자산이 있는 자를 선출하여 지사의 인가를 받아 취임하였다. 사장에는 한인뿐만 아니라 중국인도 있다. 화룡현의 32개사 중에서 중국인 사장은 5명에 불과하다. 임기는 2년이되 재선되면 1년을 더 할 수 있다고 하지만, 실제로는 신용을 잃지 않으면 계속하는 듯하다. 현재 화룡현 상화사(上化社) 사장은 5년간 임기를 계속하고 있다 한다.

사장의 주된 직무는 법령의 주지, 징세 사무의 방조(幇助) 등인데 토지매매 등에는 반드시 사장의 증명을 얻어 지사에 제출해야 한다. 그 외에 치안, 복리 증진 도모 등의 임무를 가지고 있다. 급료는 지방에 따라 다르나 화룡현에서는 대동소이하다. 덕화사·상화사에서 얻어들은 바를 기술하면 다음과 같다.

사장 직에 있는 동안 관으로부터 대여(貸與)를 받는 일정한 전답이 있는데, 이를 자유롭게 경작하고 작물을 수확할 수 있다. 촌민에게 이를 경작시키기도 한다. 사임할 때는 전답을 후임자에게 넘겨줘야 한다. 덕화사에서는 10일경(1결), 상화사는 4일경(조선의 7일경 强)이 있다. 이외에 호별할(戶別割)을 징수한다. 이전에는 빈부 정도에 따라 등급이 정해졌지만, 지금은 평균해서 각호로부터 50전(덕화사)에서 40전(상화사)를 징수한다. 단 극빈자에게는 이를 과하지 않기로 하였는데, 이는 전체의 3분의 1 혹은 4분의 1이나 된다. 징수한 총액은 160원에서 200원에 이른다고 한다. 타사(他社)도 대개 이쯤의 표준으로 사장의 급료를 정하였다. 또한 호별할을 현금으로 하지 않고 곡물로 바치는 제도가 있다. 예컨대 지신사(志新社, 600호)에서는 매 1호에 2두(斗)의 조[粟]를 징수하고 극빈자 200호에 대해서는 모든 과세를 면제하기로 하였다. 이같이 사장의 수입은 상당히 많으나, 중국 관헌의 뜻에 영합하기 위하여 가끔 뇌물, 향응 등을 베푸는 일도 있다. 이에 많이 사장들이 빈궁해지거나 인민에게 불법을 요구하는 자도 있는 것으로 들었다.

3) 갑장(甲長)·부장(部長)

갑장은 있는 곳도 있고 없는 곳도 있으며 명칭도 각기 다르다. 상화사에서 조사한 바에 따르면, 갑장은 사장 밑에서 그를 보조하며 1년에 조 15석을 받는데 이는 각호로부터 등급을 두어 징수한다. 부장은 종종 일을 도와주는데 1년마다 교대하며 모부소인 것도 있고 400호에 대해서 1년에 조 1두씩을 징수하는 예도 있다(지신사).

위안스카이

신해혁명 당시 설립된 지방자치회는 특히 지방자치에 공헌하는 바 있었으나, 현 의사회, 현 참사회와 함께 1914년 4월 폐지되었다. 회관, 명판은 아직도 있으나 현의 합의기관은 없어졌다. 이는 위안스카이(遠世凱)가 지방분권의 세력을 길들이고자 한 것이라 한다.

3. 공공단체

본 절에서는 특수한 목적을 가진 압록강 대안 지방, 간도 지방의 공공단체를 언급하고자 한다.

1) 현 교육회

현 교육회는 원래 권학소라 일컬었는데 소학교 교원, 현 학무원 등으로 구성하고, 1년 3회 또는 4회 모임을 가져 교육 방법을 공구(功究)하는데 지사도 참가하기도 한다. 회장은 회원 중에서 호선하고 회비는 징수하지 않으며 비용은 현 교육비로 지출한다.

2) 농회

농업에 관해서 진보, 토지 개량을 도모하는 단체이다. 현 소재지에 사무소가 있는데 회장은 지사가 임명한다.

3) 상무회

상무회는 상업가의 단체로서 상업 진흥을 도모할 목적에서 만들어졌다. 조직 구성·사무 범위는 곳에 따라 다소 차이가 있다. 먼저 압록강 대안의 관전현 상무분회는 총리 1명, 협리(協理; 부책임자) 24명 등으로 구성되었다. 역원은 선거로 결정하며 임기는 일정치 않다. 주된 사무는 각 상점이 발행하는 지폐(즉 일종의 어음으로 신용에 따라 널이 유통됨)를 보증하는 일이다. 지폐 유통액이 관전현에서만 현재 9만 원에 달한다.

기타 불공평한 과세를 면하기 위해 조세 징수와 관련한 의견을 개진하고 상업거래상 부정한 행위를 하는 회원을 제재하며 자금조달을 도모하고자 회원의 책무를 보증하기도 한다. 통화 상무분회는 80명의 상병(商兵)을 기른다. 이들 각 상무분회는 봉천상무총회에 속하는데, 그곳에 2, 3명의 사무원이 근무한다. 다만 환인현 상무분회는 총리 임기가 1년이고 사택을 사무소로 이용한다.

동간도 국자가에는 길림성 상무회의 분회가 있는데 주로 점포의 자산가 또는 지배인이 역원이 되어 동업자의 이익 증진에 힘쓰는 한편 상업에 관련한 모든 일에 대해 지방관의 자문에 응하거나 종종 정책을 내기도 한다.

2장

사법

1 압록강 대안 지방

사법제도는 조금 명료하지 않지만, 제도상 심판청은 4급으로 나눠 초등, 지방, 고등의 3심 제청 및 대리원(大理院)을 둔다. 대리원은 일본 대심원에 해당하는데 베이징에 둔다. 고등심판청은 봉천성 봉천에, 지방심판청은 동변도 안동에 두며, 관전현 이하 14현에는 초등심판청을 관할한다. 각급 심판청은 일본 내 공소원, 지방재판소, 구재판소에 해당한다.

민사와 형사로 나누어 민사는 소송물(訴訟物)의 가격 혹은 사건의 대소에 따라 제1심의 관할을 정하며, 형사 역시 형의 경중에 따라 제1심 담당을 정한다. 이것 역시 일본 민사소송법 규정과 대동소이하다. 즉 민사에 대해서는 소송물의 가격 200냥 이하의 민사 안건, 형사에 대해서는 벌금 200냥 또는 감금 1년 이상의 사건은 초등심판청 관할로 하며, 지방심판청은 초등심판청 관할에 속하지 않는 민형사 사건의 제1심 및 초등심판청의 제2심 심판청으로 공소를 수리한다. 각 심판청에는 검찰청을 두고 검사를 검찰관으로 한다. 이상 법원 편제를 도식화하면 다음과 같다(1914년 8월 조사).

이 편제는 청말 1875년에 발표한 것으로 신해혁명 후 여러 번 개정되었고 최근(1913년 8월) 또한 다소 수정을 거쳐 지금에 이르렀으나 아직 확정하지 못하였다. 재판제도 시행과 더불어 많은 사법관이 필요하고 경비 역시 막대하게 들어 새로운 제도는 쉽게 실행되지 못하는 듯하다. 현 아문에는 심판정 명패를 내걸었지만, 심판은 여전히 지사가 마음대로 결정하고, 다만 형사의 중대 사건만 봉천 총독에게 보고한 후 결행하는 듯하다.

감옥은 어디에서나 현 아문의 문내(門內) 양측에 있으며 한쪽은 미결수, 다른 쪽은 기결수를 수용한다. 죄수는 항상 철가(鐵枷)를 쓰고 도로 수축 공사 또는 임시도로 청소 등의 잡역을 한다. 통화현에서는 감옥에서 펠트

대리원 (大理院)	고등심판청	지방심판청	초등심판청(初等審判廳)
북경	봉천		안동(安東)
			관전(寬甸)
			봉성(鳳城)
		안동	장하(莊河)
		심양	흥경(興京)
		영구	통화(通化)
		요양	환인(桓仁)
			임강(臨江)
			집안(輯安)
			유하(柳河)
			장백(長白)
			안도(安圖)
			무송(撫松)
			휘남(輝南)
			해룡(海龍)

(felt; 모직이나 털을 압축해서 만든 부드럽고 두꺼운 천 – 역자), 종이를 만들거나 연와(煉瓦, 벽돌)·와(瓦, 기와)를 굽기도 한다. 큰 범죄는 아편 흡연 죄로서 환인 감옥에만 수인이 30명에 달한다. 또한 1914년에는 마적이 빈번히 출몰하였다. 이것은 1912년, 1913년 흉작이 주된 요인이었다.

마적에는 두 종류가 있다. 하나는 단체로 부호의 주택에 침입하거나 도로에서 행객(行客)을 붙잡아 금품을 탈취하는 일종의 표도(剽盜)에 불과하다. 이와 같은 마적은 산간의 험한 도로에서 불의에 여행객을 협박하여 금품을 갈취하거나 생명을 빼앗는 자들이다. 벽촌의 산길에서는 내외국인 구별 없이 누구든지 그러한 해를 당하기 일쑤이다. 조사 일행이 지나온 관전과 환인의 경계 지점인 간연구령(刊椽溝嶺)에서 며칠 전 6명의 마적이 나타나 두 대의 마차를 끌고 가던 6명의 행상인을 습격하여 500원을 탈취하고 1명을 총살하였다고 하여 관포경찰북로분구 구관(區官) 포(包) 씨는 일

철가를 쓴 죄인들

행을 위해 우모오(牛毛塢)부터 호위를 증파했는데 간연구령에는 예비 순경 10명가량이 경비하고 있었다. 이런 종류의 마적은 수수[高粱]가 왕성하게 자라는 여름철에 가장 많이 발호(跋扈)하여 현 소재지 또는 순경의 경비지에서 멀리 떨어진 지방에서는 여러 번 마적 피해 소문이 들려온다.

또한 관전현에서 5여 리 떨어진 두도구의 호(胡) 씨의 집에 도착하였을 때 수명의 예비 순경이 1명의 혐의자를 관전현으로 연행하는데 하룻밤을 묵기 위해 집 기둥에 결박한 채 동숙하였다. 호 씨는 숙박업과 기름집을 겸영하였는데 저택의 사방에는 두꺼운 석벽을 쌓아 올렸고 도로 쪽에는 망루를 설치해 구멍을 뚫어 장총을 비치하여 야간 경계용으로 삼았다. 또한 철로자구(鐵路子溝)는 우모오(牛毛塢)로부터 3여 리의 지점인데 술도가 왕 씨는 사무실에 소총을 비치해 두고 야간에는 무장시킨 장정에게 경비를 서게 하였다. 이 부근에서는 방비 없는 가옥에 숙박한다는 것은 매우 위험하다고

마적

하여 왕 씨를 귀찮게 하여 하룻밤을 묵을 수 있었다.

　제2종의 마적은 규모가 상당히 커서 통상 백 명 이상, 많게는 수백 명이 일단이 되어 규율, 절도(節度)가 있고 소재 연락을 가지며 일종의 사립 군대라고 칭할 수 있다. 러일전쟁 당시 화전(花田) 중좌(中佐)가 통화에서 조종한 것이 이 마적이다. 일행은 순경 또는 일반인으로서 당시 화전 중좌에게 인솔되었다고 하는 자에게 이런 얘기를 들었다. 이런 마적 수령은 어떠한 자인지 분명하지 않다. 혹은 일본인이라 칭하기도 하는데 일행도 일본인이 마적 수령이라거나 그들과 연줄이 있다라는 풍문을 들었다.

　이들은 무장한 채 양민을 약탈하고, 여행객을 협박하거나 부잣집을 습격하여 자신들의 요구에 응하지 않으면 인질로 납치한다. 금곡(金穀)을 내놓으면 그를 놓아주고 그렇지 않으면 살해하는 짓을 예사로 하여 횡포 잔학한 모습을 보인다. 이들은 매년 장소를 바꾸면서 활동하는데 1913년에는 유하 부근이었으나 1914년에는 임강·통화로 옮겨가 늦은 봄 5월부터

9월까지 활발하게 움직인다. 최초 그 수가 700명에 달한다고 하여 임강현 지사, 경무장은 마적의 피해를 두려워하여 가족들을 중강진에 피난시켰다. 1913년 무송현 지사는 부임 도중 마적에게 잡혀간 뒤에 살해되었고, 1914년 임강현 경무장은 마적 토벌 중 임자현(林子縣) 부근에서 총살되었다. 답사 일행은 1914년 9월 9일 밤 통화에 도착하였으나 경무장은 4개월여 동안 마적을 토벌하기 위해 출장 중이었다.

답사 일행이 통과할 당시 마적은 팔도강(八道江) 부근부터 점차 압박을 받아 남동쪽으로 도주하여 그 수가 감소하여 백여 명이 되었으나, 이 때문에 일행은 행로가 막혀 곤란을 겪어야 했다. 통화현에서는 마적 습격을 두려워하여 북쪽 공원의 높은 곳에 있던 러일전쟁 당시의 포루(砲壘)를 급히 보수, 신축하고 순경·예비 순경·경방대(警防隊)로는 방비력이 부족하여 상무회는 80명의 민병을 모집하여 경계하고, 시내는 토벌대의 부상병 귀환, 포로 후송 및 처형 등으로 매우 어수선하였다. 팔도강에는 개원(開原)의 육군 약 300명이 마적을 토벌하기 위해 숙박하고 있었다. 부임하는 장백현 지사는 마적의 위해로부터 벗어나고자 신포(新浦)·혜산진 도로를 이용하여 장백현에 들어와 10월 5일 무사히 취임했다.

마적의 횡행이 이처럼 심하고 위해가 빈번한데도 경비력 부족으로 양민은 쉽게 안도할 수 없는 듯하지만 이를 '피할 수 없는 불행'이라 해서 오히려 그렇게 개의치 않기도 한다. 마적 역시 출몰해서는 횡포를 마음대로 하나 귀가해서는 평연(平然)히 농경에 종사하기도 한다. 순경·순관(巡官)들 가운데는 일찍이 마적으로 활동한 자가 적지 않다고 한다. 이런 종류의 마적도 역시 주로 여름과 가을에 출몰하므로 겨울철에는 비교적 평온하여 여행자는 도로 빙결로 여행에 편안함을 기다려 겨울철을 선택하는 것이 보통이다. 마적에 대해서는 지사가 심리한 뒤 봉천 총독의 결재를 받아 총살한다.

2. 동간도 및 훈춘

이 지방의 사법제도는 압록강 대안보다 한층 복잡하다. 현재 길림에 고등심판청이, 국자가에 연길지방심판청이 있다. 청장 외 3명의 추사(推事), 5명의 서기를 두고 이에 부속하는 지방검찰청에는 청장 외 2명의 검찰관, 3명의 서기를 둔다. 연길지방심판청 밑에는 연길 제1지방분정(용정), 연길 제2지방분정(훈춘)이 있어 각각 추사 1명, 검찰관 1명을 둔다.

이상은 현 제도이나 1914년 5월까지는 용정촌·훈춘 외 국자가에 연길제일초급심판청이 있었고, 두도구에 연길 제3심판청이 있었으며 화룡현에 화룡 제1초급심판청이 있었다. 이외에 육도구에 화룡 제2초급심판청이, 왕청현에 왕청초급심판청이 있어 도합 7개의 초급심판청이 있었다. 그러나 용정촌, 연길 제2초급청은 지금과 같이 개칭해서 종전의 연길 제2, 제3 초급청의 관할 사무를 병합 처리하게 되었으며 훈춘 초급청 역시 개칭해서 종전의 추사, 검찰관원 초급청에 속하는 사무를 처리한다.

기타 연길 제1급청의 사무는 지방청에 모두 합치고 종래의 초급청에 속하는 추사, 검찰관이 이를 맡아 처리하며, 연길 제3급청은 완전히 철폐되고 화룡 제1급, 제2초급청은 함께 화룡현 지사가 맡기로 하고 종래 추사, 승심원(承審員)에게 원소(原所)에서 승심(承審)에 종사토록하며 왕청초급청은 왕청현 지사가 겸무하게 되어 원래 추사, 승심원의 임무를 담당하게 되었다.

이런 개정은 단순히 경비 절감을 위해서만이 아니고 추사, 검찰관 중에는 비교적 신진 기예의 인물이 많아 이론에 강하지만 지방 실정에 어두운 자가 적지 않아 행정관인 지사에 재판사무를 겸리토록 하는 것이 도리어 좋은 실적을 거두는 경향이 있다. 이것이 초급청을 철폐한 이유라고 논하는 자가 있다. 어쨌든 근래의 중국 사법제도는 전적으로 일본의 제도를 형식상 모방한 것으로 재판소 구성, 재판관 권한 등은 일본의 그것과 명칭을 달리할 뿐이었으나 이번 개정으로 다시 예전의 사법·행정 혼합시대로 돌아갔다.

연길 감옥

　도문강 북쪽 잡거지역 내 거주 한인은 간도협약에 따라 중국의 법권(法權)에 복종하지만, 일본 영사 또는 위임을 받은 관리는 자유롭게 법정에 입회할 수 있는 규정이 있다. 그렇다고 하지만 수속에 관한 규정이 빠져 있다고 하여 중국과 일본 관리 간에 의견을 달리해 일본 관리가 법정에 입회한 일이 아직 없다고 한다. 그러나 적어도 동간도에서는 한인에 대한 중국 재판이 민형사 모두 일반적으로 공평하여 한인의 괴로운 심정은 적다고 한다.

3장

조세 및 공과(公課)

1 압록강 대안 지방

1. 현 지사가 징수하는 세

1) 전조(田租)

경지에 과하는 것으로 토지 상항에 따라 등급을 나누거나 과세상의 편의를 위해 별도로 표준지를 정하고, 지방을 사찰하여 과세상의 면적을 정하는 일이 있다(통화). 산림에는 과세하지 않고 신 개간지에도 일정 연한 내에는 과세하지 않는다.

2) 가옥세

길이 1간(6척 약)을 단위로 하여 별도로 각호 생활 상태를 참작하여 정한 표준에 따라 3등급으로 과세를 나눈다.

3) 경찰비

부의 정도에 따라 상중하로 나누어 과세한다. 금전으로 납부하는 것을 원칙으로 하지만, 임강현에서는 옥수수로 대납하는 것을 인정한다.

4) 교육비

부의 정도에 따라 상중하로 나누어 과세하고 학생에게 수업료를 징수하지 않는다.

5) 차세(車稅)

차를 끄는 말의 수 3두 이상과 그 이하의 2급으로 나눈다.

6) 중매업자 세금〔牙稅〕

거간꾼의 거간 행위에 과세하는 것이다.

이상은 지사가 직접 징수 기관이 되는 것으로, 지사는 순경 또는 향정(鄕正)·향부(鄕副) 등에게 이를 징수시킨다. 위의 세목 가운데 지방비로서 지사가 독단으로 지출할 수 있는 것이 있으나, 국세 혹은 성세(省稅)의 위임 징수에 관계되는 것도 있다. 그러한 구별은 명료치 않아 과세 물건을 지정해서 위임되는 것보다는 금액을 지정해서 위임되는 듯하다. 즉 한 현으로부터 돈 얼마를 내라는 명령을 받으면, 지사는 그것에 맞게 과세해서 그 금액을 송부하는 듯하다. 송금에 대해서는 각 현의 지사가 관내의 사고에 책임을 지는 규정으로, 예컨대 갑현(甲縣)의 세금을 수송 중 을현(乙縣)에서 마적에게 탈취당하면 을현 지사가 그 책임을 지는 것과 같다.

2. 연세(捐稅)

연세는 이금세(厘金稅)의 후신이다. 이금세는 화물 통과세로서 교통 요충지에 국(局)을 설치하고 여기를 통과하는 화물에 과세하는 것으로 징수를 완벽하게 하려면 국 수를 많이 늘려야 해서 경비가 많이 들고 실수(實收)가 적고 그 폐해가 커서 광서(光緖; 1875~1908) 말 이래 이금세를 폐지하고 연세로 개정하였다.

연세는 통연국(統捐局)에 과세하면 성내(省內) 어느 곳에 이르러도 이중으로 과세하는 일이 없다. 그 과세법은 성내 제품으로서 성내를 이동할 때 산지와 도착지에서 반반씩 과세하고 성(省)을 나가서는 산지와 수출지에서 반반씩 과세한다. 다른 성안으로 들어갈 때는 수출지(輸出地) 또는 도착지에서 반반 과세한다. 성내를 통과할 때는 수입지 및 반출지에서 반반씩 과세하는 것과 같다. 지금 봉천성 통환세연징수총국(通桓稅捐徵收總局)에서 징수하는 각세(各稅) 일람표는 다음과 같다.

명별(名別) 관목(款目)		세율	국비(局費)	표비(票費)
출산 (出産)	두세(豆稅)	치백추(値百抽) 3	무	매장수(每張收) 동(銅) 2매
	양세(粮稅)	치백추 1	무	
	화세(貨稅)	치백추 15	무	
쇄장세(鎖場稅)		치백추 2	무	
어근가가(菸觔加價)		매 백근수 1원6각	무	
주근가가(酒觔加價)		매 백근수 1원6각	무	
목식세(木植稅)		按照新보稅局 請准捐章徵收	무	
목축세	소·말·노새	치백추(値百抽) 5원	每百元 추수(推收) 1원	매장수(每張收) 소양(小洋) 1각
	나귀	치백추 2원5각	5각	반각
	돼지	매척추수(每隻推收) 2원	3각	동원(銅元) 2매
	양	5분	무	동원(銅元) 2매
연(捐)		按照章分爲稅春秋兩季徵收	무	동원(銅元) 2매
인자(印子)		每屠猪 一口收 大洋 5분	무	무
벌관(罰款)		少主三培多主五培一半充賞一半歸公	무	무
행운호조(行運護照)		按照捐章推收	무	동원(銅元) 4매
별공금(辨公金)		按照捐章推收	局費票費護護照	均名爲辨公金

요지; 산출세는 종가세(終價稅)로 대두 3%, 양(粮) 1%, 화(貨) 2%, 잡화의 연세는 2%이다. 근(斤)으로 매매되는 화물은 100근에 대하여 1원 6각, 술도 역시 같다. 축산에 대해서는 소·말·노새, 나귀, 양, 돼지를 구별해서 규정하였다. 계연(季捐)은 소매상에게 부과하는 것이다. 인자(印子)는 돼지의 도살세로서 1두에 대양(大羊) 5푼으로 하였다. 목재는 수운(水運)에 따

른 것은 안동에서 목세국(木稅局)이 이를 과세한다. 압록강 벌목공사의 목재세(木材稅)에 관해서는 공사의 사무장정 제14조에 규정이 있다.

종래 규정의 산가(山價) 및 객세(客稅)의 규칙에 비추어 20%를 감하기로 하였다(산가·객세의 세칙(稅則)은 1908년 9월 25일 관보 참조). 차운(車運)에 의한 목재에 대해서는 목식세(木植稅)를 과한다. 이에 세연 징수국은 봉천총독에 직속하여 지사의 지배를 받지 않으며 징수되는 세금도 이를 봉천에 송부한다.

3. 인화세(印花稅)

인화세는 인지세이다. 중앙정부가 발행하는 인지(印紙)를 판매하는 것으로 지방관이 그 과세율을 변경해서 불공평하게 할 수 없기에 중국 관리의 폐습을 제거하는 이로운 점이 있지만, 지방관은 이를 좋아하지 않는다. 또한 인민도 새로운 세금이 부과되는 것을 꺼려 실효를 거두지 못하였다. 1913년 재정부는 인화세 장정 13개 조를 발포하여 무릇 재물 매매에 따른 각종 계약 체결을 증빙하기 위해서는 균등하게 본법에 따라 인화(印花)를 첨부해야 한다고 했다. 이를 첨부하지 않을 때는 날짜만큼 100배를 물리기로 하였다.

인화의 종류는 1문·2푼·1각·5각·1원 등 5종으로 우편국 세연징수국(稅捐徵收局), 현아문(縣衙門) 등에서 이를 판매한다. 동 장정 제2조에는 각종 예약 박거(薄據)에 대해 세액을 정하였다. 요는 매매 10냥 이상의 증서에는 4푼, 결혼에는 2원, 중학교 졸업증서에는 3각의 인지를 붙여야 하며 기타 각종의 원서, 소장(訴狀)은 물론 관리의 봉급수령서에도 이를 붙여야 한다고 한다.

4. 진구세(進口稅)

압록강 국경무역에 대해서는 진구세(進口稅, 입국세), 출구세(出口稅, 출국세)를 징수해 왔으나, 1913년부터 일본이 국경 세관을 개설한 것이 중국 관헌을 자극한 듯하여 가끔 국경 세관을 개설한다는 소문을 들었다.

2 동간도 및 훈춘

무릇 길림성의 납세 종별은 수출입 해관세는 별도로 하고 일반 농상민의 부담은 ① 통세국(統稅局) 길림국세청으로부터 재정부에 직속하여 국가 수입으로 돌아가는 것, ② 통세국으로부터 길림 재정부에 송부하여 성(省)의 수입으로 속하는 것, ③ 현아문(縣衙門)에서 징수하여 지방비에 충당하는 것, ④ 사(社)의 수입으로 돌아가는 것 등 4종이 있다.

국가 및 성(省)의 수입에 속하는 세금의 징수 기관은 종래 국자가에 통세총국이 있어 국자가·용정촌·동불사(銅佛寺)·두도구·태납자·길지(吉地)·백초구·냉수천자(冷水泉子)·훈춘 등 9개소에 분국을 설치하고, 분국으로 하여금 징수케 하였다. 1914년 9월 1일부터 길림 재정청의 직할이었던 종전의 통세분국을 세연국(稅捐局)이라 개칭하여 오로지 국세만을 징수하게 하였다. 국세에 속하는 것은 곡물세·곡물부가세·초약세(草藥稅)·잡주세(雜酒稅)·소주세(燒酒稅)·황어세(黃菸稅) 등으로 길림 재정청의 수입으로 돌아가는 것은 목축세 및 그 부가세이다.

이외에 관쇄국(官鎖局)이란 것이 있다. 관쇄총국은 국자가에 있어 중국 관염(官鹽) 판매를 담당한다. 식염은 영구제(營口製)로 이를 포시에트[1]에서 뭍으로 올려 훈춘을 거쳐 국자가로 운반된다. 각 지방에 관쇄분국을 두고 기타 각 큰 마을에 중국인 혹은 한인에게 관염 소매점을 허가해서 일정한 가격으로 판매하고 조선산 식염의 수입을 절대 금지하였다. 이에 한인은 조선염에 비하여 약 두 배의 고가인 소금을 식용해야만 한다. 관염은 흑색이고 결정이 거칠어 품질에 있어 조선염에 훨씬 미치지 못하여, 집사국(緝私局)의 엄중한 단속에도 불구하고 누누이 밀수입을 기도한다고 한다. 간도 서부에서는 관염 전매가 아직 이행되지 않아서 내도산(內島山) 안도 부근의 한인은 대개 조선염을 사용한다.

현의 수입에 속하는 전조(田租)·전방세(田房稅)·순경비 등 지방비의 징수 기관은 현아문(縣衙門)이다. 이상 납세 종별 및 징수 기관 개략을 들었다. 다음으로 각종의 조세를 기술하면 다음과 같다.

1. 국세

1) 두세(斗稅)

두세란 잡곡세로 갑지(甲地)에서 을지(乙地)로 운반할 때 또는 매매할 때 징수하는 것이다. 과세 물건, 세액은 다음과 같다.

과세 품종의 매 1두당 세금

품종	세금(문)	품종	세금(문)
원미(元米, 餠粟)	30	홍량(紅粮)	10
경미(粳米, 쌀)	30	길두(吉豆, 녹두)	30
소미(小米, 조)	20	원두(元豆, 黃豆)	20
여미(餘米, 조 일종)	20	경자(粳子, 籽米)	20
소맥(小麥, 밀)	30	만두(灣頭, 圓頭)	20

---

1 포시에트는 연해주로 이주했던 한인들이 초기에 정착한 작은 러시아 항구의 이름이다. 한인들은 이곳을 목허우라고 히였다.

품종	세금(문)	품종	세금(문)
소두(小豆, 팥)	20	지두(芝豆)	20
대맥(大麥, 보리)	10	서자(黍子, 小黍)	10
교맥(蕎麥, 메밀)	10	소자(蘇子)	30
송자(松子, 잣)	30	승자패(勝子稗)	10
곡자(穀子, 벼)	10	지마(芝麻)	30
포미(包米, 옥수수)	10		

2) 동 부가세 : 정세액(正稅額) 1적(吊)마다 50문(文)

3) 소과세(燒鍋稅)

소과업은 소주(燒酎) 양조업을 말하는 것으로 특허제에 따라 용표(龍票)라는 허가증을 발급받는다. 증류부(蒸溜釜) 1개에 대해 500냥을 관납하면 매년 용표서환료(龍票書換料)로 400냥을 징수하는 외에 양조주 1승(升)에 대해 은 1푼 4리를 징수한다.

4) 연초세

연초는 본 토산(土産)과 외국 수입의 지엽권(紙葉卷) 연초의 구별 없이 구매할 때 종가 10%를 납부한다.

5) 산해세(山海稅)

산해(山海)의 토산(土産)에 부과하는 통과세로서 근년에 신설되었기 때문에 인민은 아직 그 부담에 순화(馴化)되지 않아 불평을 토로하는 자가 적지 않다. 중량에 따른 것은 100근에 대하여 은 1전에서 4전, 종가(從價)에 의한 것은 1적(吊)에 대해 은 5리(厘)에서 2푼을 징수한다.

품목	중량/가격	세액	품목	중량/가격	세액
남전(藍靛)	100근	2전	해삼(海參)	10근	4전
경마(絲蔴)		1전5푼	선마(線麻)	100근	2전5푼

품목	중량/가격	세액	품목	중량/가격	세액
두유(豆油)	100근	2전	소유(蘇油)	100근	2전
우양유(牛羊油)		3전	마유(蔴油)		3전
우근(牛筋)	10근	4전	과자(瓜子)		2전
유마(楡蔴)		3전	화마(花蘑)	10근	1전5푼
목이(木耳)		2전	동마(凍蘑)	100근	4전
어골(魚骨)		6전	잡어(雜魚)	10근	4전
해육(蟹肉)		1전	녹근(鹿筋)		4전
해가(海茄)	10근	1전	지마(芝蔴)	1石	3전
해채(海菜)	100근	2전	어시(魚翅)	1근	2전
녹각(鹿角)	10근	4전	조어단(鳥魚蛋)		2푼
토면역(土面域)	100근	1전	강구와(江蜻蛙)		4푼
옥난편(玉蘭片)	1근	2푼	건포어(乾鮑魚)		7푼
어두(魚肚)		6푼	구마(口蘑)		6푼
남대퇴(南大腿)	1支	6푼	대료(大料)		2푼
해황(蟹黃)	1근	6푼	청순(靑芛)		2푼
화생(花生)		1푼	소해미(小海米)		6리
양분(洋粉)		3푼	침금채(針金菜)		8리
대해미(大海米)		2푼	고월(古月)	1근	1푼
선강(鮮姜)		7리	귤자(橘子)	매적	1푼
매유(煤油)	1箱	1전5푼	산사(山査)		1푼
낙화생(落花生)	100근	2전	호골(虎骨)		2푼
잡색리(雜色梨)	매적(每吊)	1푼	산달피(山獺皮)		1푼2리
녹즙(鹿茸)		2푼	창리피(猞狸皮)		1푼2리
표피(豹皮)		1푼2리	산리피(山狸皮)		1푼2리
호피(狐皮)		1푼2리	초피(貂皮)		1푼5리
한피(狠皮)		1푼2리	호피(虎皮)		1푼2리
동양채(東洋菜)	1근	3리	양피(羊皮)		1푼
건강(乾姜)		7리	등서피(䑏鼠皮)		1푼
홍동(紅東)		5리	맥피(貉皮)		1푼2리
열자(栗子)	100근	2전	환피(獾皮)		1푼2리
구피(狗皮)	매적	1푼	회서피(灰鼠皮)		1푼2리

비고: 1전은 1냥의 10분의 1이고 1푼은 1냥의 100분의 1

6) 목식연(木植捐)

목식연은 벌목자에게 과하는 것으로서 파두(把頭)라 칭하는 벌목자의 두령이 입산 벌목할 때 그에게 허가증을 주었다가 벌목 후 표비(票費)라는 명목으로 시가의 8푼을 징수한다.

7) 목세(木稅)

파두(把頭)로부터 재목을 구매하였을 때 징수하는 세금으로 대소 및 목재 종류에 따라 59종으로 나누고 세칙(稅則)이 각기 다르지만 통상 종가의 10%를 과한다.

8) 칠사리세(七四厘稅)

상가(商賈)가 납부하는 조세로 일반 상품(술·연초·목재 제외)에 대해서는 화물 도착 당시 구입 가격의 1문(文) 1리(厘)를 징수한다.

9) 구리세(九厘稅)

상가(商賈)는 월말에 매상(賣上) 화물 가격의 9리(厘)를 납부한다.

10) 석탄세 : 매상 가격의 15%

11) 초약세(草藥稅) : 판매 가격의 5푼

12) 황어세(黃菸稅) : 100근에 대해 2적(吊) 200문(文)

13) 잡주세(雜酒稅) : 매매 가격의 10%

2. 성(省)의 수입에 속하는 조세

1) 목축세

소·말·노새[騾]·당나귀[驢] 등 매매 가격의 3%를 매주(買主)로부터 징수하며 큰 돼지[大豚]는 1두에 대하여 300문, 새끼 돼지[小豚]는 1두에 150문, 양은 1두에 150문, 잡은 돼지[屠豚]는 1두에 200문, 잡은 소[屠牛]는 2적문, 잡은 양[屠羊]은 200문을 징수한다. 각 납세 때 별도로 국비(局費)로 정세(正稅)의 20%를 납부시킨다.

2) 목축부가세: 각 정세의 5%를 징수한다.

3. 현의 수입에 속하는 조세

지세·순경비·학교비 등으로 세액은 매우 불명확하여 각지의 상황에 따라 다르다.

1) 지세

지세는 매년 1회 납부하는 제도로 세율은 경작지[熟地] 1상(一晌; 약 300평)에 대하여 750문으로 하고, 그 이외의 지목에 대해서는 다음과 같은 세율에 따른다.

① 산림지(유재목(有材木) 3상(晌), 신탄재(薪炭材)는 5상(晌)) : 경작지 1상분(晌分)

② 방기지(房基地; 주택) : 경작지와 동률

③ 하도(河道), 산황지(山荒地; 황무지−역자) 10상(晌) : 경작지 2~3상분(晌分)의 세

④ 생황지(生荒地, 미간지) 10상(晌) : 경작지 3~4상분(晌分)의 세

⑤ 와전지(窪田地, 沼澤地) : 상동

그러나 이는 일반적인 준칙(準則)에 불과하다. 실제로는 토지의 좋고 나쁨에 따라 세율을 달리하는 지방이 있다. 예컨대 회령 대안에서는 1일경(一日耕; 하루갈이−역자)에 대해 상등 50전, 하등 30전을 부과하는 것과 같다. 혹은 토지의 비척(肥瘠; 흙의 기름짐과 메마름−역자)에 관계없이 1일경에 대하여 1년 3적(吊) 500문을 부과하는 곳이 있는데 농사동 대안이 대표적이다. 또한 금납하지 않고 대두로 납부하는 지방도 있는데 경원 대상이 일례이다. 덧붙여 토지 대장이 극히 불완정하여 민은(民隱)·이은(吏隱)·관은(官隱) 등 여러 종류의 은전이 많다. 요약하면 지세는 부정확한 중국의 모든 세금 중에서도 가장 부정확하다고 할 수 있다.

2) 전방세(田房稅)

토지·가옥 매매에 관련하여 전방세라 칭하여 다음과 같은 세금 및 수수료를 납부하면 관헌이 등부(登簿; 관공서 소정의 장부에 등기·등록함−역자)한다.

① 토지 매매

갑종(절계(絶契)) − 가(價) 100냥 : 9냥, 부가(附加) 3냥

을종(활계(活契)) − 가(價) 100냥 : 6냥, 부가 1냥

'절계'란 토지를 완전히 매도할 경우, '활계'란 기한부 경작권을 설정한 경우의 계약이다.

② 가옥매매 : 가(價) 100냥 : 9냥, 수수료 10적문(吊文)

3) 순경비

순전한 지방비로서 때와 장소를 달리함에 따라 금액이 서로 다르지

만, 통상 1상지(晌地)에 대해 1적(吊) 600문에서 1적 800문이다.

이외에 학교비, 마차연(馬車捐), 우세(牛稅) 등이 있다.

4. 사(社)의 수입에 속하는 공과

사(社)의 비용으로 사장비(社長費)·갑장비(甲長費)·소사비(小使費) 등이 있음은 전술하였는데 사(社)에 따라 금액이 일정하지 않다. 춘추 2회에 분납한다.

4장

경비기관

1 군대

1. 압록강 대안 지방

압록강 대안의 중국 경비는 봉천우로순방대(奉天右路巡防隊) 제2영 (營), 제4영이 담당한다. 제2영은 모아산에 본부가 있는데 안도·장백부에 각 1초(哨)를 분견하고, 제4영은 통화에 본부를 두고 외차구(外岔溝)·팔도구·무송에 각 1초를 분견한다. 모두 봉황성 통령(統領)의 지휘를 받는다. 1영은 4초로 이뤄지며 그 수는 약 500명이라고 하지만, 실제는 1초 약 80명, 1영 약 320명 내외인 듯하다. 총기는 독일식 7미리 95연발 보병총을 휴대한다.

2. 동간도 및 훈춘지방

동간도 동부의 중국 병비는 길림혼성여(吉林混成旅) 제2단이 주력이다. 이는 처음에 길강군(吉强軍)이라 했는데 1908년 '순방대'라 개칭하고 이어 1913년 다시 '길림혼성여'라 개칭하였다. 목하 보병 2영(8련), 마대(馬隊) 1영(4련), 기관총 2문을 배치하였다. 병력 수는 통상 결원이 많으나 1련은 50명에서 100명으로 이뤄져 모두 약 900명 정도이다.

혼성여 이외 제23사 제90단은 훈춘에 주재하였으나, 제1영은 국자가에 주둔하고, 제2영은 1913년 7월 길림에 파견되어 아직 복귀하지 않았다. 목하 훈춘에는 제3영뿐인데 이마저도 각지로 배치되어 실제 겨우 1련만 남아 있다. 이외에 특종 군대로서 다음과 같은 부대가 있다.

군대 경찰대: 장교를 장으로 하는 1분대로서 그 수는 약 25명, 주력은 국

자가에 있고 마파(馬派)·상천평(上泉坪)·사기동(沙器洞) 등 각지에 수 명씩을 배치한다.

도윤호위대: 약 20명 있고 도윤의 호위를 담당한다.

유순대(遊巡隊): 도로 감시병으로 국자가, 백초구 두 곳에 약 20명이 있다.

이들 배치 계통 등의 개요는 다음과 같다.

병력수	단장(團長) 소재지	병종	영장(營長) 소재지	연장(連長) 소대지	배장(排長) 소재지	십장(什長) 이하 소재지
900	국자가 [단장 : 부덕(富德)]	혼성려 (混成旅) 마대(馬隊)	백초구 [영장: 문진신(門振申)]	동경대 (東京臺)	길지(吉地)	
					동경대 (東京臺)	
					촉동(濁洞)	
				하천평 (下泉坪)	사기동 (沙器洞)	삼둔(三屯)
					하천평 (下泉坪)	
					상천평 (上泉坪)	회경가 (懷慶街)
				백초구	시건평 (時建坪)	
					백초구	
					왕청	소팔령 (小八嶺)
				대황구	수분전자 (綏芬甸子)	
					대황구	
					하마탕	
				고동림자 (古洞林子)	낙태낙자 (駱駝駱子)	
			국자가 (영장: 穆德順)		고동림자 (古洞林子)	
				국자가	국자가	
				옹성랍자 (甕聲磖子)	옹성랍자 (甕聲磖子)	

병력수	단장(團長) 소재지	병종	영장(營長) 소재지	연장(連長) 소대지	배장(排長) 소재지	십장(什長) 이하 소재지
900	국자가 [단장 : 부덕(富德)]	혼성려 (混成旅)	국자가 (영장: 穆德順)	옹성랍자 (甕聲磖子)	유수천 (楡樹川)	
		혼성여 (混成旅) 마대	국자가 (영장: 玉敬編)	동성용 (東盛湧)		태납자
				국자가		
				동불사 (銅佛寺)		천보산 (天寶山)
				서고성자 (西古城子)		상봉밀구 (上蜂密溝)
300	훈춘 (단장 조진강 (趙振綱))	보병 재23사 제90단	국자가	알아하		
			훈춘	국자가		
			길림	양수성자		
25		육군 경찰대		국자가		마파 (馬派)
						상원평 (上原坪)
						사기동 (沙器洞)
20		도윤 호위병			국자가	
40		유순대			국자가	
					백초구	

1. 혼성려(混成旅) 사법부는 길림에 있고 현임 여장(旅長)은 배기훈(裴其勳)
2. 제23사 사법부는 길림에 있고 현임 사장(師長)은 맹은원(孟恩遠)
3. 병력수는 어림잡은 것에 불과함

길강군(吉强軍)은 처음에 마적 탄압을 위해 설치한 것으로 후에 여러 번 개편, 개칭이 있었으나, 실질적으로는 큰 변경이 없었다. 혼성여는 지금까지도 마적 수토(搜討; 도적의 무리나 반란 무리를 수색하여 토벌함—역자)를 본무(本務)로 삼는다. 병력은 용병제로 그 가운데는 전의 마적이 있고 무뢰한이 있으며 쿠리(苦力; 하층 노동자—역자)도 있다. 급여는 통일되지 않았고 불완전한 점이 많으며 병기 역시 균일하지 못할 뿐만 아니라 교육훈련은 거의 실시하지 않아 국방상 무력으로서는 가치가 크지 않다. 다만 평시에는 지방 경비에 임한다.

자칫 급여상 불만에 도망치거나 심지어는 1913년 2월과 같이 결당(結黨)하여 폭동을 일으켜 상장(上長)을 살육하고 민가를 약탈하는 등의 이변을 일으키기도 하였다. 더욱이 중화민국 수립 이후 군민 분치(分治) 제도를 취한 이래 연길 도윤은 군대 지휘권을 상실하여 지방 경비상 혼성여에만 의지할 수밖에 없다. 이에 관이 주도하여 민병·예비순경 등을 설치하는 결과를 낳아 지금에는 군대·정경(正警)·예경(豫警)·민병 등으로 치안을 유지한다.

동간도 동부 내에서는 군대 폭동과 같은 특종 사건을 제외하고는 근래 일반적으로 평온하다. 무릇 이 지방은 남과 동은 도문강으로 조선령에 접하고, 기타 방면은 노령·노야령으로 둘러쳐져 중간에 3, 4개의 통로밖에 없어 마적 등의 침입을 방어하는 데 유리하다. 이것이 서쪽에 인접한 송화강 상류 지대, 북합이파령(北哈爾巴嶺) 이북의 지역 및 동쪽의 삼차구(三岔口), 수분전자(綏芬甸子) 지역은 현재 마적 소굴로 세인의 주의를 끄는 반면에 본 지역은 비교적 고요하고 편안한 까닭일 것이다. 그러나 부랑 무뢰 무리는 곳곳을 배회하고 국자가와 같은 시가지, 와집령(窩集嶺) 일대는 그 수가 적지 않은 듯하다. 더욱이 겨울철에는 좀도둑·강도의 출몰이 빈번할 뿐만 아니라 자칫하면 순방병지대(巡防兵巡警) 등이 도죄(盜罪)로 돌변하는 사례가 적지 않기 때문에 보안(保安)의 일반을 엿봐야만 한다.

2 경찰

1. 압록강 대안 지방

각 현에는 경찰소가 1개 있는데 지사가 관할하며 경무장이 이의 장이다. 총무과·위생과·사법과를 둔다. 경무과 밑에 구관(區官)·순관(巡官)·순경이 있다. 1현은 여러 개의 구(區)로 나뉘어 구관 또는 순관을 장으로 삼는다. 구 밑에 분주소(分駐所)가 있어 순관을 장으로 삼는다. 1현의 경찰관은 400명에서 500명이다. 다만 장백부의 경찰소는 1914년 신설하여 직원이 적다. 분주소의 인원은 일정하지 않으나 마적이 출몰하는 지방에는 1개소에 20명 이상이 주재한다. 지사의 소재지에는 사법 순경 10명에서 20명을 두는데 오로지 사법사무 보조, 현 아문의 보초, 유치장 감시 등에 종사한다. 또한 별도로 포도영(捕盜營)이 있는데 오로지 마적 토벌에 종사한다. 순경은 누구나 일본 30년식 또는 독일식 7미리, 75연발 보병총을 휴대하여 마적 방어를 주된 임무로 한다. 탄약은 30발에서 90발을 휴대하며 공무 이외로 사용할 때는 1발에 15전에서 30전을 봉급에서 제한다고 한다.

강안(江岸) 이름난 지점에는 안동수상경찰총국에 속하는 수상경찰분국을 두어 수상경찰사무 및 표류목(漂流木) 사무 일체를 관장한다. 분국 수는 10여 개로 1분국의 인원은 6, 7명에서 20명이다.

이외에 경비대가 있어 일반 순경의 경찰력의 부족을 보조한다. 예비 순경은 소위 민병으로 각 촌락의 성인 남자로 충당하고 3개월마다 교대하며 비용은 각 촌락이 충당한다. 1개의 예비 순경분국의 인원은 5, 6명에서 20명으로 지사 소재지에 있는 예비 순경 총판이 이를 통할하며 지사에 예속시킨다.

이 밖에 각 현의 상무회(商務會)에는 상병(商兵)을 양성할 의무가 있다. 통화현은 현재 80명의 상병을 보유하고 있다. 그 병사는 주로 각 상점의 점원들인데 매일 아침 1, 2시간씩 총의 조련법 등을 연습시키고 해방 후 상무(商務)에 종사케 한다. 일행이 시찰 당시에는 순경 등 마적 토벌을 위하여 멀리 출동하여 상병(商兵) 대신 통화성 내외를 경계하고 있었다.

2. 동간도 및 훈춘

간도에는 연길도 연길현 국자가에 순경총국이 있고 각 현에 지사의 지휘 감독을 받는 경찰기관이 있다. 그 밑에 경찰사무소 파주소(派駐所)가 있다. 그 배치는 다음과 같다.

현명	경찰 사무소	경찰 파주소
화룡현	태납자(太拉子)	길지(吉地)
	청산리	대동(大洞)
	서고성자(西古城子)	학성(鶴城)
		남양평(南陽坪)
		호천가(湖川街)
		마파(馬派)
연길현	국자가	남영(南營)
	동성용(東盛湧)	파염전동(巴鹽田洞)
	용정촌	이도구
	두도구	조양천(朝陽川)
	동불사(銅佛寺)	일양구(一兩溝)
	옹성랍자(甕城磖子)	
왕청현	백초구	왕청
	양수천자(凉水泉子)	알아하(嘎呀河)
	수분전자(綏芬甸子, 羅子溝)	
훈춘현	훈춘	
	고려성(高麗城)	

훈춘현	밀강(密江)	
	남진맹(南秦孟)	
	흑정자(黑頂子)	
	마권자(馬圈子)	
	화수저하(樺樹底下)	
	오도구	

  이외의 국자가, 용정촌, 두도구, 백초구의 각 상부지(商埠地)에 상부국
(商埠局)에 속하는 경찰관서가 있다.

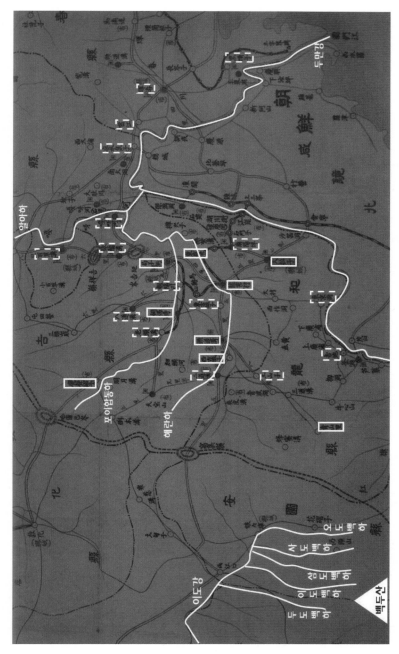

동간도 동부지역 주요 행정지명(間島及琿春地圖, 1920년대 초, 京城大和商會印刷所, 90만분의
1) 실선 네모: 경찰사무소, 점선 네모: 경찰파주소

5장

상부지(商埠地)의
경영 상황

1 상부지(商埠地)의 경영 상황

장간도에서는 각 상부지(商埠地)는 1909년 10월 간도협약 제2조에 따라 설정한 것으로 그 조문은 다음과 같다.

제2조 청국 정부는 본 협약 조인 후 가급적 속히 다음의 각지를 외국인의 거주, 무역을 위해 개방하여야 하며 일본국 정부는 차등의 땅에 영사관 혹은 영사분관을 설치할 것. 개방 기일은 별도로 이를 정한다.

용정촌, 국자가, 두도구, 백초구

이후 중국 관헌은 이 임무와 관련하여 점차 거주자가 증가하고 있으나 간도 일대는 여전히 미개간지를 벗어나지 못하였다. 이에 상부지(商埠地; 개항장 – 역자) 발전 또한 아직 현저한 것이 없다. 더욱이 외진 곳에 있는 백초구에는 70호 내외가 살고 있는데 일본인은 관리와, 그 가족 외에는 한 사람의 거주자도 없다.

중국 관헌은 각 상부지에 상부국을 설치하고 경찰관서를 병설하여 국적 여하를 불문하고 그곳 거주자는 자국의 행정권에 복종시키고자 하였으나, 일본 영사의 항의에 일본인, 한인에 대해서는 간섭하지 않는 듯하다. 이러한 경영방침은 자국의 이익을 본위로 하므로 상부지 발전이 오로지 일본인의 이익으로 돌아갈 우려가 있는 경우에는 제반 시설에 힘쓰지 않거나 그 이익을 다른 데로 돌리려는 경향이 있다고 한다. 각지의 개설은 다음과 같다.

용정촌 시내 전경(1908.8.)

1. 용정촌 상부지

예정 상부지 경계선은 간도총영사관의 동쪽으로 가로놓인 구릉 기슭에서 밭을 가로질러 서쪽으로 보통학교·시천교회당 북쪽을 지나 해란하의 오른쪽 언덕으로 나와 강가를 따라 육도구 천의 우안에 연해 회령가도(會寧街道)를 지난다. 총면적이 약 358,000평에 달하는데 지금의 용정촌은 상부지의 일부에 포함된 것에 불과하다.

상부국은 1910년 여름 전체 길이 500장(丈), 폭 5간의 가로를 수축(修築)하고 양측에 배수구를 만들어 조금 시가(市街)의 모습을 갖췄다. 현재 시가의 중심지는 본 가도에 연한 곳이다.

기타 1910년부터 1911년까지 모범가옥이라 일컬어 간도 시가지에서 흔히 볼 수 있는 조잡하게 만든 흑연와(黑煙瓦) 기와지붕의 가옥 19동을 건축해서 내외인에게 임대했다. 기타 우물 굴개(掘開; 파냄 - 역자), 표등(標燈) 설치, 교량 가설 등이 있지만, 어느 것이나 고식적으로 볼만한 것이 없다. 상부지 내에는 조계지의 구별 없이 일본인, 한인, 중국인이 각각 혼거하고 있어 불결하다. 위생청결법(衛生淸潔法), 기타 소방, 수방(水防) 등 공공 사업은 일본인, 중국인이 따로따로 이행하고 있는데 모두 유치한 상태다. 주민은 해마다 증가 추세에 있는데 현황은 다음과 같다.

연도	구분	거주민	합계
1907	일본인	0	444
	한인	393	
	중국인	52	
1909	일본인	200	1,188
	한인	922	
	중국인	66	
1911	일본인	172	1,502
	한인	946	
	중국인	484	
1912	일본인	188	2,172
	한인	1,411	
	중국인	573	
1913	일본인	227	2,801
	한인	2,010	
	중국인	564	
1914	일본인	225	2,993
	한인	2,184	
	중국인	585	

2. 국자가 상부지

국자가 상부지는 시가(市街) 서북단의 일구역(一區域)이다. 동 지구 내에는 아직 큰 상점이 없으나 청국 관헌은 가옥을 건축해서 일반 왕래자에게 임대하고 도로를 신설하거나 연예관, 공원 등을 마련하였다. 또한 일본 요리점은 종전 부외(埠外)의 각지에 산재했으나, 중국과 일본 관헌이 협

국자가 일본영사분관(한국학중앙연구원)

의한 후 1911년 11월 상부지 내 한 귀퉁이로 이전하였다. 일본인의 과반은 상부지 내에 거주하나 중국인, 한인은 대부분 상부지 밖에 거주한다. 이에 상거래 기타 일반의 번영도 상부지 밖에 있다. 앞으로도 이런 상황은 쉽게 변하지 않을 것이다. 1914년 8월 말 현재 인구는 다음과 같다.

일본인	136명	상부지 내 136명
한인	324명	상부지 내 46명
		상부지 외 288명
중국인	3,3,15명	상부지 내 752명
		상부지 외 2,563명

3. 백초구 상부지

상부지 경계는 면적 약 10만 평, 남북 2조(條), 동서 2조의 가로를 개통하도록 설계하였으며 또한

중국 관헌은 모범가옥을 건축하고 내외 주민에게 임대할 계획이다. 이

미 도로 일부는 완성했고 가옥 12동을 낙성하였으며 현재 일본영사분관은
4동을 사용하고 있다. 그러나 중국의 재정 상태는 애초 계획을 중도에 그만
둘 정도로 열악하며, 또한 원래 그곳은 교통이 불편한 벽지여서 개방이 극
히 지체하였다. 최근 조사한 상부지 내 인구는 다음과 같다.

일본인	9명
한인	124명
중국인	144명
합계	277명

4. 두도구 상부지

두도구 상부지는 남북 해란하를 접하고 있는데 면적은 약 10만 평에 달
하는 부정방형 형태이다. 중국 상부국, 일본영사분관은 상부지 내에 위치
하고 남단에는 공원이 있다. 주민은 다음과 같이 해마다 증가 추세이나 대
부분은 밭으로 볼만한 시설이 없다.

연도	구분	인원 수	합계
1911	일본인	9명	915
	한인	124명	
	중국인	144명	
1912	일본인	42	902
	한인	158	
	중국인	702	
1913	일본인	59	1258
	한인	229	
	중국인	1097	
1914	일본인	59	1607
	한인	429	
	중국인	1125	

※ 각 년 모두 5월 조사임

2부

종교·교육·위생

1장

종교

1 중국인의 종교

1. 압록강 대안 지방

1) 불교

불교는 매우 부진하다. 사원도 적고 승려 중에는 학식·사상 모두 현저한 자가 없으며 그중에는 일자무식한 자도 있다.

2) 야소교

야소교는 불교에 비하여 성대하다. 신교(新敎)의 교회 중 관전, 환인은 안동현 교회에 속하며 중국인 포교사 외에 정말인(丁抹人; 덴마크인-역자) 선교사가 안동현에서 와 포교한다. 이런 교회는 학교를 부설하였다. 통화교회는 영국 북장로교에 속하며 신병보에 있는 본부의 지부이다.

지금 통화교회의 전도사 한사림(韓士林) 씨에게 들은 바에 따르면, 현재 신도는 남 50명, 여자 20명이 있고 일요일에는 30명 내외가 모인다고 한다. 권비(拳匪)의 난[의화단의 난-역자]에 교회가 불타 소실되어 현재는 재건한 것이다. 만주에서는 요동·요서·길림 3부를 합쳐 관동교회를 지었는데 신도가 3만 명이 있다. 기본금이 있고 별도로 회원 거금으로 중·소학교·여학교를 경영하며 자선병원을 세워 육아 및 구제사업도 경영하고 있다. 3년 전 봉천에 독립 자급교회를 세웠으나 통화에서도 본연 회상(回狀)하여 이를 세우고자 하여 남자 10전, 여자 5전씩을 모금하였다(미국 북장로교에 대해서는 뒤로 미룬다).

천주교는 환인·통화에 교회당을 가지고 있다. 모두 신병보에 본부가 있다. 중국인 포교사가 상주해서 포교하는 외에 프랑스 선교사가 있어 유하·

통화 낭랑묘제 장면(1944, 유리건판 사진)

해룡·영릉과 함께 5개소를 순회 포교하고 있다. 신도는 환인성 내 100명, 동 현하에 500명, 통화성 내 150명이 있다. 환인교회 안에는 학교를 설치하여 10수 명의 생도를 양성하고 있었다. 의화단의 난 이전에는 신병보 관내에 약 1만 명의 신도가 있었으나, 의화단의 난에 각지의 교회가 불타 또다시 부진에 빠져 지금은 신도가 겨우 3천 명뿐이다.

3) 회회교(回回敎)

회회교 신도는 비교적 모든 지방에 산재하고 있는 듯하나 전당은 통화에서 보았다. 포교사 양규진(楊葵辰) 씨의 말에 따르면, 통화 전당은 10년 전에 건축한 것으로 총본산은 소아세아에 있고 투르크·북경·봉천에 본산이 있다. 경비는 본산에서 지출하는 외에 신도가 거출한다. 통화 신도 수는 100명이다.

대다수는 상가(商家)로서 요리점 또는 여인숙을 경영하거나 마상(馬商)

을 하는 자도 있다. 북경에는 신도로 관리가 된 자가 있으나 지방에는 없다. 전당에서는 하루에 5회 예배를 드리며 금요일에는 신도가 다 같이 모여 경을 읽는다. 남자가 아니면 전당에 들어가지 못한다. 신도는 계율로써 말과 돼지를 먹지 않는다. 또한 사육(私肉; 관청의 허가 없이 몰래 잡은 쇠고기 - 역자)을 꺼린다. 신도가 아니면 서로 혼인하지 않고 결혼식에는 반드시 경을 읽는다. 어린 아동도 능히 아라비아 문자의 경전을 독송(讀誦)한다. 죽은 자는 흰옷을 씌우며 관을 만들지 않고 그대로 토장(土葬)한다. 신도는 자자손손 이를 전하는 풍습이 있다.

4) 기타 종교

유교는 널리 존신(尊信)되어 관리는 반드시 유교를 지켜야만 한다는 규제(規制)가 있다. 순경도 역시 유교를 신봉하지 않으면 안 된다. 노야묘(老爺廟)는 노자를 모시고 관제묘(關帝廟)는 관우를 모시는 일이 일반과 다름이 없다. 다만 근래 이들의 묘는 단속이 엄중해져 통화현 지사는 옥황각(玉皇閣) 외의 묘는 파괴하였다.

2. 간도 및 훈춘지방

중국인의 종교는 기독교 · 회회교 · 재리교(在理教; 중국의 민간 비밀종교 - 역자)가 있으나 신도 수는 어느 것이나 100명 내외로 교세는 부진하다. 그러나 현재의 행복을 기원하고 위난(危難)을 피하는 신념에서 신불(神佛)을 봉사하는 관습은 대단히 성하여 재신(財神) · 산신 · 도신(道神) · 농신(農神) 등이 있다. 천보산과 동불사(銅佛寺)에는 광산을 채굴하다 죽은 자를 위해 지은 절이 있다. 관우를 봉사하는 노야묘는 곳곳에 존재하나 산 위에 많다. 이러한 미개척 지방에는 마적, 기타 뜻밖의 조난이 많아 관우를 봉사하여 스스로 뜻을 강하게 하자는데 기인한 듯하다.

요컨대 중국인의 종교는 미신을 기초로 하여 현재에 중점을 두는 것이라 볼 수 있을 것이다. 간도 서부에서도 중국인이 산야(山野) 각소에 신불(信佛)을 봉사하는 것은 동부에서와 같다. 더욱이 양강 입구에는 노야묘와 함께 낭낭묘(娘娘廟; 중국 도교에서 벽하원군 등의 여신을 모시는 묘 - 역자)가 있다. 이 묘의 구조는 산간에서는 드문데 낭랑군의 칭호도 낭낭묘에 기인한다고 한다. 기타 소수의 기독교도가 있으나 신도의 수는 불명이다.

2 이주 한인의 종교

1. 압록강 대안 지방

한인 종교로 들만한 것이 4개 있다. 기독교 · 천도교 · 단군교 · 시천교 등이다. 그 가운데 가장 우수한 것은 기독교로 다른 것은 유력하지 않다. 더욱이 시천교와 같은 것은 거의 유명무실하다. 기독교 신자는 집안현 태평구 통화현 통화 · 합니하에 거주하는데 주로 최근 입교한 자들이다. 천도교는 집안현에 많으며, 단군교는 환인에 많다. 신도라 칭하는 자는 물론 농민이 많으며 무지몽매한 무리로 참된 종교적 자각과 신앙을 가졌는지 의심스럽지만, 목사 · 전도사 등은 민족의 발흥, 한국의 회복 등 좋은 말로 입교를 권유하며 신도 역시 이에 현혹되어 그 말에 따른다. 그리고 특히 현저한 것은 미국 북장로교의 활약이다. 각 교세의 일면을 기술하면 다음과 같다.

1) 기독교

통화를 중심으로 부근 20~30리 내에 크고 작은 20개의 교회와

캐나다 장로교회선교협의회 소속 로버트 그리슨(구례선)과 부인이 두만강을 건너는 장면

2,000명의 신도가 있는데, 합니하 500명, 유하현 550명, 집안현 210명 등이다. 교파는 미국 북장로교에 속하며 한일병합 당시부터 평안북도 강계교회에 미국 선교사가 와서 전도하였으나, 근래 교세가 우세하여 신도가 날로 증가하고 있다. 교사·신도는 압록강을 사이에 두고 양안에 사상계(思想界)의 부여국(扶餘國)을 건설할 것이라 선전하고 있다. 대안은 영국 장로교의 포교구임에도 불구하고 미국 북장로교는 한인에게만 포교하는 것이라며 진입해 왔다.

통화의 성내에는 이주 한인의 거주자가 매우 적고 신도는 겨우 김박사(金博士) 가족에 불과하여 아직 독립교회가 없다. 일요일에는 부근에서 모여들지만, 그 수가 적을 때는 김 씨의 집에서 예배하고 많을 때는 중국교회를 빌려 중국인 신도와 함께 또는 예배 후 이를 빌리기도 한다. 이에 양쪽은 친밀한 관계를 유지하고 있음을 알 수 있다. 그리고 동 교회 목사 한 씨가 한인 포교를 열심히 하여 신도 수가 눈에 띄게 증가했다. 영국 선교사의 지도하에 있는 일본인은 십수 년 동안 겨우 700명의 신도를 얻는 데 불과했는데, 한인은 3년 만에 2,000명의 개종자가 생긴 것은 놀랄 만하다.

1913년 10월 강계(江界)의 미국 선교사 2명은 선천의 미국 선교사 1명과 함께 통화에 와서 중국인 교회를 빌려 한인 신자의 사경회(査經會; 기독교에서 성서 강해와 연구를 중심으로 모인 집회－역자)를 개최하여 신앙의 향상을 도모하고 향후 1년간의 포교 방침을 의논하였다. 회기 1주일에 찾아오는 자가 700명에 달하여 자못 성황을 이루었다. 금후도 매년 이를 개최한다고 한다. 장백부 부근에도 다수의 신자가 있다. 일요일마다 각 교회에 30~40명 이상의 집회가 있어 찬미가를 부르며 설교를 듣고 성서를 읽으며 기타 제반의 보고를 한다.

각 교회에는 장로·집사·조수가 있는데 모두 한인이다. 그리하여 귀성 사람 김진근(金振根)을 서변계(西邊界) 목사로 삼았으며 미국 선교사는 1년 1회 이상은 반드시 출장한다.

2) 천도교

집안현 태평면 뇌서차(磊西岔)·소황면(小篁面)·소서구에 각 1개의 교회가 있으며 신도는 합계 약 200명이 있다. 1월 또는 2월마다 신도 집합이 있어 『동경연의(東經演義)』[1], 『삼수요지(三壽要旨)』, 『성훈연의(聖訓演

동경연의(한글박물관 소장)

---

1   양한묵이 천도교 경전인 『동경대전』을 해설한 교리서다. 천도교 중앙총부가 1907년경 발행했다.

義)』등을 강하였다. 모인 인원은 소청구(小靑溝)에 20명에서 40명, 뇌서차(磊西岔)는 20명 내외이다. 모두 초산(楚山) 대교구장의 담당에 속한다. 전도사는 소청구에 조관면(趙觀眠), 뇌서차에 김성수(金成洙)이다.

3) 단군교

이원환(李元桓) · 윤세복(尹世復, 1881~1960)[2]이 주창이 되어 환인 동창학교[3]를 교회로 사용하고 있다. 생도는 물론 부근의 한인을 모아 회교(回敎)의 포교와 함께 배일사상을 고취하고 있다. 단군교의 주지는 "한민족의 조선(祖先)은 백두산록에서 나와, 중국 민족, 일본 민족과 같은 것은 그 지족(支族)에 불과한 고로 우리는 노력하여 국권을 회복하여 부여 민족과 부여

윤세복

국의 독립발전을 도모하지 않으면 안 된다"고 하는 데 있다. 집합 기일은 일정하지 않으나 집합자는 때로 400명에 달하는 일도 있다. 횡도촌에서도 한선균(韓宣均) · 김윤혁(金允爀)의 무리가 본교의 포교에 종사하고 있다.

---

2 경남 밀양 출신으로 밀양 신창소학교와 대구 협성중학교 교사를 지냈다. 1910년 서울로 올라와 대종교에 입교한 후, 안희제 · 서상일 등과 대동청년당을 조직하여 활동하다가, 1911년 대종교의 시교사(施敎師)로 임명되자 중국으로 망명하였다. 환인현 동창학교, 무송현에 백산학교(白山學校), 영안에 대종학원(大倧學園) 등을 설립하였다. 1916년에는 무송현 등지에 교당을 설립하는가 하면(신자 7천여 명), 흥업단 · 광정단 · 독립단 등을 조직하였다. 또한 장백 등지에서 포수단을 조직, 홍범도 · 조맹선 등과 연합하여 일본군에 항전하였다. 1923년 제2대 교주 김헌의 유언으로 대종교 제3대 교주가 되었다.

3 1911년 만주 환인현 성내로 이주한 대종교인 윤세용(尹世茸) · 윤세복 형제가 동지를 규합하여 민족의식을 고취하기 위하여 설립한 학교이다. 우리나라의 무궁한 발전과 국권 회복을 기약한다는 취지에서 학교 이름을 '동창(東昌)'이라 정하였다. 교장은 이원식, 교사는 박은식 · 이극로 · 김영숙 · 김규환 · 이시열 · 김진호 · 김석현 · 신채호 등이 있었다. 학생은 100여 명 정도였다. 교과서는 단군을 민족사의 정통으로 삼아 역사 · 국어 · 한문 · 지리 등을 가르쳤으며 교내에 기숙사도 설치했다. 1911년 이후 대종교에 대한 일제의 탄압이 본격화하면서 1914년에 강제 폐교되고 말았다.

4) 시천교

신도가 소수로서 특기할 만한 것이 없다.

2. 간도 및 훈춘 지역

그곳 지방에는 전연 무종교자도 적지 않으나 일면에는 예수교·천주교 등을 열심히 포교하고 있다. 또한 정확한 의미에서 종교라 칭할 수 없으나 준종교라고도 할 수 있는 천도교·시천교·단군교 등이 창도(昌道)되고 있는 것도 있다.

1) 천주교

천주교는 지금부터 20여 년 전 원산교회의 한 프랑스 선교회의 선교사가 용정촌에 와서 포교한 것에 연원하며, 1905년 이후 그곳에 상주하면서 선교하였다. 포교 처음에는 인민에 시료(施療)를 행하고 금품을 주거나 또한 중국 관헌의 폭정을 배제하여 오로지 보호 회유에 힘쓴 결과 천주교의 기초가 날로 확고하게 된 이후 점차 신도가 증가하여 지금에는 간도 각지에 교회당을 설치하고 프랑스 선교사 밑에 한인은 자진하여 목사가 되어 포교 사업을 돕고 있다. 신도 수는 처음에 가장 많았으나, 근래 그 숫자가 예수교에 밀리고 있다. 신도 총수는 정확하지 않지만, 간도 총영사관의 조사에 따르면 간도 내에 1,340명, 훈춘에 49명 정도이다.

천주교는 이면에는 그윽이 배일사상을 고취하고 있지만, 기독교도와 같이 과격한 언동을 하는 자가 드물다. 용정촌에 거주하는 선교사는 퀴를리에(Curlier, 1863~1935)라고 부르는 자로 이외 라리보(Larribeau, 1883~1974)[4]라 칭하는 자가 태납자(太拉子)에 거주하였으나, 시국 발생

---

4 프랑스 출신으로 1907년 3월 파리 외방전교회에서 사제서품을 받은 후 조선에 파견되었다.

(제1차 세계대전-역자)과 함께 종군(從軍)을
위하여 귀국하였다.

2) 기독교

이 지방의 예수교는 수십 년 전부터 원
산에서 한인 목사가 들어와 포교하면서 비롯
되었다. 영국인 선교사 박걸(朴傑, Archibald
Harrison Barker, 1879~1927)[5]이 용정촌에
있다. 포교에 종사하여 각 소에 회당을 설치
하고 신도를 도모하여 백방으로 인기 방책을
강구하고 있다. 학교를 일으켜 자제를 교육
하여 신지식의 보급을 표방하며, 한편으로는
강개(慷慨)한 무리의 객기에 서로 의기투합
하여 배일적 사상을 고취함으로써 교도들에
게 일본 관헌에 반항하는 태도를 가진 자가
많다. 일찍이 간민교육회의 수뇌인 이동춘
(李同春, 1872~1940) · 윤해(尹海, 1888~?) ·

라리보 주교

박걸 목사

김립(金立, 1880~1922) · 도성(都成) · 이봉우(李鳳雨, 1873~1921) 등이 대
표적인 인사들이다.

한국병합 후 현저하게 신도 수가 증가하였는데, 이동휘(1873~1935) 등

1907년 5월 서울에 도착 후 1908년에 간도로 파견되었다. 제1차 세계대전이 일어나 젊은 선교
사들이 군 복무를 위해 프랑스로 돌아가자, 충청도 지방을 맡아 40여 개의 공소를 담당하였다.
1916년에 서울대교구 당가신부, 1926년에 보좌주교, 1933년에 서울대교구장 등을 지냈다.

5 캐나다 토론토 출신으로 토론토 대학을 졸업하고 1909년 레베카와 결혼한 뒤 1911년 캐나다 장
로회 선교사의 자격으로 한국을 방문했다. 이후 1912년 2월 회령으로 옮겨가 목회 활동을 시작했
고, 이내 용정에서 개척 임무를 맡았다. 그는 1914년 용천동 동산에 제창병원을 설립했다. 또한
바커는 명신여학교와 은진중학교를 설립해 교육 활동에도 매진했다.

은 친히 각지를 돌며 포교에 힘써 지금은 신도 수가 훨씬 천주교를 능가하고 장래 더욱 융성하게 될 징조가 있다. 신도 수는 정확하지 않지만, 간도총영사관의 조사에 따르면 관내에 2,140명, 훈춘에 약 1,000명이 있다고 한다. 또한 신자들의 특징은 중국 관헌에 친근한 자가 많다는 점이다.

이동휘

3) 시천교

간도에 있어서 시천교는 원래 1908년 10월 용정촌에 교회를 설립하면서 시작하여 통감부 시기에 가장 융성하였으나, 1911년 5월 교회가 소실되어 그해 6월 재건되었다. 교장(敎長)은 설립 시기에는 이희덕(李熙悳, 1869~1934)[6]이라고 하며 이후 여러 번 교체되었으나 현재는 이희덕이 종무정(宗務正)이 되었다. 그러나 사실상 시천교의 우이(牛耳)를 쥐고 있는 것은 조선총독부 경시 최기남(崔基南, 1875~1946)이다. 신도는 가장 융성할 때 7,500여 명에 달하였으나, 1909년 간도협약 이후 세력이 점차 쇠퇴하여 신자가 1,300명이라 하지만 거의 유명무실한 상황으로 회합하는 일은 없으며 용정촌 교회는 황폐해지고 말았다.

4) 천도교

시천교와 서로 유사한 것으로 지부를 국자가에 두고 포교에 힘쓰고 있었다. 신도가 가장 많은 지방은 국자가 삼포사(三浦社) · 제하사(霽霞社) 등으로 간도 전부를 통하여 약 540명이 있다.

---

6   용정거류민회 회장, 친목계 고문을 지낸 인물로 간도에서 노골적인 반민족적인 행각을 벌여 독립운동 세력에 의해 처단 대상으로 지목되었던 대표적인 친일파이다.

길림성 화룡시 청호촌 대종교 3종사 묘역(가운데 나철)

5) 대종교

대종교는 수부(首部)를 청산리에 두고 있는데 이도구에는 도사교(都司敎)라 자칭하는 나철(羅喆, 1863~1916)이 거주한다. 또한 동간도 서부 내도산 지방 송풍(松風)에 본산을 건립할 계획이라 한다. 신도는 800여 명에 달한다.

나철

6) 단군교

단군교는 조선의 국조라 일컫는 단군을 숭배하는 하나의 조선교(祖先敎)로 순연한 종교와 같이 사회의 사상계를 지배, 혁신함을 교의(敎義)로 하는 것이 아니다. 학교 등에서 국조 사진을 게시하고 일요일 제일부(祭日抔)에 예배하고 아동에 대해서 그 위대한 공적과 숭상한 인격을 설명하여 흠모하려는 것이 종교의 교리로 한일병합 결과로서 자연 배일을 가미하게 되었기 때문에 본래 배일사상의 고취를 목적으로 한 것은 아니다. 그리고 신도는 평강(平崗) 상리사(上里社), 삼도구 용정촌 대문루구(大門樓溝) 영화사(永化社)·문화사(文化社) 등지에 가장 많으며 간도 전부를 한하여 820명이 있다고 한다.

이상에 불교·예교(禮敎)를 신앙하는 자가 적지 않으나 그 수는 자세히 알지 못한다.

간도 내 각 종교교회당·신도 분포표

교명	교회당/포교소	신도수		비고
		호수	인구	
천주교	6도구 대교동	53	265	
	용정촌	46	230	선교사 남일랑(南一良, 프랑스인) 포교하고 교회당을 설립함
	동랑상리사(東良上里社) 천둔촌(泉屯村)	19	95	
	화룡현 삼원봉(三圓峰)	41	205	선교사 쓰리브리(프랑스인) 소관이나 현재 독불교전 종군을 위해 귀국
	평강하리사(平崗下里社) 부암평(富岩坪)	20	100	
	평강사 장흥동(長興洞)	12	60	
	평강수남사(平崗水南社) 대오도구구(大五道溝口)	13	65	
	국자가 하동촌(河東村)	23	115	
	구송허(九松墟) 성교촌(聖敎村)	41	205	
	계	268	1,340	
기독교 (장로파)	용정촌/신촌	21	105	선교사 박걸(영국인) 용정촌에서 주거 및 병원을 설립
	토성포(土城浦)	10	50	
	7도구	15	75	
	화룡사 용암촌(龍岩村)	42	210	
	태납자	9	45	
	강랑상리사(康良上里社) 양무정자(楊武亭子)	22	110	

교명	교회당/포교소	신도수		비고
		호수	인구	
기독교 (장로파)	덕신사(德新社) 장동(長洞)	19	95	
	화룡사 풍낙동(豊樂洞)	15	75	
	종도 (鍾島) 광종사(光宗社) 후동(厚洞)	21	105	
	광희사(光熙社) 상천평(上泉坪)	25	125	
	개운사(開運社) 자동(子洞)	23	115	
	개운사 고석동(苽石洞)	11	55	
	제시사(霽時社) 남장동(南獐洞)	10	50	
	무산간도 산계사(山溪社) 하광포(下廣浦)	15	75	
	국자가 지인사(志仁社) 소영자(小營子)	23	115	
	연동사(沿東社) 하동(河東)	10	50	
	연동사(沿東社) 관청모(官廳帽)	21	105	
	국자가 와룡동	42	210	
	동성용사(東盛湧社) 모아산 앞	21	105	
	일양구 상하촌(上下村)	23	115	
	화전사(樺田社) 명당모(明堂帽)	31	155	
	계	429	2,145	
대종교	평강상리(平崗上里) 3도구	23	115	도사교(都司教) 나철 경성 으로부터 분파하여 간도에 서 포교
	용정촌	7	35	
	대문누구(大門樓溝) 복림동(福林洞)	11	55	
	회도(會島) 영화사(永化社) 내	52	260	
	회도 문화사(文化社) 내	72	360	
	계	165	825	

교명	교회당/포교소	신도수		비고
		호수	인구	
천도교	용정촌	6	30	매월 성미(誠米) 대금을 징수해서 경성 본부로 송부
	국자가 서구(西溝)	28	140	
	일양구(一兩溝)	10	50	
	삼포사(三浦社) 걸만동(傑滿洞) 북동(北洞)	11	55	
	삼포사 수심포(修心浦)	21	105	
	종도(鍾島) 제하사(霽霞社) 기풍현(岐豊峴)	33	115	
	은도(隱島) 월랑사(月朗社) 마패(馬牌)	9	45	
	계	108	540	

1. 시천교는 전 간도를 통하여 1,300여 명의 신도가 있다고 하는데 유명무실에 가까움.
2. 본표 외에 대한기독교교회에 속하는 신도가 26호 130명있음.

간도 서부에서 가장 한인 간에 신앙됨은 대종교인듯하며 상술한 대종교주 나철은 당 지방의 포교에 유의하여 큰 경배당(敬拜堂)을 삼도백하(三道白河)의 서쪽 약 3리 송풍(松風)에 건설하려 계획하고 있다고 한다. 지금은 횡도자(橫道子) 내도산(內島山) 탑요자(搭腰子) 등 3개소에 대종교 경배소가 있어 신도 수는 50여 명 정도이다. 기타 십수 명의 기독교 신도가 있는 듯하나, 당 지방에는 교회당 또는 포교소의 시설이 없으며 또한 포교하는 선교사·목사가 없어 신도 수는 불명하다.

2장

교육

1 중국인 교육

1. 압록강 대안 지방

1) 학교

소학교는 초등, 고등으로 나뉘며 각 4년으로 졸업한다. 취학을 강제하지 않아 17, 18세 남자인데 초등과에 있는 자도 있다. 수업은 오전 8시부터 11시까지, 오후 1시부터 4시까지로 하며 수신·국문·도화(圖畫; 그림—역자)·수공(手工; 공예—역자)·음악·식자(識字)·조구(造句; 작문—역자)·체조를 가르친다. 교과서는 현 도서관에서 판매하며 교사는 봉천사범학당, 혹은 각 현의 사범학당 또는 간이사범학당 출신자로 충당한다. (명칭은 학교, 학당이라 칭하며 일정치 않지만 학교라는 명칭이 점차 증가하는 듯하다) 소학교는 현 주요 마을에 설치하며 현 아문 소재지에는 2교, 3교를 두되 남녀를 구별한다. 통화 남자 초등·고등 소학교는 교사 16명, 생도 300명 통화 여자초등·고등소학교는 교사 4명, 생도 80명이 있다.

관전여자양등소학교는 여교사 2명 중 교장은 직예(直隸)사범여학교 외에 해성(海城)여자사범학교를 졸업하였다. 생도 수는 84명인데 4명은 통학하고 나머지는 기숙한다.

기혼자가 3분의 1에 달하며 연령은 10세에서 24세이다. 학기는 1월에 시작해서 12월에 끝나며 연 2회 시험을 치른다. 졸업 후에는 지방 소학교의 교사가 되는 자도 있다. 각지의 소학교는 매년 가을철에 연합대운동회를 개최하며, 때때로 교육품전람회를 열어 부형을 초대하는 모임이 있다.

이외에 사립소학교는 봉천성에 정하는 바에 따르면 교과서를 사용하고 수업료를 징수하며 교사(校舍)는 장자(長者)의 집으로 충당한다. 다만 통화현은 사립학교를 금지하며 공사(公私) 모두 기숙사를 설비한 것이 있다. 관전현 대수구패(大水溝牌)의 소학교에 대하여 듣건대 기숙사비가 1인 1개월에 2원 2각이라 한다.

소학교 외에 현 아문 소재지에는 현립 사범학교, 간이사범학교가 있다. 실업교육으로서는 농업 또는 농림학교가 있다. 통화농업학교는 교사 1명, 생도 27명, 통화공업학교는 교사 1명, 생도 30명이 있다. 중학교는 내년(1915)부터 통화에 개설될 예정이다.

2) 도서관 및 사회교육 통속 모범강연회

현 아문 소재지에는 현 도서관을 설치하여 문서, 신문을 설치하고 널리 열람할 수 있도록 한다. 도서는 정치·경제·실업·의약 등을 소장하고 있다고 하지만, 공언(空言)인 경우가 많다. 다만 신문은 곳곳에서 동삼성 공보를 비치하여 관민 모두 이를 애독하며 일본인이 경영하는 ≪성경시보(盛京時報)≫와 같은 것은 독자가 극히 드물다. 동삼성 공보는 배일적(排日的)이므로 인민도 역시 이에 넘어가 독일전쟁(獨日戰爭) 같은 것도 최초에 일본이 중국에 개전한 듯이 전하여졌고, 또한 빈번하게 '일본의 만주에 대한 야심'을 비어(蜚語; 거짓말 – 역자)하여 일행의 행동도 역시 전쟁과 직접 연관된 듯이 의심한다는 얘기를 들었다.

사회교육통속모범강습회에는 각 현이 다 같이 도서관에서 강연하는 일이 있다. 2명의 감사직으로 이에 충당하며 매월 중에 강연한다. 청중은 학생, 일반 인민이나 상시는 그 수가 그렇게 많지는 않은 듯하다. 현재 관전현 통속모범강연회의 규칙이라는 것을 게시하면 다음과 같다. (생략)

3) 문화의 정도(程度)

문자를 존중하는 국민이지만 문자를 아는 자가 비교적 적음은 이상하다고 할 수 있다. 대개 공맹(孔孟)을 문화의 극치로 삼아 존숭하며 금후의 진보는 그 밖에서는 불가능하다고 생각하는 듯하다. 도서관에 간이 식자학교를 부설하여 문자를 가르치는 데 노력하고 있다.

2. 간도 지역

간도 지역은 아직도 미개 지역을 벗어나지 못하고 있고 게다가 중국인 수는 한인에 훨씬 미치지 못하여 학교 수는 극히 적으며 자녀 교육은 거의 도외시 하고 돌보지 못하는 형편이었다. 그런데 1904년, 1905년부터 중국 관헌은 점차 문명적 교육을 시행할 필요를 느껴 여러 개소에 소학당을 건설하기에 이르렀다.

더욱이 1912년 가을 연길 도윤공사 교육과 과장 첨각(詹珏)이 길림에 부임해오면서 학정(學政) 개혁을 하고 있는 듯하다. 그리하여 소학당 교수 방법, 교과목, 규율 등을 관립국자가여자학교와 모산(帽山) 전 초등소학교에서 견문한 바에 따르면 거의 일본 소학교 제도에 준거하여 외면상 형식은 잘 정비되어 있다. 그렇지만 과연 이 제도가 훌륭히 현지의 실정에 따라 교육효과를 발췌할 지는 의문이 든다. 지금 동간도 동부 각 지방 관립소학당 조사표를 게시하면 다음과 같다.

즉 간도에 중·고등과가 있어서 본토인이 모범학당이라 뽐내는 것은 국자 소학당 1개소에 불과하다. 나머지는 모두 초등 학당 수준으로 아무리 중국인이 적다고는 하지만 보통교육의 보급은 아직도 요원하다. 간도에는 사립 소학당이 있다는 말을 듣지 못하였고 또한 사범학당·실업학당 등은 한 개도 존재하지 않는다.

간도 서부에는 안도현청 소재지에 관립초등소학당이 있어 7명의 생도가 있다. 기타 대사동(大砂河) 토랍자(土磖子)에 서당이 하나 있으며 12명의 생도가 있음을 보았다.

지명	교명	교수과목	교사명	생도수
화전사(樺田社) 태납자	제일구관립 초등소학당	수신 · 습자 · 작문 · 산술 · 습자 · 체조	중국인 호 (胡) 외 2명	40
평강(平崗) 삼도구	제7구관립 초등소학당			42
동성용(東盛湧)	동성용 帽山 전 초당소학당	수신 · 독서 · 산술 · 수공 · 체조 · 습자	중국인 여지당 (呂芝堂) 외 1명	60
국자가 북영(北營)	관립초등고등 소학당	국어 · 수신 · 수공 · 역사 · 지리 · 체조 · 작문 · 이과 · 산술 · 도화 · 습자 · 이법 · 음악	중국인 상점근 (常占勤)	160
국자가 북영(北營)	관립여자초등 고등소학당	국어 · 수신 · 수공 · 역사 · 지리 · 체조 · 작문 · 이과 · 산술 · 도화 · 습자 · 이법 · 음악		94
두도구 상부(商埠) 내	관립초등 소학당			28

2 한인 교육

1. 압록강 대안 지방

이주 한인의 다수는 일상생활에 급급하다는 것은 별도로 여러 번 상세히 기술하였는데, 자제를 교육하는 염려는 다소 가지고 있는 듯하여 한인이 집단을 이루는 지역에서는 일본의 사자옥(寺子屋; 서당 – 역자)과 같은 소규모의 사숙(私塾)이 있어 교사를 초빙하여 한문과 습자를 교수하고 있다. 생도는 4, 5명부터 15, 16명을 넘지 않으며 연령은 8세 이상 13, 14세의 사이다. 교과서의 말미에는 중화민국 달력을 첨부하였다. 근래 신교육을 받은 청년이 이주해 오는 자가 증가하여 저들은 모국의 멸망은 교육이 발달하지 않은 것이라고 외쳐 번번이 교육·학교 설치의 필요성을 부르짖고 있으나, 저들 중에는 무뢰한 이들[독립운동가]도 혼재하여 다만 큰소리를 스스로 즐기는 느낌이 없는 것도 아니다. 주요한 한인 학교에 대하여 개요를 기술하면 다음과 같다.

1) 환인현 성내 동창학교(東昌學校)[1]

환인 서문 내에 있으며 윤세복의 감독하에 이원식(李元植, 이명 이동하, 1875~1959)[2]을 교장으로 삼고 교사는 김규환(金奎煥, 1890~1941)[3]·김동석(金東石) 2명으로 생도는 27명이 있다. 이를 3개 반으로 나누며 생도는 6세 이상 15세 이하로서 흑색 제복에 일정한 교포를 썼다. 역사 교과서는 『초등대동역사』, 국어 교과서는 『초등소학교독본』을 사용하고 있다. 시간표는 좌와 같다.

---

1 환인현 횡도천의 동창학교는 대종교인 윤세복·윤세용 형제가 1911년에 설립했다. 교장은 이원식, 교사에는 박은식·이극로·신채호 등이었다. 교과는 '단군'을 민족사의 정통으로 삼는 것을 원칙으로 하였다. 설립 취지는 '한민족의 선조가 백두산록에서 나왔고 중화민족과 대화민족은 그 가지에 불과하다. 그렇기 때문에 우리들이 노력해 국권을 회복시켜 부여족, 부여국의 독립과 발전을 도모하자'라는 것이다. 1915년 5월 중국 정부가 '획일간민교육변법'을 시행하면서 한인학교도 중국어, 중국사 등을 가르쳐야 했는데, 이를 거부하여 교사 축출령과 학교 폐지령이 내려져 폐교되고 말았다.

2 경북 안동 출신으로 서울 계산학교 교원, 대구 협성학교 교감 등을 역임하였으며 보문의숙을 창립하였다. 1910년 경술국치 이후 대동청년단에 가입, 활동하였으며, 1911년에 만주로 망명한 후 윤세복과 함께 환인현에 동창학교를 설립하고 교장에 취임하였다. 이어 흥경현에 흥경학교를 설립하는 한편, 흥경·환인 등의 동포들을 위한 자치기구를 조직하여 회장으로서 일하였다.

3 평북 선천 출신으로 신민회 계열의 대동청년당을 조직하여 활동하다가 경술국치 이후 1911년 5월 환인현으로 망명하여 동창학교를 설립하고 학생들을 가르쳤다. 하지만 일제의 압력과 재정 문제로 학교를 폐교하고 1915년 6월에 흥경현 동로홍묘자에 일신학교(日新學校)를 설립하였다. 이후 1920년 광한단, 1922년 대한통의부, 1925년 대한정의부, 1926년 정의부, 1929년 국민부, 1929년 조선혁명당 등에서 활동하다가 1929년 11월 초 신빈현에서 중국 관헌에게 체포된 이후 친일파로 변절했다.

동창학교 매주 교수 일람표

학급	요일	9~10시	10~11시	11~12시	1~2시	2~3시
제1급	월	수신	한문	체조	산술	도화
	화	이과	국어	체조	역사	습자
	수	지지	한문	창가	산술	습자
	목	이과	산술	체조	역사	창가
	금	지지	국어	체조	작문	도화
	토	역사	산술	작문		
제2급	월	산술	국어	체조	지지	도화
	화	역사	한문	체조	작문	습자
	수	산술	국어	창가	지지	습자
	목	수신	이과	체조	작문	창가
	금	산술	한문	체조	역사	도화
	토	산술	이과	역사		
유년급	월	국어	복습	체조	산술	수신
	화			체조	습자	산술
	수			습자	산술	창가
	목			체조	습자	산술
	금			습자	체조	창가
	토			습자		

2) 합니하 신흥학교(新興學校)

합니하는 몽골어로 '하르미호'의 축약이다. 보통 하미호라 일컬어 합밀하(哈密河)의 자(字)를 부치는 일도 있다. 신흥학교 소재지는 통화지방 8리여 소마록구(小馬鹿溝)의 이시영(李始榮, 1869~1953)[4] 댁의 좌측 고

4　서울 출신으로 1910년 일본에 국권을 빼앗기자 만주로 망명하여 유하현에서 신흥강습소(신흥무관학교 전신)를 설립, 독립군 양성에 힘쓰다가 1919년 4월 상해 임시정부가 수립되자 법무총장·재무총장을 역임하였다. 1929년에는 한국독립당 창당에 참가하여 초대 감찰위원장에 피선되었고, 1933년 임시정부 직제 개정 때 국무위원 겸 법무위원이 되어 독립운동을 계속하다가 1945년 8·15광복과 더불어 귀국하였다.

지이다. 김창환(金昌煥, 1872~1937)[5] · 여준(呂準, 1862~1932)[6] · 여규형(呂奎亨) 등이 교사로 있다. 그 밖에 중국인 교사 1명이 있다. 현재 생도 수는 약 40명으로 연령은 18, 19세부터 24, 25세에 이르며 청년 기예의 무리만을 모았다. 교과는 지리 · 역사 · 산술 · 이화(理化) · 수신 · 독서 · 한문 · 체조 · 창가 · 중국어인데 특히 중국어에 중점을 두고 있다. 생도는 농사를 짓고 실업에 힘쓰며 수업하는 취지로 교복은 농천(濃淺) 황색의 목달이 학생복을 입고 제모(制帽)를 썼다.

이시영

그런데 1914년 9월 21일 일행이 방문하였을 때 학생들이 학교 앞의 밭에서 소를 끌고 담군(擔軍)을 지고 조를 베며 옥수수를 따는 등 수확에 몹시 바쁜 모습이었다. 그중에는 처와 함께 일하고 있는 자도 있었다. 또한 강안의 돌을 깨어 구들을 수

김창환

5 서울 출신으로 대한제국 육군 장교로서 신민회에 가입하였고 1909년 12월 일진회의 한일합방청원서 제출을 성토하였다. 경술국치 이후 서간도로 망명하여 신흥학교를 설립했다. 1911년 국내에 잠입하였다가 105인사건에 연루되어 옥고를 치렀고 출옥 후 배재학교 등에서 체육 교사로 활동하던 중 다시 서간도로 망명하였다. 폐교 직전에 이른 신흥학교를 윤기섭과 함께 근근이 이어갔고 이시영을 중심으로 신흥무관학교로 확대, 개편하고, 훈련감을 맡아 많아 독립군을 길러냈다.
6 경기도 여주 출신으로 정주 오산학교에서 교편을 잡다가 북간도로 건너가 이상설 등과 함께 서전서숙을 세웠다. 1907년 헤이그특사 이준을 이상설에게 소객하였다. 1912년 가을 통화현 합니하로 옮겨 허혁과 함께 부민단(扶民團)을 조직해 이주 동포의 자활과 교육을 맡아 보았다. 또한 신흥학교의 유지 · 발전을 도모하기 위해 애썼고 1913년부터 신흥학교 교장이 되어 학교를 키우는 데 힘을 쏟았다.

리하는 자도 있었다. 합니하 도선(渡船) 사공이 된 자도 있었다. 이들은 모자를 쓰고 교복을 입은 채 작업을 한다. 이처럼 산간벽지에서 원기와 근면으로 부지런히 업에 종사하고 있지만, 통상 한인 간에 용이하게 이를 실현할 수 없다. 이들의 드높은 기개는 실로 모든 사람에게 감개 깊음을 느끼게 한다.

일행의 방문에 앞서 정(鄭) 보조원을 보내 일행이 방문하려는 취지를 알렸다. 정 씨는 일몰에 이시영 씨 댁에 도착하여 간청으로 하룻밤을 묵었는데, 한밤중에 생도 20여 명이 침소에 쳐들어와 혹은 치고 혹은 찌르며 말하기를 "너는 무슨 까닭에 일본인에게 사역하느냐, 빨리 한 자루의 가래를 들고 우리와 행동을 같이 하라, 우리들은 배우고 또한 밭을 갈며 스스로 의식을 하고 있다"라고 하며, "너는 돌아가서 일본인의 수족이 되어 사는 것보다는 깨끗이 이곳에서 죽지 못하는가"라거나 "살아서 돌아간들 너의 생명은 장백부를 무사히 통과하지 못할 것이다"라며 마침내 감격에 벅차 눈물을 흘리며 울기도 하고 통곡하는 자가 있었다고 한다. 이로써 그 일반을 엿볼 수 있으리라 생각한다.

3) 영습(英習) 여학교

연합해서 통화현 팔도강(八道江)에 있으며 안병운(安炳雲)이 경영하는 것이라 들었으나 실현하지는 못하였다고 한다.

이외에 장백부를 비롯하여 각지에 크고 작은 학교가 있다. 그리고 이들 각 학교는 연합하여 운동회를 개최하는 일이 있다. 1914년 10월 5일 장백부에서 부근 6개교의 생도 약 150명이 집합하여 이틀간 운동회를 개최하는 것을 보았다. 6개교 중 한 학교는 예수교 학교이다. 또한 중국학교도 참가하였다. 관람자가 사방에서 모여들어 그 수는 약 천 명에 가까워 성황을 이루었다.

2. 간도 및 훈춘지방

1) 개론

간도의 한인 교육사업은 종래 정책적으로 혹은 종교 포교를 위해 심한 것은 불량 한인[독립운동가—역자]의 생활 수단으로 이용되기도 했으며, 금일에는 무방침(無方針), 무통일(無統一)을 면치 못하고 있다. 일찍이 통감부임시간도파출소는 번번이 학교 설립을 장려하였는데, 중국 관헌 역시 이에 대항하고자 자국의 자제 교육을 포기하고 한인 교육에 집중하여 당시 양자가 대치하는 상태를 보였다. 하지만 통감부파출소 철폐와 더불어 그 후원을 받던 많은 학교는 자금 결핍에 끝내 폐교하고 이를 대신하여 중국 관립학교, 기타 여러 사립학교가 발생하게 되었다. 한편으로는 기독교·천주교 선교사, 천도교·대종교 전도사 등은 학당 경영을 포교상의 부대사업으로 삼았다. 일본의 경영 하에 있는 것은 간도보통학교와 백초구·두도구 등지에 있는 2, 3개의 서당뿐이다.

2) 중국 관립학교

전술한 바와 같이 통감부임시간도파출소가 학교 설립에 힘쓰던 시대에는 중국 관헌 역시 한인 교육에 열중하였으나, 그 후 통감부임시간도파출소가 폐지되고 재정이 갈수록 궁핍해지면서 기존 학교를 유지하는데 여러모로 곤란해져 끝내 폐교의 비운에 봉착한 것이 적지 않다. 예컨대 남평(南坪, 무산에서 1리 하류의 대안)에는 통감부 시기에 일본 관헌이 설립한 완비된 교사가 있었다. 이후 중국 관립학교로 경영했으나 1912년 말 경비 부족과 생도 감소로 폐교되었다. 현재 존립하는 관립학교 조사표는 다음과 같다.

간도보통학교 개교식 장면(1908.7, 간도임시파견대기념사진첩)

서전서숙 터에 신축한 간도보통학교 전경(1909.8. 신축, (통감부간도파출소 제작, 간도임시파견대기
념사진첩)

간도 서부 낭낭고 지역의 한인 서숙(간도임시파견대기념사진첩)

지명	교명	학교 계통	종류	교수과목	교사	생도 수
종성간도 광소사(光昭社) 상천평(上泉坪)	제2구 관립 양정학당 (養正學堂)	예수교	사범과	중국어 · 교육 학 · 역사 · 지 리 · 작문 · 산 술 · 수공 · 체 조 · 이과 · 이법 (理法) · 도화	교장, 중국인 류 춘승(劉春昇) 외 2명, 한인 피원경 (皮元敬) 외 1명	108
			고등과	중국어 · 역사 · 지리 · 수신 · 작 문 · 산술 · 수 공 · 체조 · 이 과 · 도화 · 습 자 · 음악	교장, 중국인 류 춘승(劉春昇) 외 2명, 한인 피원경 (皮元敬) 외 1명 교장, 중국인 류 춘승(劉春昇) 외 2명, 한인 피원경 (皮元敬) 외 1명	
			초등과	중국어 · 중문 · 수신 · 작문 · 산 술 · 습자 · 도 화 · 체조 · 수공		
종성간도 광덕사(光德社) 영소암(咏嘯岩)	제4구 관립 초등소학당	예수교			중국인 주모(周 某), 한인 전창학 (全昌學) 외 1명	80

지명	교명	학교계통	종류	교수과목	교사	생도수
용정촌 상부국(商埠局) 앞	관립 초등소학당	천주교			중국인 도걸(陶傑), 한인 육성서(陸成瑞) 외 1명	70
회령간도 인화사(仁化社) 사기동	제6구 관립 초등소학당	천주교			중국인 손종(孫宗) 외 한인 1명	60
온성간도 월랑사(月朗社) 마파(馬派)	제3구 관립 초등소학당	예수교			당장 중국인 동전갑(董殿甲) 외 1명, 한인 한석기(韓奭基)	54
국자가 북영(北營)	관립소학당	예수교		국어·수신·수공·역사·지리·체조·국문·이과·작문·산술·습자·도화·이법·음악	당장 중국인 정전승(程全勝) 외 1명, 한인 채천극(蔡天極)	52
종성간도 개문사(開文社) 사동(寺洞)	제55구 관립 초등소학교	예수교			중국인 손서향(孫書香), 한인 채우석(蔡禹錫)	39
태납자	제1구 관립 초등소학교				중국인 胡 외 2명	40
무산간도 화룡사 천변촌(川邊村)	관립 초등여자학당				중국인 황(黃) 외 2명	20
양수천자	관립소학당	수해 후 교사 및 생도 수 등의 조사 불능				
훈춘	관립 초등과등소학당	교사 및 생도 수 등 자세하지 않음				
馬圈子(馬圈子)	관립초등소학당					

와룡동 사립 창동중학 사은기념비. 1920년 일제의 간도대학살 당시 소실되었고 교원들은 뿔뿔이 흩어졌다. 이후 1935년 9월 졸업생들이 사은(師恩)의 정을 기념하고자 '사은기념비'를 세웠다.

이상 12개교 중 상천평(上泉坪)의 양정학당에 가서 당장(堂長)을 만나 교수의 상태를 관찰하였다. 다른 관립학교에 있어서도 대개 이와 유사하지만 시찰한 상황을 기술하려고 한다.

초등과의 연한은 4개년이지만 현재는 4학년은 없고 3년 이하를 갑(3년생), 을(2년생), 병(1년생) 등 3조로 나누고 생도 총수는 80명이다. 고등과 연한은 3개년인데 1학년만으로 생도는 20명이다.

초등과 1년생부터 이미 중국어를 가르치고 있어 생도는 방과 시간에 유희할 때도 중국어로 말하고 있었다. 교수 과목은 다음과 같다.

초등과 : 중국어 · 국문 · 수신 · 작문 · 산술 · 습자 · 도화 · 체조 · 수공

고등과 : 중국어 · 역사 · 지리 · 수신 · 작문 · 산술 · 이과 · 도화 · 습자 · 체조 · 수공 · 창가

교과서도 중화민국이 된 후 편찬된 신식의 것으로 그 내용을 일람하였더니 자못 계통적이었다. 기타 교수상의 시설도 의외로 정돈되어 있고 생도들로부터 수업료를 징수치 않는다. 생도는 전부 한인이지만 일견 모두 중국인

어린이와 같은 복장을 하고 있었다. 전술한 바와 같이 일행이 여행한 지방은 중국인이 극히 적기 때문에 다른 관립학교에서도 중국인 중국 생도는 대단히 적은 수라고 해도 될 것이다.

3) 사립학교와 서숙

간도 방면에 일반 한인은 생활을 위해 전력을 다하여 자제 교육의 여유도, 희망도 없다. 가령 관비로 취학시키려 해도 쉽게 응하지 않는 형편이다. 이에 사력(私力)으로 새로 교사를 설치하려는 모습은 도저히 바랄 수 없을 뿐만 아니라 이미 설립된 학교, 서숙까지도 유지 경영에 고심하여 폐교하는 것이 적지 않다. 그간에 왕왕 소위 배일(排日) 한인들이 교묘히 한인의 적개심을 이용하여 과대한 경비를 부형에 부담하고 학교를 경영하고 있는 것이 없지 않다. 이런 학교의 생도는 대개 양복을 입고 각반을 두르고 병식 체조를 하고 있었다. 그리고 일행은 이러한 배일 사립학교 중 가장 유명하다고 일컫는 소영자 광성학당(光成學堂), 와룡동 창동학교(昌東學校)를 시찰하였는데 그 견문을 기술하려 한다.

광성학교는 국자가의 동남 약 2리 반에 있는 소영자에 있다. 동 학당은 원래 간민교육회의 기관학교였던 것으로 이동춘을 교장으로 삼아 간도 중 가장 과격한 배일학교이다. 그러나 간민회 해산, 이동춘의 국자가 퇴거 등에 의해 경영상 자원(資源)이 궁핍해져 전날의 기세가 없는 듯하며 학업은 시찰 당시 하계 휴업 중이어서 이를 볼 수 없었으나, 학감 전하석(全河錫), 교사 오영선(吳永善, 1886~1939)[7] 기타 2명이 재교하고 있어서 친이 면접하였다.

---

[7] 경기도 고양 출신으로 대한제국 시기 무관학교를 졸업하고 1907년 신민회에 가입하여 활동했다. 이후 중국으로 망명하여 1913년 이동휘 등과 함께 지린성에서 동림무관학교를 설립하여 청년들과 의병들에게 현대적 군사교육과 훈련을 시켜 우수한 독립군 장교와 사병을 양성하였다.

오영선

대화가 약 1시간 이어졌는데 답변이 궁하게 되면 중국에 귀화하였다는 이유로 빠져나가곤 했다. 또한 여러 명의 학생은 창밖으로 모여 안심하지 못하는 눈빛으로 일행의 동정을 주시하고 있었다. 저들은 불온 과격한 행동은 없었으나 중국을 종주(宗主)로 하여 일본 관헌에게서 멀어지려는 의사가 있음을 명료하게 직각(直覺)할 수 있었다.

교사는 길이 4간 폭 3칸의 1동, 양옆에 온돌로 개조한 길이 5, 6칸의 장옥(長屋) 2동이 있다. 생도 100여 명을 수용한다. 일행이 떠나려고 하자 창문 파손, 기와와 벽이 떨어져 나간 곳을 가리키며 금품 기부와 함께 교과서 기증을 애걸하였다.

창동학교는 국자가의 서북 약 2리의 와룡동에 있으며 중학과·소학과를 두었다. 하계 휴업 중이었으나 생도 십 수명이 나팔을 연습하고 교사 3명이 학교에 남아 있어 일행을 맞이하였다. 이들의 접대는 극히 쾌활하여 하등 심리에 위축되어 있지 않았다. 교사, 기타 설비는 조금 광성학교보다 우수하며 생도 120명을 수용한다. 교풍은 비교적 온건한 것으로 인정되었다.

[부기]

중국 관헌은 사립학교에 대해 하등의 취체 규칙을 두지 않았기 때문에 광성중학교, 창동중학교 등은 뽐내며 학생 흡수에 힘쓰고 있음. 이에 그 이름에 속아서 멀리서, 심지어는 조선 내에서부터 입학하는 자도 있음. 중학교라고 하지만 실력은 매우 낮으며 우스운 것은 조선의 보통학교 졸업생이 중학과에 입학하려고 간도에 와서는 오히려 교사가 된 자도 있다고 한다.

끝으로 간도의 사립학교, 서숙 조사표를 게재하면 다음과 같다.

화룡현 명동학교

용정촌 영신학교(1920년대, 한국학중앙연구원)

지명	교명	학교 계통	종류	교수과목	교사	생도 수
지인사(志仁社) 국자가 부소영자(附小營子)	광성 중학교	예수교	중학과	법학 · 식물 · 생리 · 한문 · 삼각(三角) · 외국지지 · 역사 · 산술 · 수신 · 기하 · 지지 · 화학 · 영어 · 대수(代數) · 중국어 · 물리 · 체조 · 창가 · 경제 · 도화 · 지문(地文)	교장 한인 이동춘 외 7명	130
			소학과	한문 · 수신 · 습자 · 체조 · 창가 · 작문 · 국어 · 산술 · 지리 · 역사 · 도화 · 중국어 · 성경		
국자가 와룡동	창동학교	예수교	중학교, 소학교		교장한인 오병묵(吳秉默) 외 3명	120
무산간도 화룡사 용암촌	명동서숙	예수교		수신 · 산술 · 역사 · 지리 · 창가 · 체조 · 작문 · 도화 · 습자 · 이과	한인 김치권(金致權) 외 8명	100
화전사 중촌	사립 상군 서숙 (尙羣書塾)	예수교		성서 · 수신 · 중국어 · 지리 · 역사 · 체조 · 한문 · 국어 · 산술 · 도화 · 근세사 · 창가	설립자 한인 오극선 (吳極善) 교사, 교사 박근성(朴根成)	52
종선간도 개운사 자동	정동서숙		보통		교장 한인 김윤승(金允承) 외 4명	50
무산간도 동량리 대교동	교향학교 (敎鄕學校)	천주교 예수교		대한지지 · 초등소학 · 동국역사 · 본국역사 · 지리 · 한문 · 개정이과 · 고등소학 · 초등윤리	교장 한인 유패흥(劉沛興) 외 1명	50
무산간도 화룡사 대사동 (大蛇洞)	야학교				한인 김씨	50

지명	교명	학교 계통	종류	교수과목	교사	생도 수
일양구(一兩溝) 상촌(上村) 구룡평(九龍坪)	사립 동흥 학교 (東興學 校)	예수교		한문·수신·습자· 체조·창가·작문· 국어·산술·지리· 역사·도화·중국 어·성경	한인 이영 춘(李英春) 외 1명	62
무산간도 화전사 명당모(明堂帽)	배영서숙 (培英書 塾)	예수교		대한지지·중국어· 국어·한문·성경· 작문·수신·영어· 산술·도화·창가	교장 한인 박운보(朴 云甫) 외 2명	46
용정 신촌	영신학교 (永新學 校)	예수교		조선어·한문·수 신·산술·체조·천 자·창가	한인 최화 (崔和)	43
무산간도 동량상리사(東良 上里社) 이천보(伊川甫)	사립 光東 學校			한문·천자문·중국 어·유년필독·체 조·수신·지나동국 역사·창가	교장 한인 원석(元錫) 외 2명	40
지운지인사(支云 志仁社) 연동사(沿東社) 관청모(官廳帽)	기독 震明學校	에수교			교장 한인 양병원(梁 丙元) 외 2명	33
국자가 서구	사립학교	천도교			한인 정익 환(鄭益煥)	31
평강토성(平崗土 城)	泰成學校	예수교				30
무산간도 장암사 장암촌	사립 興東 義塾	예수교		국어·한문·작문· 산술·수신·지리· 역사·생리·이과	한인 엄기 영(嚴基永)	30
무산간도 동량하리 소불동(小佛洞)	사립 濟東 學校	예수교		조선사략·지리·중 등윤리·개정이과· 고등소학·체조·창 가·산술	한인 김정 현(金鼎鉉)	30
무산간도 동량하리 신명촌(新明村)	사립 韓成 學校	천주교		대한지지·초등소 학·동국역사·본 국역사·지리·한 문·개정이과·고등 소학·초등윤리·수 신·국어독본·작 문·습자·書翰·산 술	한인 유진 구(柳震九) 외 1명	30

지명	교명	학교 계통	종류	교수과목	교사	생도 수
동성용사 등용동(登龍洞)	사립학교				교장 한인 오문옥(吳 文玉) 외 2명	28
대문루구(大門樓 溝)	사립 양성 학교(養性 學校)	예수교				28
평강 소오도구 (小五道溝)	사립 협동 학교(協東 學校)	예수교				28
무산간도 덕화사 남평(南坪)	공립 명동 학교			한문 · 중국어 · 작 문 · 산술 · 체조	한인 한태 권(韓泰權)	26
종성간도 개태사 호천포	사립 청호 서숙(淸湖 書塾)	예수교	보통		한인 강성 관(姜聖寬) 외 1명	30
평강 양태운지방	동일학교 (東一學 校)	예수교				25
일양구 하촌	사립 근성 학교(近成 學校)	예수교		한문 · 수신 · 습자 · 체조 · 창가 · 작문 · 국어 · 산술 · 지리 · 역사 · 도화 · 중국 어 · 성경	한인 윤봉 천(尹鳳天) 외 1명	24
회령간도 영화사 鶴城(鶴城)	사립 동흥 학교(東興 學校)	예수교		천자문 · 수신 · 지 리 · 산술	한인 윤재 갑(尹在甲)	23
무산간도 동성용사 소서구(小西溝)	구학당			맹자─격몽요결 · 사 략 · 천자문 · 습자	한인 이영 삼(李永三)	23
국자가 북영(北營)	사립 길신 (吉新)여 학교	예수교		한문 · 수신 · 습자 · 체조 · 창가 · 작문 · 국어 · 수신 · 지리 · 역사 · 도화 · 중국 어 · 성경	한인 이인 순(李仁楯) 외 1명	21
백초구 상부 내	사립보통 학교	예수교		한문 · 수신 · 습자 · 체조 · 창가 · 작문 · 국어 · 수신 · 지리 · 역사 · 도화 · 중국 어 · 성경	교장 한인 박창극(朴 昌極) 외 1명	21

지명	교명	학교계통	종류	교수과목	교사	생도수
종성간도 개태사 만진기(滿鎭基)	사립 大興學校(大興學校)	예수교	보통		한인 한수학(韓洙學)	20
종성간도 제청사 오룡동	사립 야소학교	예수교	보통		교장 한인 곽상학(郭尙學) 외 1명	20
무산간도 용지사 송전장하촌(松田場下村)	회흥서숙(會興書塾)			한문 · 수신 · 산술 · 습자	한인 진석준(陳錫俊)	20
무산간도 용지사 장동(長洞)	창동학교(彰東學校)			중국어 · 한문 · 수신 · 습자 · 체조 · 창가 · 작문 · 산술 · 지리 · 역사 · 도화 · 성경	중국인 류박천(劉博泉)	20
동성용사 영상촌(英上村)	사립 영동학교(英洞學校)	예수교			한인 김경수(金璟洙)	20
삼포사 걸만동	남양학교(南陽學校)	예수교		중국어 · 한문 · 국어 · 수신 · 법학 · 물리학 · 산술 · 중국지지 · 역사 · 체조 · 창가	한인 최석홍(崔錫洪)	20
복림동	사립 만동학교(萬東學校)	예수교				20
평강 삼도구	사립 청일학교(靑一學校)	대종교			교장 한인 현천묵(玄天黙) 외 2명	20
지운지인사(支云志仁社) 하동(河東)	중동서숙	예수교			한인 이봉우(李鳳雨) 외 1명	19
종성간도 제하사 목조동(穆祖洞)	명신학교(命新學校)	예수교		윤리 · 수신 · 지리 · 역사 · 작문 · 산술 · 물리 · 박물 · 고등소학교독본	한인 박종근(朴宗根)	18

지명	교명	학교계통	종류	교수과목	교사	생도수
회령간도 평화사(平化社) 대소동(大蘇洞)	구학당			한문 · 작문	한인 손진규(孫鎭奎)	18
무산간도 상화사(上化社) 봉산동(鳳山洞)	사립 광동학교(廣東學校)			중국어 · 동국역사 · 한어독본, 중국사, 체조, 산술	교장 한인 허준(許濬) 외 1명, 중국인 申익냉(申益冷)	18
구송허사(九松墟社) 8도구	사립 조양의숙(朝陽義塾)	천주교		유년필독 · 중등동국사략 · 대한지지 · 20세기조선론	한인 심창순(沈昌順)	18
무산간도 화전사 노방자(老房子)	육영서숙(育英書塾)	예수교		유년필독 · 지리 · 역사 · 산술 · 물리 · 체조 · 창가	한인 최웅(崔雄)	18
무산간도 화전사 대유전동(大楡田洞)	동신학교(東新學校)				한인 윤학현(尹鶴賢)	18
무산간도 화룡사 신암촌(新岩村)	덕흥의숙(德興義塾)	천주교			한인 박영재(朴永載)	18
화룡사 칠도구	신동서숙(新東書塾)	예수교		유년필독 · 국문 · 수신 · 산술 · 습자 · 작문 · 체조	한인 최동헌(崔東憲)	17
종성간도 제하사 기풍현(岐豊峴)	양진서숙(陽振書塾)	천도교	보통	윤리 · 수신 · 지리 · 역사 · 작문 · 산술 · 물리 · 박물 · 고등소학교독본	한인 조권식(曹權植)	15
회령간도 영화사 강역동(江域洞)	사립학당			천자문 · 한문 · 지리	한인 윤극천(尹極天)	15
문화사(文化社) 승주동(承珠洞)	사립학당			천자문 · 수신 · 체조	한인 이천약(李天若)	15
문화사 우적동(禹跡洞)	사립학당			중용 · 동몽선습 · 수신 · 지리 · 체조	한인 박기준(朴基俊)	15

지명	교명	학교 계통	종류	교수과목	교사	생도 수
무산간도 화룡사 성교촌 (聖教村)	독흥서숙 (讀興書塾)	천주교		수신 · 산술 · 지리 · 작문 · 습자 · 체조	한인 김 외 1명	15
동성용사(東盛湧社) 부영촌(富寧村)	구학당			맹자 · 격몽요결 · 사략 · 천자문 · 습자	한인 장중집(張仲集)	15
동성용사(東盛湧社) 대평구(大平溝) 중촌(中村)	구학당			맹자 · 격몽요결 · 사략 · 천자문 · 습자		15
지풍사(智豊社) 안방촌(安芳村)	구학당			한문 · 습자 · 작문	한인 정재열(鄭在烈)	15
지풍사 소후망동 (小厚望洞)	사립 동흥 소학교(東興小學校)			한문 · 작문 · 지리 · 역사 · 습자 · 체조 · 창가	교장 한인 변자만(邊子萬) 외 1명	15
지운지인사(支云志仁社) 마패산 (馬牌山)	야학교	예수교			한인 구정서(具鼎瑞)	15
동성용사(東盛湧社) 모아산촌	사립 철동학교(哲東學校)	예수교		대한지지 · 역사 · 산술 · 초등물리학 · 유년필독 · 초등수신 · 초등지리	한인 안진태(安鎭泰)	13
종성간도 개운사 후정동 (厚正洞)	사립 동흥 서숙(東興書塾)	예수교	보통		한인 강의태(姜義泰)	12
무산간도 장암사 암중촌 (岩中村)	구학당			사략 · 논어 · 맹자 · 습자 · 천자문	한인 차고준	12
무산간도 장암사 하부녕촌(下富寧村)	구학당			사략 · 논어 · 맹자 · 습자 · 천자문	한인 김성렬(金成烈)	11
장암사 동성용사(東盛湧社) 상소허문(上小許文)	구학당			맹자 · 격몽요결 · 사략 · 천자문 · 습자	한인 임초시(林初試)	11

지명	교명	학교 계통	종류	교수과목	교사	생도 수
회령간도 영화사 미전동 (米田洞)	사립 동창 학교(東昌 學校)	대종교		천자문 · 주문 · 한 문 · 산술 · 체조	한인 이정완(李 貞完)	10
무산간도 화룡사 칠도교 척동(拓洞)	사립 개척 학교(開拓 學校)	예수교		수신 · 한문 · 역사 · 지리 · 산술 · 작문 · 체조 · 창가 · 습자	한인 이인학(李 仁學)	10
무산간도 용지사 하금곡(下金谷)	금곡서숙 (金谷書 塾)			한문 · 습자 · 산술	한인 주건오(朱 建五)	10
지일사(智逸社) 사향(四鄕)	영실학교 (英實學 校)	예수교		동물학 · 한문독본 · 국어독본 · 유년필 독 · 산술	한인 윤영?(尹 永?)	10
무산간도 산계사 남양동 (南陽洞)	중어학교 (中語學 校)	예수교		중국어 · 한문 · 산술	교장 한인 김현순(金 鉉淳) 외 1명	9
무산간도 동랑상리사(東良 上里社) 양무정자(揚武亭 子)	예수교회 당	예수교		신편초등필학독본 · 산술 · 체조	한인 김시홍(金 時弘)	9
무산간도 동성용사 장재촌 (藏財村)	구학당			맹자 · 격몽요결 · 사 략 · 천자문 · 습자	한인 장학준(張 學俊)	9
회령간도 평화사 구절완 (九節完)	구학당			한문 · 천자문	한인 김린묵(金 麟黙)	8
무산간도 동성용사 상소허문(上小許 文)	구학당			맹자 · 격몽요결 · 사 략 · 천자문 · 습자	한인 임 (林)	8
무산간도 동성용사 복전동(福田洞)	구학당			맹자 · 격몽요결 · 사 략 · 천자문 · 습자	한인 김병 경(金丙景)	8
지풍사 청림동(靑林洞)	구학당			한문 · 습자 · 작문	한인 이중선(李 中善)	8
지풍사 소후망동(小厚望 洞)	迎新小學 校(迎新小 學校)			한문 · 지리 · 역사 · 습자 · 체조 · 창가	한인 최 (崔)	8

지명	교명	학교 계통	종류	교수과목	교사	생도 수
지풍사 大厚望洞	구학당			한문·습자	한인 이 (李)	8
지풍사 용암촌 (龍岩村)	구학당			한문·습자·작문	한인 김 (金)	8
장암사(獐岩社) 북동(北洞)	사립	예수교			한인 정홍달(鄭鴻達)	7
동성용사 종성촌(鍾城村)	구학당			맹자·격몽요결·사략·천자문·습자	한인 박응준(朴應俊)	14
회령간도 평화사 소소동(小蘇洞)	구학당			한문·천자문	한인 신 (申)	4
화룡사 대롱동(大龍洞)	용동서숙 (龍洞書塾)	예수교			한인 김귀홍(金龜洪)	4

4) 월경(越境) 통학

월경 통학이란 대안(對岸)에서 도문강을 건너 조선 내의 공립보통학교, 사립학교에 매일 통학하는 자, 혹은 조선 내에서 친척 등의 집에 기숙하며 면학하는 자, 조선으로부터 대안의 학교에 통학하는 자를 말한다.

(1) 매일 통학하는 자

① 무산군 학포서당(鶴浦書堂) : 현재 대안으로부터 두 명의 통학하는 자가 있다.

② 사립 운홍학교(雲興學校)(회령 상류 약 4리의 상수호(上水湖)에 있음) 대안 소소동(小蘇洞)에서 한 명이 통학하고 있는데 1911년년, 1912년에 1명씩 통학자가 있었다.

③ 사립 연태학교(烟台學校)(회령 상류 약 1리 반 연태(烟台)에 있음) 대안의 대취사(對趣社) 증산동(甑山洞)에서 오봉호(吳鳳鎬)·오상순(吳相洵)·오당

송(吳唐松)·김남동(金楠童) 등 4명이 통학고 있으나 학교는 이들 생도에 대해 수업료 기타 출자금을 징수치 않는다.

④ 종성공립보통학교 : 대안으로부터 1명이 통학하였으나 1914년 3월에 졸업 후 통학자가 없다.

(2)기숙하면서 면학하는 자

① 무산공립보통학교 : 대안의 친척 집에 기숙하면서 통학하는 자가 2명이 있었으나, 1명은 빈곤하여 퇴학하였고 다른 1명은 시찰 당시에는 병으로 휴학 중이었다.

② 회령공립간이농업학교 : 1912년 동시에 4명의 입학자가 있었다. 1명은 용정촌 거주자로 누이가 회령에 있어 입학했으나 아버지가 도박하여 입감(入監)되었기 때문에 가사 형편상 1912년 10월 퇴학하였다. 1명은 두도구 사람으로 본인의 처형이 회령공립보통학교 교사였기에 입학했으나 그가 사망 후 퇴학하였다. 다른 2명은 일본인에 고용되어 있던 자로 1914년 3월 모두 졸업하였다. 1명은 간도 두도구 사람 채영묵(蔡永默)으로 1914년 20살인데 그때까지 농업에 종사하고 있었다. 1명은 삼포사(三浦社) 사람 최두남(崔斗南)인데 1914년에 19살이었으며 상인 아들로 졸업 후 성적은 불명이다.

이러한 월경 통학자는 학업 성적도 일반 양호하다. 통학을 희망하는 부형은 이 밖에도 적지 않다고 한다(회령군·종성군 등). 중국 관헌의 감정을 해칠까 두려워 통학시키지 못하는 듯하다. 회령군청 조사에 따르면, 학교 부근에 기숙사를 시설하여 신탄(薪炭)·기름(油)·부식물(副食物)·대정도(代程度) 등을 보조하면 대안에서 통학하려는 학생이 다수 있다. 운흥학교 14, 15명, 연태학교 5, 6명, 인계학교(仁溪學校)에도 통학생이 상당수 있었으나, 그러한 이유로 보류하고 있다.

(3) 조선 내에서 대안 학교에 통학하는 자

이런 종류의 사람은 대단히 적어 일행이 조사한 바에 따르면 종성군에서 겨우 2개소를 보았을 뿐이다.

① 관태사(關泰社)의 호천가(湖川街) 서당 : 교사는 동관면(潼關面) 성리(城里)의 김이택(金利澤)이란 자로 생도 3명이 통학하고 있었다.

② 화룡사(和龍社) 명동서숙 : 교사는 풍곡면(豊谷面) 석교리(石橋里)의 김종규(金宗奎)로 생도 1명이 통학하고 있었다.

③ 경흥군에서 1명이 대안에 통학하고 있는 자가 있었으나 그만두었다.

5) 러시아의 관립학교

국경지방에 로국학교(露國學校)는 고읍(古邑) 대안 향산동(香山洞), 토리(土里) 대안 녹도면(鹿島面) 중소(中所) 두 곳에 관립소학교가 있을 뿐이다.

(1) 고읍 대안 향산동의 관립소학교

생도 모두 한인으로 남자 70명, 여자 30명이 있다. 교사는 2명으로 모두 한인이다. 봉급은 50원과 30원이다. 교수는 모두 러시아 교과서로 러시아어로 하며 많은 생도는 러시아 복장을 하고 있었다.

(2) 토리 대안 녹도면 중소의 관립소학교

학교는 강안에서 10여 정(餘町)밖에 안 떨어져 있어 조선 내에서도 바라볼 수 있는데, 굉장한 백악(白堊, 흰벽 - 역자) 교사이다. 지금부터 약 10년 전에 창립되었다. 교사는 러시아인 외시리 니콜라이 페비치 프리지(41세), 여자 아니 샤그리에웨치 르라지(31세), 한인 1명이다. 봉급은 러시아인 남자 교사 1명은 월급 58원이고 그 밖은 39원씩이다. 현재 한인 생도 170명(조선 내 여생도 28명)이 있어 4학급으로 나뉘었다. 정도는 최고급이 일본

고등소학교와 동등한 정도로 모두 러시아로 수업하고 있었다. 졸업자 중 성적 우수자는 블라디보스토크의 중학교 또는 사범학교에 입학시키는데, 이들 학생에게는 관비·반관비·사비 등 3종이 있다. 졸업자로서 블라디보스토크 중학교에 관비생으로 재학 중인 자가 2명 있다.

간도 동부, 훈춘의 한인 교육 상황은 대략 다음과 같다. 간도 서부에는 한인 수가 극히 적어 다만 최대 집단지인 내도산(內島山)에 대종교 경배당에 부속된 서숙이 있을 뿐이다. 중국인 서숙(書塾)과 같이 천자문·소학·백련구(白蓮句)·사서(四書)·18사략 등을 가르치고 있다.

3장

위생

1 압록강 대안 지방

1. 위생상 설비

이 지방은 교통이 불편한 변경(邊境)으로 주민 대다수는 쿠리[苦力; 하층 노동자 – 역자] 또는 이주농으로 문화 정도가 낮고 위생상의 설비가 갖추어지지 못했다. 산간벽지이기 때문에 병은 거의 자연 치료에 맡기고 도회지에는 매약 업자(약방)가 있으나 의(醫)를 전업으로 하는 사람이 적어 환자가 약방에 용태(容態)를 말하면, 약방은 이에 따라 조제해 준다. 약종(藥種)은 수각(獸角)·수지(獸脂)·목피·초근 등을 쓰며 서양 약을 쓰는 일이 없다. 그러나 이와 같은 약방은 그 수가 많으며 또한 번창하여 통화의 적성화(積盛和)는 제일 잘 되는 점포이다. 서양 의사는 통화에 한인 김윤열(金允悅)과 벌목공사의 촉탁의 고지요(苦地堯) 씨가 공사 용무 여가에 일반 환자를 진료하기도 한다. 환인에서는 일찍이 송도(松島) 모 씨가 개업한 일이 있었으나 추방되었다.

음료수는 강물·샘물·우물 등을 이용한다. 끓이지 않고는 마시지 않기 때문에 건강상 비교적 지장이 적은 듯하다. 용수(用水)는 비교적 쉽게 구할 수 있으며 더럽다고 꺼리지 않는다.

2. 위생 시설

위생에 관한 관헌의 발동(發動)은 건강을 보전할 수 있는 적극적 방면에서 아직 어떠한 시설도 없다. 겨우 도회지의 경찰서 또는 감옥의 죄수가 하수배제(下水排除), 도로 정리 등의 일이 있을 뿐이다. 현 통화현 지사반덕전(潘德荃) 씨는 대련의 시가지를 보고서는 감동하여 도로를 수리해서 보도와 차도를 구분하고 가로수를 심거나 하수도를 마련하고 가로등을 장려하는 등 청결과 정돈을 꾀하였다. 도회지에는 또한 도살장이 있다. 아편 흡연을 금지하였기 때문에 모르핀 주사의 폐해를 낳고 있다. 이러한 나쁜 풍습은 이주 한인을 매개로 한인에게 전파되어 국경에는 중국인 또는 이주 한인의 밀수입으로 말미암아 모르핀이 곳곳에서 발견된다.

3. 건강 상태

지금 김(金), 숭지(嵩地) 씨의 말을 종합하면 이 지역에서 가장 많이 발병하는 병은 소화기병이다. 이는 1일 2식을 하기에 자연히 한 번에 많이 먹고, 또한 소화 불량을 유발하는 잡곡을 먹거나 강열한 고량주를 쓰기 때문이다. 호흡기병은 비교적 적은데 특히 폐결핵 환자는 거의 없다. 또한 전염병으로는 디푸데리아(diphtheria)[1]를 볼 수 있으나 심하게 만연한 일은 없다. 다만 피부병, 매독, 나환자가 많은 것은 이상하다고 할 수 있다.

금전을 존중하는 것이 심하여 중국인은 병을 고치는데도 역시 타산적이어서 투약(投藥)은 응급하지 않거나 효과를 보기에 오랜 시간이 걸리는 치료에는 돈을 쓰지 않는다.

---

1 열이 나고 목이 아프며 음식을 잘 삼킬 수 없다. 호흡 기관의 점막이 상하여 갑상샘이 부어 호흡 곤란을 일으키고, 후유증으로 신경 마비나 심장·콩팥의 장애가 따른다. 주로 어린이가 많이 걸린다.

2 간도 및 훈춘지방

1. 개황

산간벽지인 간도의 문화 정도는 극히 낮으며 위생 상태도 매우 유치하여 의료기관과 같은 것은 국자가에 중국관의원 1명, 중국 의사 1명, 일본인 의사 1명이 있고, 용정촌에 의학사(醫學士) 구아육랑(久我六郎) 씨가 원장인 반공반사(半公半私)의 간도병원이 있다. 두도구에 일본인 의사 2명이 있는 외에 거의 볼만한 것이 없고, 그 밖에는 한인·중국인의 약종상이 약을 판매하는 한편 환자를 진단하여 약을 짓거나 농업을 겸한 한방의가 의료에 종사할 뿐(백초구의 실례)이다. 산파는 근래 교육을 받은 용정촌에 일본 여자 1명이 있을 뿐이다. 중국인 등은 출산할 때 그 방면에 경험이 있는 노파에게 의뢰할 따름이다. 전염병 예방에 대해서도 평소에는 하등의 설비를 하지 않고 전염병이 유행하면 예방법을 마련하기 급급하다.

1911년 길림에 페스트가 유행했을 때 노야령(老爺嶺) 지역을 차단 구역으로 삼아 순방병(巡防兵), 경찰관이 2개월 동안 교통을 차단한 일이 있다. 또한 1912년 우역(牛疫)이 발생했을 때는 조선총독부 기사 정야장(井野場)에게 촉탁해서 검역 예방 수단을 시행한 일이 있을 뿐이다. 그러나 용정촌·국자가·두도구 등 일본영사관 소재지에 영사관은 상부지 내의 일본인·한인의 위생을 맡아 전염병 예방법에 준거하여 격리 소독하고 있어 위생 상태는 조금 양호하다.

종두는 매월 간도총영사관에서 각지에 한인 종두원을 파견해서 실비로 일반 한인들에게 종두하고 있으며, 한인들도 그 효험을 알고 종두를 맞는 자가 매년 증가하고 있다.

간도총영사관 건물 전경

간도의 상태는 이상과 같은데 도문강 연안의 한인들은 왕왕 조선 의사에게 진단을 청하기도 한다. 일행이 조사한 바는 다음과 같다.

2. 도문강 연안에서 조선으로 건너가 진료를 받는 자

상술한 바와 같이 간도에 거주하면서 조선 내의 공의(公醫), 개업의, 함북 경성 자혜의원 순회 의사의 진료를 받는 자가 적지 않다고 한다. 강안 전반의 상황을 명확히 알 수는 없지만, 각지에서 조사한 바는 다음과 같다.

1) 회령
1914년 1월부터 8월 말까지 회령 자혜병원으로 대안 간도로부터 진료를 받으러 온 환자 233명 가운데 35명은 입원 환자로 환자의 약 3분의 1을 치료하였다.

2) 온성

공의(公醫) 지구(知久) 모 씨에게 와서 치료를 청하였다. 그러나 이들은 공의의 명에 따르지 않고 중도에 퇴원하였다.

3) 훈융진(訓戎鎭)

1913년 11월 경성 자혜의원 순회진료 때 환자 52명이 있었으나 그 가운데 20여 명은 대안 한인이었다. 대개 이런 경우에는 헌병파견소로부터 미리 2, 3명의 한인을 대안에 파견해서 통지하기 때문이라 한다.

4) 경흥

이 지역에서는 일본 의료에 대한 신뢰가 대단히 양호하여 강을 건너 진료를 받는 자가 적지 않다. 대안의 환자로서 경흥의 군의(軍醫)에게 진단, 치료를 받은 자가 1914년에 들어 중국인 3명, 한인 12명이 있었다. 1914년 3월 20일 경성 자혜의원 순회진료 때 진단을 받은 한인 환자는 12명이 있다. 1914년 7월 중순 공의가 배속된 후 공의의 진단을 받은 한인은 2명이 있다.

이를 요약하면 일행이 거쳐 간 연안 지방에는 의사가 거의 없으나, 대강 위생 상태는 비교적 양호해서 악성 돌림병이 유행한 일이 없으며, 일반으로 장년·아동 등은 건강체로 보였다.

3부

산업

1장

토지

1 토지의 종류 및 토지소유권 발생

토지는 소유자에 따라 관유·사유·민유로 나뉜다. 공유지는 사사(寺社) 또는 자선단체의 소유지를 말하고, 민유지는 일반 인민의 사유지를 말하며, 어느 곳에도 속하지 않은 것은 관유인데, 삼림은 모두 관유이다. 정부는 산림 개간을 독려하고 이를 위해 관유 산림을 인민에게 불하한다.

이제 토지소유권의 발생을 보면, 개간하려는 인민은 극히 적은 수수료를 납부하고 불하를 신청할 경우 정부는 1년 이내에 개간해야 한다는 조건으로 이를 허가하고 기한 내에 개간을 끝마치지 못할 때는 허가 효력을 잃는다. 개간을 끝마쳤으면 개간자는 소유권을 취득하고 정부는 이에 대해 지권(地券)을 발부한다.

지권은 토지소유권의 형식적 요건으로 소유권 제한 또는 이전 등을 증명하는 제도다. 토지소유권은 유독 중국인만이 향유하고 외국인에 대해서는 이를 허락지 않는다. 한인 또한 마찬가지여서 장백현과 같이 종래 한인만이 거주하고 중국인이 거의 없는 지역에서는 치현(置縣)할 때 이미 한인이 점거한 토지에 대해서는 특수한 관계가 발생하였다. 즉 장백현에서는 치현 전부터 한인들이 경작하던 토지를 고전(古田)이라 하고, 그 이후 개간지는 신전(新田)이라 한다. 고전에 대해서는 일정 기간을 정해서 종료되면 한인의 토지권은 소멸하고 이와 동시에 토지에 대해서는 최초로 지권 발부를 신청한 중국인이 토지소유권을 취득하도록 한다. 한인이 계속 토지를 경작하려면 새롭게 소유자가 된 중국인과 소작료 협정을 명하였다. 이러한 규정에 한때 한인과 중국인 간의 충돌이 일기도 하였지만, 결국 한인은 진정(鎭靜)하였다.

2 토질

압록강 방면의 토질을 조사하지 않았기 때문에 간도총영사관 조사를 바탕으로 간도 방면에 관해서만 기술하고자 한다. 간도의 지반은 주로 편마암·화강암·주나층(珠羅層)으로 산악·구릉지는 편마암과 화강암, 평야 지역은 주나층으로 구성되어 있다. 충적층(沖積層)에 속하며 각 하천 연안의 평지는 거의 제4 기층으로 덮여 있다. 도문강 상류 강기슭 지역의 구릉 지반은 고생대 암석 특유의 지대를 형성하고 있다. 드물게는 사질양토(砂質壤土)에 속하는 곳도 있으나, 분포가 넓지 않다. 표토(表土)의 깊이는 대략 50㎝ 내외이며 심토(深土)는 모래 또는 역질(礫質)로 부식식물이 적어 가뭄 피해가 매년 적지 않다.

2장

농업

1 경지

1. 압록강 방면

압록강 방면은 특히 경지면적의 상세한 숫자를 게시할 수 없지만, 토질[地味] 가운데 산간 계곡에는 교학(磽确; 메마르고 척박-역자)한 토지가 많고, 더욱이 화전에는 암석이 뇌뇌(磊磊, 돌무너기-역자)한 것이 있으나, 하안(河岸)에는 기름진 평야가 있다. 특히 통화에서 팔도강에 이르는 혼강 유역은 연도(沿道) 중 가장 비옥하다. 또한 중국인은 수전(水田을; 논농사-역자)을 경영하는 일이 없기에 수십 방리(方里)에 걸쳐 있는 습지로 배수 설비가 없어 방치된 곳도 볼 수 있었다.

2. 간도 방면

1) 경지 및 미경지

도문강 양안에는 조선에서보다도 간도 쪽이 훨씬 토질이 좋고 경지도 넓다고 하지만 이는 상대적인 것으로 간도도 중첩된 산암(山岩) 구릉이 계속 이어져 있어 산지에는 농경에 적합한 것이 겨우 전 면적의 12% 내외 즉 20여 만 정보에 지나지 않는다. 이외 평지가 있어 가경지(可耕地)가 대략 30만 정보 내외이다. 그런데 현 경지(耕地)는 겨우 7만5천 정보에 불과하기에 가경지의 약 4분의 1에 불과하다. 도문강 연안의 현 경지 개황은 다음과 같다.

지방별	사별(社別)	한인 소유지(町)	중국인 소유지(町)
무산 간도	백금사(白金社)	137.8	18.4
	산계사(山溪社)	424	120.3
	상화사(上化社)	430.1	35.2
	덕화사(德化社)	865.2	44.3
	선화사(宣化社)	163.0	127.6
	숭화사(崇化社)	20.0	162.2
	소계	2,040.1	508.0
회령 간도	평화사(平化社)	446.5	17.6
	태화사(泰化社)	915.0	-
	인화사(仁化社)	699.7	-
	문화사(文化社)	431.1	8.8
	영화사(永化社)	736.3	40.0
	충화사(忠化社)	953.0	9.4
	소계	4,181.6	75.8
종성 간도	제하사(霽霞社)	632.7	23.2
	월명사(月明社)	38.1	61.6
	제청사(霽晴社)	142.6	-
	광덕사(光德社)	1,143.1	10.5
	광총사(光冢社)	520.0	73.1
	광안사(光眼社)	413.9	-
	광봉사(光鳳社)	213.2	-
	개태사(開泰社)	954.7	114.4
	개운사(開運社)	491.6	9.3
	개문사(開文社)	804.7	12.8
	소계	5,354.6	304.9
	합계	11,576.3	888.7

　한인 소유 11,576정3반, 중국인 소유 888정7반으로 모두 12,465정이다. 온성간도, 훈춘은 정밀한 조사가 없어 간도총영사관이 조사한 개략적인 면적은 다음과 같다.

온성간도 2,800.0정   훈춘지방 1,270.8정

이를 전부 합치면 16,535정8반인데, 간도의 현 경지 75,000정보에 비하면 22.04%에 해당한다. 전술한 바와 같이 간도는 산악 구릉이 많지만, 이 가운데는 경사가 매우 완만할 뿐만 아니라 암석 노출이 적고 두꺼운 토층(土層)으로 덮여 있어서 구릉지를 개간할 곳이 적지 않다. 경사지 개간은 쉽지 않은데, 이주 한인은 향리에 있을 때 산간을 경작한 경험이 풍부해서 우리가 시찰한 지역마다 30도에서 40도에 가까운 경사지를 개척했거나 개척하려는 것을 보았다. 이러한 형세로 가면 해마다 달마다 개간지는 증가할 것이다.

2) 경지 가격

경지 가격은 토질의 비척(肥瘠), 교통의 편리 여부에 따라 다르지만, 경작이 편한 지방은 통상 중국 1상지(晌地, 조선에서의 2일경약, 일본 약 7반보(反步))에 100원 내외에서 40~50원까지로 기타 지방은 60~70원부터 20~30원 내외이다. 도시 부근 또는 운용이 편리한 지역에서는 토지소유권이 비교적 안정되어 있을 뿐만 아니라 농산물 판매가 쉽고 또한 농한기 부업이 많은 관계로 200원 이상의 시세를 가지는 일도 있다. 미간지는 토지에 따라 1상지 2~3원에서 10원 정도의 시세를 가지고 있었다.

일행이 조사한 바에 따르면 덕화사(德化社) 무산간도에는 양전(良田) 1상지는 100원 내외에서 시작해서 토지의 등급에 따라 가격이 순차적으로 낮아진다. 회령간도 우적동(禹跡洞) 부근 및 종성간도 하천평(下泉坪) 부근에는 상전(上田) 150원 정도, 중전(中田) 115원 정도, 하전(下田) 65원에서 50원 정도로 토리(土里) 대안은 1상지에 15원 내외이다.

3) 경지의 매매 방법

경지를 매매할 때는 먼저 그 가격을 협정해서 계약서를 작성하고 이에 사장(社長), 향약 등이 압인(押印)한 후 현청(縣廳)에 제출하여 허가를 받아 지권, 금전 수수를 끝마치고 명의를 변경한다. 그리고 사장의 압인을 구하고 또 근린(近隣) 지주 등의 수수료, 향응비(響應費) 등 모든 비용은 매입자가 부담하는 것이 관습이다. 이런 비용은 관아에 지급할 명의 변경료 등을 합치면 매매 가격의 약 3% 정도가 필요하다고 한다.

2 소작제도

1. 압록강 방면

1) 중국인의 소작 관계

미간지 황무지를 개간하려고 하는 자는 그 소유자(또는 개간 신청자)로부터 토지를 빌려야 한다. 개간한 뒤에 지대(地代)는 토지에 따라 차이가 있으나, 통상 5년에서 6년 동안은 이를 내지 않는다. 개간비는 상쇄(相殺)하여 이후의 매년 공물은 수확물에 부과하여 절반 또는 6대 4 등의 약정 비율로 이를 낸다. 숙지(熟地; 다년간 경작한 땅-역자)에 대해서는 정액으로 정하기도 하지만, 현금으로는 소작료를 내지 않는다. 또한 계약에 확정기한을 붙이지 않고 대개 관습에 따른다.

이를 관헌에게 살펴보면 관유지·민유지의 구별은 엄존하여 모경(冒耕; 금지된 구역에 농사를 짓는 것-역자) 또는 도벌(盜伐; 자기 소유가 아닌 나무를 불법으로 벌채-역자)하는 일은 절대 없다고 하지만, 그것이 어느 정도까지

사실인가는 알 수 없다.

2) 이주 한인의 소작 관계

토지의 권리관계는 상술한 바와 같다. 한인은 토지소유권을 가질 수 없기에 일부 귀화 한인을 제외하고는 모두 중국인 지주의 소작인으로 농업에 종사하고 있다. 중국인은 이미 오랫동안 토착해서 가경지(可耕地; 새로이 개간하여 농사를 지을 수 있는 황무지 – 역자)는 스스로 경작하거나, 산간 계곡이나 땅바닥이 낮고 습기가 많은 비습지(卑濕地)는 한인에게 소작을 준다.

이에 한인의 경지는 화전(火田) 또는 수전인데 수전은 그리 많지 않다. 일행의 행로에서 수전을 발견하지는 못하지만, 화전은 곳곳에서 볼 수 있었다. 적어도 한인이 있는 곳에는 반드시 화전이 있다고 해도 과언이 아니다. 이들이 가파르고 험준한 산비탈을 교묘히 경작하는 것은 중국인으로서는 도저히 따를 수 없는 일이다. 소작 방법은 3가지가 있다.

(1)통상 소작

이미 개간한 토지의 소작은 조선에서와 동일 방법으로 계약하는데 다만 소작료가 다소 저렴한 듯하다. 즉 산지는 수확의 20% 또는 30%, 평탄지는 절반이다. 수전에 있어서는 벼·짚을 절반 낸다. 미간지에 화전을 일구려고 하는 자, 수전을 하려는 자는 소작자가 먼저 개간하고 그 후 3~5년은 지대를 요구하지 않는다. 이후에는 소작료를 요구하는데 액수는 기간지의 소작과 동률이다.

환인(桓仁) 서쪽으로는 소작료를 정하는데 수확물의 액수로 하지 않고 토지의 넓이로 한다. 예컨대 1천지(天地) 속하석(粟何石)이라 하기도 한다. 계약에는 기한을 정하는 일이 거의 없으나 때로는 드물게 보증금을 내는 일도 있다.

이주 초기 봄갈이 준비 중인 한인 개간민

(2) 무자본자에 대한 소작

무자본자로 소작인이 되고자 하는 자는 기간지나 미간지를 불문하고 중국인 또는 한인 중에서 지주가 신용하는 보증인 2~3명을 선택해서 그들이 연서(連署; 하나의 서류에 두 사람 이상이 함께 서명하는 것을 말한다－역자)한 소작계약서를 작성해서 지주에게 제공한다. 지주는 차기 수확 시까지 의식료(衣食料)·종자·농구 등을 소작인에게 대여하고 소작료와 차입물(差入物), 그에 대한 연 20~40%의 이자를 수확 시에 지주에게 내야 한다. 경우(耕牛)를 대여받은 소작인은 소에게 추말(蒭秣; 쇠꼴－역자)을 주고 농사를 짓는 동안에는 마치 자가의 사우(飼牛; 기르는 소－역자)와 같이 사용하고 그 대가로 경우(耕牛) 시가 5분의 1에 상당하는 수확물을 지주에게 지불해야 한다.

농기구는 파손되지 않으면 어떠한 대가를 치르지 않아도 된다. 이는 중국인 지주가 한인 소작인을 초치(招致; 불러서 오도록 함－역자)하거나 사역하기 위하여 한인에게 베푸는 하나의 교묘한 은혜 수단이다. 또한 1년 내의 소작료 전부를 납부할 수 없는 소작인에 대해서는 다음 해에 이를 징수하기도 한다. 생활난으로 이주하는 한인에 대해서 편의를 제공하는 일이 적지 않다.

(3) 토지 전당(典當) 소작

중국인의 토지에 관한 전당은 전(典)과 압(押) 두 종류가 있는데 전은 장기이며 압은 단기이다. 이주 한인과 중국인 지주 간에 행해지는 것으로 주의를 끄는 것이 하나 있다. 즉 당사자는 먼저 소작하려는 지구(地區)의 가격(시가보다 조금 고가인 것이 보통－역자)을 협정한 뒤 소작인은 금액을 지주에게 주면 지주는 통상 10년 이하의 기한을 정해서 소작지를 소작인에게 제공한다. 이로써 소작인은 자유로이 그 사용 수익을 갖는 권리를 얻는다. 기한 만료 또는 계약이 해제되면 토지는 지주에게 되돌아가고 공탁금은 소작인에게 돌려준다. 지주는 공탁금 이자를 가지고 소작료를 충당하는데 이를 전당(典當)이라 한다. 그러나 소유자는 질권(質權) 협정 의사가 없는 경우가 많아 오히려 이는 일종의 소유권 변형으로 볼 수 있다. 토지소유권에 인적(人的) 차별을 두는 데서 발생하는 것으로 생각한다. 이러한 방법에 의한 소작은 혼강 유역, 동서강(東西江)·전자(甸子)·신병보(新兵堡) 등의 미작지(米作地)와 아울러 합니하 부근 등지에서 영구적 이주자를 위해 행해지고 있다. 계약의 일례를 보면 다음과 같다. (생략)

이상 삼방법(三方法) 중 (1), (2)의 소작인은 이를 조호(租戶; 빌려 쓰는 사람－역자)라 칭하고 (3)의 경우는 이를 압호(押戶, 야호)라 칭한다.

2. 간도 및 도문강 방면

간도 방면의 소작료는 중국인·한인 모두 조선에서와 같은데 지조 (地租; 토지의 수익에 대해 부과하는 세금－역자)는 지주가 이를 수납하며 수확물을 반분함이 가장 보통이다. 산지 등 불편한 곳에는 40% 또는 30%를 지주에게 내는 일도 있고, 때로는 금납제도 없지 않으나 이는 매우 드물다.

이처럼 소작 곡물을 수납하는 것 이외에 소작인은 농한기에 지주의 잡역에 동원되거나 가을철에는 신탄(薪炭; 땔감－역자), 기타 부납물(副納物)을 바치는 폐단은 무산간도를 제외하고는 흔하지 않다고 한다. 이런 소작과 관련하여 계약서와 같은 것은 없고 모두 구두로 이뤄지는데 이러한 특수한 관계 한 두 개를 예로 들고자 한다.

1) 그해 풍흉에 상관없이 봄철에 소작료를 정해 두어 보통 다음과 같은 표준에 따른다.

　(1) 상등(上等) 경지는 매 1상지(晌地)에 대해 수납지에 현조(玄粟) 중국 2석반 (石半) 내외를 수납한다.

　(2) 중등 경지는 조(粟) 중국 2석 내외 또는 대두 중국 1석(무산간도 남석곡(南 夕曲))

　(3) 하등 경지는 조(粟) 중국 1석반 내외

2) 춘경(春耕) 전에 풍흉과 상관없이 소작료를 금납케 하는 일이 있다. 이런 경우는 통상 한인 지주에게 조선 1일경에 상등지 5원, 중등지 3원50전, 하등지 3원에서 2원 정도가 보통이다. 온성간도에서는 1상지에 상전 23원, 중전 18원, 하전 10원이다. 종성의 도문강 가운데 중주고(中洲古) 간도는 중국 관유지로 소작료는 1정보에 대하여 11원 정도이다.

3) 수확물과 돈과 병납(倂納)하는 것
　이런 경우는 드문데 온성간도에서는 다음과 같다.

상전 수확물의 2분의 1 외에 금납 2원

중전   금납 1원50전

하전   금납 1원

4) 전당 계약

이 제도는 일종의 특별한 것으로 법률상 부동산 질권과 유사하지만, 정확한 의미에서는 물론 소작이라고 칭하기 어려우나 편의상 이에 기술하려 한다.

이는 무산군·온성군·경원군 등지에서 근래 행해지는 제도이다. 예컨대 1일경에 대하여 1년에 상전(上田) 109원, 중전 6원, 하전 3원 정도의 비율로 연한을 정하여 그 금액을 지주에 제공해서 계약 년한 내에 사용 이익의 권리를 획득하고, 그간 지세는 지주가 부담하여 기간이 만료하면 처음 지주에게 제공한 금액(무이자)과 인환(引換)으로 토지를 반환하는 제도이다. 만약 이때 지주로서 그 금액을 반환할 수 없을 때는 토지소유권은 당연히 소작인에게 귀속된다.

온성군 재주(在住)의 함북 도참사 최재강(崔齋岡)은 이런 종류의 계약에 따라 20일경의 토지를 6년간 1,350원으로 경작하고 있다. 이외에도 왕왕 이러한 실례가 있다고 한다. 이 계약서는 구두로 하기보다는 서면으로 체결한다.

3 농작물

1. 압록강 방면

1) 중국인의 농작물
중국인의 주요 농작물에 대하여 경작 개황을 살펴보면 다음과 같다.

(1) 벼[稻]

중국인은 육상(陸霜)을 재배하지만, 그 양이 적기 때문에 거의 끊어져 전혀 없다. 한인은 수도(水稻, 논벼－역자)를 짓는데 홍경현(興京縣)에서는 소하(蘇河), 노호하(老虎河) 연안의 혼강 강가에서는 고성자(古城子)에 많다고 들었으나 일행이 지나온 곳에서는 볼 수 없었다. 쌀[米]은 작은 알갱이[小粒]로 벼 껍질이 두껍고 농사짓기도 역시 양호하지 않다. 또한 9월 중순에는 이미 서리가 내리기 때문에 올벼[早稻]를 심어야 한다.

(2) 보리[麥]

대맥(大麥, 보리), 소맥(小麥, 밀)은 모두 청명(3월 상순)에 파종하고 입추(7월 초순)에 수확한다.

(3) 수수[고량(高粱)]

고량에 갱(粳, 메벼)과 나(糯, 찰벼)가 있는데, '갱'은 삼고량(穆高粱)이라 하고 '나'는 점고량(粘高粱)이라 한다. 곡우 전후(4월 5일) 파종한다. 그것이 4, 5촌으로 성장하였을 때 제초를 겸해서 7, 8촌의 거리로 솎아내고, 약 1척 자랐을 때 밭이랑을 갈면서 3회에 걸쳐 제초하면 9월 중순에 성숙한다. 이때 뿌리부터 베어 모아 거둔 뒤 이삭을 자른다. 짚[稈]은 땔감으로 쓰거나 삿자리를 만드는 데 쓴다. 수확량은 환인·통화 등의 기름진 땅에서는 1천지(天地) 10석을 생산한다. 보통은 5, 6석에서 적게는 2, 3석이다. 1천지를 경작하는데 파종부터 수확까지 약 20명이 필요로 한다.

(4) 옥수수[玉蜀黍]

동만주 일대에서 주식이기 때문에 어느 곳에서나 재배하고 있다. 수수와 같이 곡우에 파종하여 7, 8촌으로 자랐을 때 솎아내고 사이에 대두·소두를 파종하며 수확은 9월 중순 후이다. 껍데기를 벗겨서 높이 6, 7척에서 1장(丈), 1경간(徑間) 정도의 원통형 곡창(穀倉)을 만들어 그 속에 옥수수를 저장한다. 이 곡창을 권자(圈子)라고 한다.

(5) 조[粟]

곡우에 파종하여 9월 중순에 수확한다. 이삭은 건조한 후 돌절구[石臼]로 찧는다.

(6) 기장[黍], 대맥갈[稈], 귀리[燕麥], 메밀[蕎麥] 등

이는 비교적 소량이다. 오직 메밀은 보리 수확 후에 파종하는 유일한 삼모작이다.

(7) 콩[菽] 류

대두는 생산액이 자못 많아 주요 산물 중 하나이다. 청(靑)·흑(黑)·황(黃) 등 3종이 있는데, 제유용(製油用)으로는 황두가 가장 지방이 풍부하여 양호하다. 곡우에 파종한다. 1천지(天地)에 1두에서 1두 5승이 필요하다. 발아 후 4, 5촌에 달하였을 때 배토(培土; 흙으로 작물의 뿌리나 밑줄기를 두둑하게 덮어 주는 일 – 역자)를 행하고 솎아내기와 제초를 한다. 추분에는 뿌리를 베어낸다. 1천지에 4, 5석, 많을 때는 7, 8석을 생산한다. 옥수수·수수를 그 사이에 심어 1천지에서 7, 8두를 생산한다. 대두 이외 팥·녹두를 산출하고 더욱이 각종 강낭콩(菜豆)이 많다.

(8)특용 식물

마(麻) 가운데 저마(苧麻)와 청마(靑麻)는 섬유를 뽑아내는 데 쓰이나 마포(麻布)를 짜는 일은 드물고 노끈으로 사용하거나 안동현으로 실어 낸다. 들깨[蘇子]는 밭이랑에서 재배하여 제유용으로 쓴다.

연초는 대부분 지역에서 경작하는데 더욱이 새로운 개간지에 적합하다고 한다. 곡우에 파종하고 9월에 잎을 따서 하나씩 처마 아래에 매달아 건조한다. 그밖에 작물로는 쪽[藍], 목화[棉]를 지어 안동에서 실어 낸다.

푸성귀[蔬菜]는 배추[白菜]·쑥[蘿]·무[葍]·가지[茄子]·파[葱]·마늘[蒜]·부추[韮]·감자[馬鈴薯]·오이[瓜] 등을 생산한다. 이 가운데 오이는 육식할 때 사용하면 살균력이 있다고 하여 애용한다.

2) 이주 한인의 농작물

이주 한인의 주요 농작물은 옥수수·수수·대두·조·감자·쌀 등으로 1호의 수확량은 5, 6석에서 30~40석이 보통이며 이를 중국인 1호의 수확량에 비교하면 3분의 1에서 4분의 1에 불과하다. 이처럼 수입이 적음에도 불구하고 한인들은 도박을 즐기고 음주에 탐닉하는 악풍이 있어 좀처럼 축재(蓄財)의 여유를 갖지 못한다. 화전을 따라서 이곳저곳 옮겨 다니며 '소작료 불납' 등 무책임한 결과를 낳는 이들이 적지 않다.

2. 간도 및 도문강 방면

1) 주요 농산물과 수확량

1914년은 일찍이 없었던 대홍수로 피해가 적지 않았지만, 이는 잠깐 논외로 한다. 다만 1913년의 농황(農況)을 기술하면 다음과 같다.

1913년은 초여름 이래 극심한 가뭄에 작물 생육이 불량하고 게다가 1913년 가을 강풍으로 조숙한 모든 작물에 큰 영향을 미쳐 조·보리·대두 등은 지방에 따라 20~30%에서 50~60% 감소하였으며, 한인 일반의 부식물인 배추·무[大根]·순무[蕪靑] 등의 소채류는 지방에 따라서는 거의 생육하지 않는 곳이 있다. 이제 간도 각 사(社)를 평균해서 모든 작물에 대해 평년과 1913년의 수확량을 대비하면 대략 다음과 같다.

작물별 1정보 당 평년과 1914년 수확량 비교

작물	평년(석)	1913년(석)
조	18.770	12.952
보리	16.660	13.300
대두	9.994	6.908
수수	22.260	15.582
기장	14.790	11.694
밀	8.113	9.300
쌀	15.260	14.344

그리고 간도에서의 1913년도 주요 농산품의 수확량를 보면 다음과 같다.

작물	1913년(석)
조	337.257
대두	109.126
보리	113.971
수수	111.879
기장	13.998
밀	40.734
쌀	8.233

다음은 간도 전역의 수확량인데 도문강 연안의 정확한 수확량을 알기는 어려우나 조사된 주요 농산물만을 기록하면 다음과 같다.

지방별	조(석)	보리(석)	대두(석)	옥수수(석)
농사동 대안	-	1080	-	-
무산 대안	21,438	6,350	4,490	2,138
종성 대안	31,035	-	9,465	-
온성 대안	2,500	-	2,220	3,120
합계	54,973	7,430	16,175	5,258

이외에 경흥 대안에서는 모든 종류의 곡물을 합해서 42,914석이라고 한다. 다음은 헌병대가 조사한 것이나 대안의 전체를 망라한 것이 아니기 때문에 대안 지역의 일반 수확량 개황을 알려면, 오히려 간도 전체의 수확은 모든 경작지 75,000정에서 산출된 것이기 때문에 연안 경작지 16,535정보에 할당해서 산출함이 가할 것이다.

2) 농산물의 소비량

농산물의 소비량는 정확히 알 수는 없으나 전출 지방별로 이를 표시하여 참고토록 한다.

지방별	조(석)	보리(석)	대두(석)	옥수수(석)
농사동 대안	-	-	-	-
무산 대안	21,120	5,260	3,700	2,036
종성 대안	15,686	-	5,266	-
온성 대안	1,800	-	800	2,800
합계	38,606	5,260	9,766	4,836

이외에 경흥군에 거의 모든 종류의 곡물을 합치면 22,405석이 소비량이다. 다음 여러 종의 수확량과 소비량를 비교하면 다음과 같다.

항목	조(석)	보리(석)	대두(석)	옥수수(석)
수확량	55,018	7,430	16,165	5,258
소비량	38,606	5,260	9,766	4,836
차액	16,412	2,170	6,399	422

다음 표에서 확인할 수 있는 바와 같이 모든 종류의 생산물은 대개 20~30%, 많으면 40% 정도 여유가 있는 듯하다. 이로써 일반 상황을 엿볼 수 있을 것이다. 수확량·소비량의 자세한 표를 다음에 게재한다. 단위는 석(石)이다.

(1) 농사동 대안

동명	기장	보리	감자	밀
광평(光坪, 治洞)	265석	25석	23석	5석
장파면(長坡面) 삼동(三洞) 대안	105	20	16	4
장파면(長坡面) 이동(二洞) 대안	62	10	7	1
동계평(東溪坪)	113	31	57	7
삼상면(三上面) 三洞(삼동) 대안	50	20	7	1
합계	595	106	110	18

(2) 무산 대안

사명(社名)	구분	조	보리	콩	귀리	옥수수
산계사(山溪社)	수확량	4,500	3,000	1,000	200	40
	소비량	4,000	2,500	700	200	40
백옥사(白玉社)	수확량	2,124	815	880	88	318
	소비량	2,000	620	700	10	300
백금사(白金社)	수확량	1,382	292	340	75	306
	소비량	1,000	200	200	8	306
백운사(白雲社)	수확량	1,116	928	600	141	264
	소비량	1,020	400	580	70	250
태화사(泰化社, 對)越社	수확량	5,560	520	300	200	300
	소비량	5,200	480	250	120	280
대탕사(對湯社)	수확량	3,000	380	350	300	160
	소비량	2,500	350	320	220	150
무공사(茂功社)	수확량	850	200	300	300	150
	소비량	600	180	230	180	130
화상사(化賞社)	수확량	2,950	350	160	400	300
	소비량	2,800	480	130	300	280
영화사(永化社)	수확량	2,066	50	560	-	300
	소비량	2,000	50	500	-	300
합계	수확량	21,483	6,350	4,490	1,704	1238
	소비량	21,120	5,260	3,700	1,108	2036

(3) 종성 대안

사명(社名)	구분	조	콩	기타 주요물산
개문사(開文社)	물자액	3,000	1,810	1,850
	소비액	2,000	1,210	1,350
개운사(開運社)	물자액	2,700	1,012	1,293
	소비액	2,200	512	892
개태사(開泰社)	물자액	4,500	1,861	3,453
	소비액	3,900	1,170	2,900
광풍사(光風社)	물자액	1,200	1,021	2,974
	소비액	900	420	2,200
광조사(光照社)	물자액	3,000	1,060	4,599
	소비액	2,550	650	4,180
제하사(霽霞社)	물자액	3,040	1,013	2,871
	소비액	343	30	172
월랑사(月朗社)	물자액	990	333	943
	소비액	666	66	348
제청사(霽晴社)	물자액	1,231	514	1,522
	소비액	1,012	519	1,013
광덕사(光德社)	물자액	1,122	423	987
	소비액	1,015	419	900
광종사(光宗社)	물자액	1,342	418	1,014
	소비액	1,200	370	975
합계	물자액	31,053	9,465	21,506
	소비액	15,686	5,266	14,930

(4) 온성 대안

품목	수확량	소비량	품목	수확량	소비량
조	2,500석	1,800석	콩	2,200석	800석
피	830	500	팥	500	250
귀리	950	720	감자	4,600관	3,700관
기장	300	300	야채	16,000근	8,200근
옥수수	3,120	2,900	기타곡류	4,700석	4,100석

(5) 경흥 대안

사명(社名)	수확량	소비량	사명(社名)	수확량	소비량
회봉사(會峰社)	17,675	5,200	호동(芦洞)	1,577	1,444
돈인사(敦仁社)	5,530	1,307	괘봉면(卦峯面)	1,530	982
회룡봉사(回龍峰社)	3,230	2,258	향산동(香山洞)	3,997	2,998
녹도(鹿島)	5,170	4,551	합계	42,914	22,405
태하전사(太河田社)	4,205	3,665			

3장

목축

1 압록강 방면

1. 중국인 목축

목축은 가장 성대하다. 특히 환인·통화 부근은 강가이고 밭이 있어 적어도 공지(空地)만 있으면 반드시 여기에는 가축이 있다. 사료도 자사(煮飼; 끓인 사료 – 역자)를 주는 일이 없고 봄·여름·가을 초는 산야에 방목하여 초야를 뜯어먹게 하고 가을·겨울에는 짚·콩·기장·피 등을 섞어 주지만 거의 끓이는 일은 없다. 이 점은 한인의 사양법(飼養法)과 매우 다르다. 장백부의 채목공사(採木公社)에서는 중국인과 한인을 함께 고용하는데 삼자(三者)의 공정에 큰 차이가 있다. 한인은 자사(煮飼)하기 때문에 사육하는데 더 많은 시간이 필요하고, 적은 소를 이용하기에 오랫동안 사역하기를 싫어하며, 운재(運材)와 같은 것도 적당한 것만 골라서 운반하기 때문에 정리상(整理上) 지극히 곤란한 일이 있다.

이에 반하여 중국인은 겨울철에도 해가 진 뒤 밤늦게까지 이를 사역하고 필요에 따라서는 한 마리 소에 집착하지 않고 몇 마리라도 구해다가 일을 하므로 공정이 자못 크다. 소뿐만 아니란 말 등 운반용 가축에 대해서도 중국인과 한인과는 양사, 사역 방법에서 큰 차이를 보인다.

말은 일본산보다 주력(走力)은 떨어지지만 유순해서 한 사람이 능히 몇 마리를 제어할 수 있어 운반용으로 제격이다. 노새[騾]는 당나귀[牧驢]와 목마와의 교배종으로 체구가 일본말보다도 작지만, 운반력은 훨씬 우수하다. 사료는 말의 3분의 2로서 족하고 사역 연한도 길며 질병이 적고 성질도 유순해서 한 사람이 10두를 제어할 수 있어 운반용으로는 가장 유용하고 또 편리하다. 그렇지만 가격이 비싸 한 마리에 70~80원에서 160원을 호가한다.

이 지역에서는 겨울철에 콩·수수를 운반하는 데 모두 노새를 이용한다. 여러 사람이 무리를 이뤄 수십 백두를 몰아 물을 건너고 산을 넘어 숙사(宿舍)에 이르면 짐을 붙들어 맨 채 안장을 내리고 말구유에 사료와 물을 넣어 주고 마부는 윗목에 누워 자고서는 아침이 밝아오기 전에 일어나 안장을 말 등에 얹고 몰면 노새는 순차적으로 선두를 따라 걷는데 30~40리(중국리)를 가서야 아침 식사를 한다.

채찍을 쓰지 않고 오직 마부의 질질(叱叱)하는 소리만으로 노새들을 통제한다. 노새가 제어하기 쉽고 유순한 것은 실로 감탄할 만하다. 노새는 마차를 끄는 데도 쓰인다. 소를 쓰기도 하지만 노새 여러 마리로 마차를 끄는 데 비탈진 곳에서는 몇 마리를 더하기도 한다. 노새는 일대에 끊기고 새끼를 낳지 못한다.

나귀[驢]는 체구가 왜소하고 힘도 약하여 과도한 노역에는 부적당하다. 따라서 농가에서 맷돌을 돌리거나 타는 정도로 쓰일 뿐이다. 소 역시 그 수가 많아 운반용으로 마차를 끌거나 논밭을 가는 데 쓰인다. 소·말·노새·나귀를 혼용하여도 서로 침해하는 일은 없다.

양은 산양과 면양이 있다. 가죽은 겨울철 방한복을 만드는 데 쓰이므로 요긴하게 쓰이며 고기는 식용으로 가장 대접받아 상류층에서 즐겨 먹는다.

돼지는 가장 많은 가축으로 도회와 시골을 불문하고 어디에서든지 볼 수 있다. 돼지는 수십 마리 무리를 이루는데 어린 아동이 이를 감시하며 강가나 택지(澤地)에서 방목하는 모습은 길에서 가끔 만날 수 있다. 회교도를 제외하고는 돼지고기를 먹으며 환인 이남에서는 안동현에 수출하기도 한다.

가금(家禽)은 닭이 많으며 집오리도 많다. 또한 특조(鵨鳥)를 사육하여 집을 지키게 하며 그 알을 즐겨 식용에 쓰인다. 이상 각종 가축 가금은 상호 익숙하여 섞어 길러도 서로 범하는 일이 없으며, 이를 감시하는 것은 통상 10세 내외의 어린아이들인데도 능히 가축을 통제할 수 있다. 가축 역시 어린아이에게 친숙하여 함께 산택(山澤)에 방류하는 모습은 행인을 유쾌하게 해준다.

2. 이주 한인 목축

이주 한인 가운데 빈곤자가 많다는 것은 전술한 바와 같으나, 중류 정도의 이민자는 조선에서와 마찬가지로 소를 치는데 거의 매호 볼 수 있고 대개 두 마리를 치는 자가 많다. 기타 나귀 또는 말을 기르기도 하고 돼지는 한 집에서 3마리에서 5마리를 기르는 자도 있다. 닭은 많으면 40마리를 치는 곳도 있으니 빈부를 불문하고 매호 거의 닭을 키운다.

2 간도 및 도문강 방면

간도에서 가축은 우마가 주요한데 소는 전체 25,000마리 가운데 한인 소유 12,000마리, 중국인 소유 13,000마리 정도이다. 말은 주로 중국인이 사육하는데 그 수는 16,000여 마리이지만 한인은 겨우 1,500마리에 불과하다. 우마는 주로 경작 운반용 목적에서 사양하지만, 종래에 소를 러시아에 수출하는 것이 적지 않다. 말도 근래 러시아에 수출하게 되었다. 소의 수출 두수는 명확한 통계를 얻기 어려우나 1년에 1천 마리 이상으로 중국인과 마찬가지로 한인도 이를 수출하고 있다. 축우(畜牛) 수출액에 관하여 간도총영사관이 조사한 바는 다음과 같다.

연도	두 수	금액(원)
1910	1,200	48,200
1911	1,585	63,525
1912	853	32,525
1913	1,325	52,873

이외 돼지 사육도 성행하여 조선에서의 돼지에 비하면 육량(肉量)도 3배 정도나 되어 그 수가 자못 많다. 양을 사육하는 자도 있으나 간도 전체에만 겨우 500마리에 불과하다. 상술한 바와 같이 간도 전역에 우마는 자못 중요한 물산이지만 우리가 지나온 지방에는 목축이라 칭할 정도의 것이 없다. 다만 훈춘에서 남쪽으로 9리 떨어진 오가자(五家子)에는 목우를 업으로 하는 자가 많으며, 또한 각지에서 집합하는 소를 러시아에 수출하고 있었으나, 이번 여름 조선에서의 용현(龍峴)에 우시장이 개설되어 점차 쇠퇴할 수밖에 없을 것이다. 대안 지역의 가축 수를 조사한 부분만을 게시하면 다음과 같다.

1. 무산 대안

사명(社名)	소	말	돼지	사명(社名)	소	말	돼지
산계사(山溪社)	200	50	500	대양사(對陽社)	252	16	880
백옥사(白玉社)	193	13	288	무공사(茂功社)	90	15	250
백금사(白金社)	140	7	391	무상사(茂賞社)	132	24	352
백운사(白雲社)	121	7	134	영화사(永化社)	30	19	276
대월사(對越社)	320	25	2022	계	1478	176	5063

2. 종성 대안

사명(社名)	소	말	돼지	사명(社名)	소	말	돼지
개문사(開文社)	852	15	1,278	월명사(月明社)	116	37	277
개운사(開運社)	694	20	1,041	제청사(霽晴社)	520	41	988
개태사(開泰社)	994	25	1,416	광덕사(光德社)	415	28	827
광풍사(光風社)	454	8	681	광종사(光宗社)	502	31	963
광조사(光照社)	528	25	792	계	5,640	339	9,107
제하사(霽霞社)	565	109	844				

3. 경흥 대안

사명(社名)	소	말	돼지	사명(社名)	소	말	돼지
회봉사(會峰社)	859	284	1,000	와봉면(臥峰面)	78	31	147
돈인사(敦仁社)	144	48	216	녹도(鹿島)	280	59	798
회룡봉사(回龍峯社)	193	31	289	향산동(香山洞)	199	40	325
태하전사(太河田社)	358	39	611	계	2,270	552	3,661
호동(芦洞)	159	20	275				

이를 합계하면 다음과 같다.

지방별	소	말	돼지	社名	소	말	돼지
무산 대안	1,478	176	5,063	경흥대안	2,270	552	3,661
종성 대안	5,640	339	9,107	계	9,388	1,067	17,831

이외에 회령·경원 대안 등을 조사하면 상당한 가축이 사육되고 있음을 추측할 수 있을 것이다.

4장

임업

1 압록강 방면

1. 산림 개황

국경 지역은 집안현 통구와 같이 역사상 유명한 지역이 있다. 또한 관전성과 같이 명나라 이후 역사를 가진 곳도 있으나, 그 외는 어느 곳이나 근대에 개발되었는데 관전 동북 약 20리 떨어진 태평초(太平哨)는 60년 전에는 벌목업의 중심이었다. 그리고 통화의 축성(築城)은 1875년에, 환인의 축성은 1876년인 것으로 미뤄 그것이 신개지(新開地)임을 알 수 있다.

개발의 주요한 원인은 벌목사업으로 산림은 실로 중요한 부원(富源)이다. 지세가 전술한 바와 같이 산악이 많고 수림이 있어 화목은 궁하지 않지만 유명한 대삼림은 압록강 본류 및 혼강 일대의 수원에 있어 가문비나무[紅杉], 낙엽송 등의 침엽수가 많다. 중국 정부는 정책적으로 산림의 벌채, 개발을 장려하고 경제상 이익이 있는 한 인민은 대삼림을 개간하여 화전을 일군 지는 수년에 불과하지만 도로에서도 많이 볼 수 있다. 그리고 정부는 압록강채목공사로 하여금 이 지역의 산림 전벌권(專伐權)을 갖도록 하고 있으나 정부도, 인민도 애림 사상이 결핍하여 남벌(濫伐)하는 경향이 있다. 좋은 재목이 점차 줄어들어 유사(流砂)가 쌓여 하천 바닥이 융기하는 바람에 유벌(流筏)에도 불편을 느끼게 되었다.

2. 압록강 채목공사(採木公社)

압록강 채목공사는 1905년 12월 청나라 만주에 관한 조약 제10조에 따라 청 정부가 일청합동재목회사를 설립하여 압록강 우안(右岸) 지역

압록강 상류 벌목 장면(서울역사박물관)

의 삼림 전벌(專伐)을 승낙하였고, 1908년 5월 14일 청일 양국 간에 협정
한 일청합동재목회사 장정 및 동 제11조에 따라 체결한 동회사 업무 장정
에 의해 다음과 같이 회사를 조직하였다.

1. 명칭 : 압록강채목공사
2. 자본 : 3백만 원, 청·일 양국 정부로부터 각 반액씩 개업일에 출자함. 자본금 계
   산은 모두 북양은행으로 정하고 증자를 위하여 차관할 때 양국이 상호 협상한
   후에 허가를 거침
3. 사무소 : 총국 안동, 분국 통화 모아산 장백부
4. 역원(役員) : 독판 봉천총독이 동변도대(東邊道臺)에 명령하여 겸임시켜 회사
   경영을 감독함
   이사장 : 양국에서 한 명씩 임명하여 회사의 모든 업무를 경리함
   이사 : 2인 이상 이사장 협의로 선임하고 양국 정부에 보고함

기사 및 기타 직원 : 이사장 채용은 모두 반드시 양국 역원을 동수로 낼 것

5. 영업 연한 : 1908년 9월 25일 개업일부터 만 25년. 단 만기 시에 청국 정부는 회사의 경영사업이 타당하다고 인정될 때 회사는 청국 정부에 출원하여 기한 연장의 허가를 구할 수 있음

6. 계산(計算) : 공사는 순이익의 5%를 보효금(報效金)으로 중국 정부에 상납하고 잔여 이익에서 적립금을 공제하고 청일 양국 주주에 균등 분배하기로 함. 적립금은 순이익의 5%로 하고 자본금의 3분의 1일에 달하면 그친다. 계산은 매년 1월, 4월, 12월로 함

7. 작업구역 : 압록강 우안 모아산에서 42도구에 이르기까지 강면(江面)에서 60리(중국리)를 획정하여 경계로 하고 경계 안쪽의 목재는 공사의 전벌(專伐)로 함(전벌구역이라 칭함). 회사는 종래 이외 지역에서의 청국 목파(木把) 사업을 보전함.

이를 분국에 부(付)할 경우 통화 분국은 혼강 유역 일대 즉 날점자하(蜊蛄子河) · 합니하(哈泥河) · 대나권구(大羅圈溝) 및 본류의 상류 지역이나 본류의 상류에서는 이미 노룡강(老龍崗)을 넘어 송화강 가의 몽고대전자(蒙口大甸子)에 미침. 모아산 분국은 혼강구에서 신갈파진(新乫坡鎮)에 이르는 강안 일대는 이미 60리(중국리) 전벌이 끝나 훨씬에서로 들어갔다. 장백부 분국은 신갈파진 이상 압록강 상류에서의 작업을 감독함.

다시 작업 상황을 들건대, 협정서 제5조에 전벌 구역 이외 모아산 이하 및 혼강 유역에서는 종래대로 목파(木把)의 벌채를 인정하였다. 혼강 유역의 벌채 사정을 들어보면, 종래 하곡(河谷)에는 산동 직예 지방에서 온 파두(把頭)가 나무꾼을 데리고 들어와 벌목하여 목재를 산동 직예에 판매하였으나, 그 뒤로 그곳에서 목재 매수를 위해 목재상이 직접 안동에 와서 파두와 함께 알잔(斡棧)에 숙박하는 일도 적지 않았다. 또한 객잔은 파두와 재목상의 중간에서 알선하고 구전(口錢)을 챙기는 자도 있으며, 혹은 재목상을

불러들이는 방책으로 파두에게 물자를 대주거나 자금을 빌려주는 등 특수한 연고를 만들어 벌목을 자신의 가게로 가져오려 했다. 파두는 기업자이지만 자금을 가지고 있지 못한 경우가 많았다. 이와 같은 자본주의적 객잔을 요잔(料棧)이라 칭한다.

채목공사가 설립되면서 이러한 관습을 없애고 넓게 전벌권을 설정하려고 하였으나 종래의 인습은 쉽게 바꿀 수 없었다. 혼강 및 모아산 이남에서는 요잔을 인정하였으나, 채목(採木)에 관련해서는 연안 지역민들이 쓸 것을 제하고 모두 공사로부터 매수하도록 하여 매득금의 11%를 공사에 내도록 하였으나 요잔은 연서하여 공사를 압박하여 자금 배부를 요구하였고 결국 공사도 이를 용납하여 지금 공사 자본의 반이 대부를 위하여 지출되면서 사업자금이 부족하게 되었다. 원래 재목은 투기성이 많고 또한 유벌(流筏) 구역이 멀어 홍수로 인해 유실하여 손실을 보는 일도 있어 자금 회수가 쉽지 않다.

현재 현저한 객잔이 안동현(현재의 단동시)에 38개가 있다. 이들로부터 자금을 받는 파두가 478명에 달한다. 이에 반하여 공사 직영에 속하는 파두는 겨우 36명에 불과하다. 직영 지역(즉 장백부 또는 모아산의 일부 전벌구역)에는 요잔이 없기 때문에 공사가 직접 파두에게 청부하여 집재(集材; 벌목해서 절단한 상태로 임야에 흩어져 있는 통나무를 실어 내기 쉽게 한군데 모으는 작업－역자)가 끝난 후 나갈 목재만큼 지급한다. 따라서 대부를 실패하는 일은 없지만, 유벌에 따른 위험은 공사가 모두 부담해야 한다. 벌채는 보통 음력 9월 초순부터 시작하며 파두는 15명에서 20명의 나무꾼을 거느리고 입산하여 벌목한다.

겨울철 빙결 중에는 목재를 한 곳에 집적하고 말을 이용한 썰매로 이를 강가로 운반한 뒤 4월 초순 해빙을 기다려 하나씩 강에 띄어 내려보내는데 이를 관류(管流)라 한다. 각 목재에 파두의 이름을 기입한 금속 표식을 붙여 두므로 이것으로 식별하여 적당한 지점에서 편벌(編筏; 통나무로 뗏목을 묶

압록강 하류에 도착한 원목

는 일—역자)한다. 장백부 분국 관내의 벌목은 중국인, 운반은 중국인과 한인이 하는데 경편철도를 부설해서 집재(集材)한다.

유벌은 6, 7월부터 9월까지 우계(雨季) 증수 시를 이용한다. 통화에서 안동까지 통상 8, 9일이면 족하다. 장백부에서 1년에 한 번 혹은 두 번 왕복한다. 목재 길이는 일본식은 6척~6척 5촌이나 중국식은 8척으로 굵기 여하를 불문한다. 8척의 목재를 1련(連)이라 하고 11련을 1부(符)라 한다. 혼강 유역에는 2련이 많은데 통상 편벌(編筏)은 2련을 5개로 연결하여 길이 10련(80척), 폭 2련(16척) 또는 2련반(20척)으로 조합하는데 이를 2련5절 뗏목이라 칭한다. 그리고 하천 밑바닥이 얕으므로 오직 1단으로 조합하지만, 압록강 본류에서는 2단 또는 3단으로 짜고, 1련 뗏목이 많으며 길이도 길어 뗏목 위에 임시 가옥을 마련하여 밥을 지어 먹기도 한다.

공사사무 장정 제20조에 따르면, 지방민의 생업을 위해 벌목·운재·편벌·유벌에 필요한 모든 인부는 오로지 청나라 사람을 고용할 것이며, 만약 다른 나라 인부를 겸용할 필요가 있을 때는 독판의 인가를 받도록 규정하고

압록강 유벌 모습. 절벽 위 정자는 평북 강계군 세검정(서울역사박물관)

있다.

각 분국의 일본인 직원은 종래에는 일본인의 초치를 기획했으나 아직 이는 허용되지 않고 있다가 겨우 1914년에 장백부 분국관 내에만 30명의 벌승부(筏乘夫)를 허가받았다. 이들은 혜산진을 생활 본거지로 하는데, 중국 주민들은 장백부가 입는 손실이 3만 원에 달한다며 이를 반대하고 있다. 통화에서는 나무꾼[樵夫] 스스로 벌목한 것을 편벌해서 이것을 타고 안동까지 내려가는데 뗏목 1대당 승부(乘夫) 6, 7명 혹은 취사까지 합하면 8명을 필요로 한다. 통상 100(符)의 벌목에 20명의 인부가 필요하다. 이를 뗏목으로 만들면 5대가 되는데 승부 30명이 있어야 한다. 부족분은 지방에서 보충한다. 초부(樵夫)는 파두로부터 의식(衣食)을 받으며 안동에서 매상고에 따라 보수가 지급된다. 홍수 또는 목재값 변동 등으로 파두가 급료를 지급할 수 없는 때도 있어 가끔 큰 분란이 일기도 한다. 한 사람의 평균 소득은 40냥 또는 50냥이다.

나무 종류는 혼강 연안의 경우 낙엽송·가문비나무[紅杉]·전나무[杉

압록강 유벌 모습(2018. 역자 촬영)

松] · 분비나무[白檜]가 많고, 모아산에는 가문비나무, 장백부에는 낙엽송 및 가문비나무가 많다. 판로는 직예(直隸) · 산동 · 만주에 많고 일본에 수출 되는 것은 적다. 운재 또는 집재용의 가축은 작업이 농한기에 행해지므로 지역의 공급이 많고 또 멀리는 철령 · 개원 또는 요양 지역에서 겨울철 작업 중에만 들어오는 것도 있다. 파두와 우마부와 관계는 단순한 청부일 수도 있고, 또는 자금 혹은 물자의 일부를 가불해 주는 일도 있다.

3. 임산물

멧누에[柞蠶]를 기르는 곳은 안동현, 관전현이 가장 많고 1년에 2회 수확한다. 춘잠(春蠶)은 5월경 부화해서 여름철에 고치[收繭]하고, 추잠(秋蠶)은 7월에 부화해서 늦은 가을에 상족(上簇; 익은 누에를 섶에 옮겨 고치를 지을 수 있게 하는 일 – 역자)한다. 추잠은 서리 피해를 보기 쉬우므로 7월 말경 상족하는 것을 피하는 자가 많다.

경작 면적은 안동현 535,855무, 관전현 304,069무라고 한다. 환인·통화·집안에서도 다소 생산된다. 가장 양질의 것은 관전현 강안이라 한다. 사육장은 산 또는 산등성[崗]으로 평지에서는 이를 볼 수 없다. 지세가 높고 메말라 남향으로 햇볕을 잘 받는 땅이 좋다. 또한 새나 벌레의 피해를 볼 우려가 있어 허수아비를 세우거나 황혼이 깃들 때는 순회하며 시시로 발포와 비슷한 타편(打鞭) 소리를 내어 새를 쫓는다. 수목은 측백나무[柏]·졸참나무[楢]가 많고 고치[繭]는 안동을 거쳐 지부(芝罘)로 전송한다. 토착인 중에 이를 짜서 쓰는 일은 없다.

임산물로는 이밖에 버섯균[菌]을 생산한다. 무송현 만강탕하(漫江湯河), 임강현의 일부 지역에 중국인 양삼가(養蔘家)는 이주 한인을 사역하여 생인삼(生人蔘)을 가공한다. 한인은 산인삼(山人蔘)을 채취하는데 이는 국경 세관의 수입액에 비추어 보아도 그 금액이 매우 크다. 조선에서도 평안북도의 산중에는 겨울철에 많은 사람이 입산해서 수십 일 동안 산삼을 찾아 헤매다가 왕왕 실화하여 산불을 일으키기도 한다.

2 간도 및 훈춘 방면

간도는 평지가 적기 때문에 산림지 총면적은 3분의 2 즉 백만 정 이상에 달할 것이다. 30~40년 전 이주 초기에 산악 구릉은 물론 강가에 이르기까지 울창한 수림을 볼 수 있었으나, 이주자가 증가하여 개간이 진척되면서 수목을 벌채하거나 화전을 일구면서 점차 산골이 노출되어 지금에는 삼림이라 칭할만한 곳이 매우 감소하였다.

그러나 땔감을 공급하는 잡목림은 대안 지역 곳곳에 있고, 또 삼하면

(三下面) 대안에서 상류에 이르면 삼림이라 칭할만한 곳이 산지 면적의 40~50%가 될 것이다. 일행이 거쳐 간 지역의 수목 종류는 소나무가 가장 많고 다음으로는 전나무[樅]·자작나무[白樺] 등이 많다. 이외 지역에서 자라는 수목은 적송·조선송·졸참나무[楢]·보리수[苦提樹]·황벽나무[黃蘗]·느릅나무[楡]·사시나무[山楊]·송진[櫟] 등이다. 그리고 무봉(茂峰)·신무성(神武城) 부근은 지표가 엷어 겨우 2, 3촌에서 1, 2척에 불과하고 밑은 모래땅이라 수목 생육에 적합하지 않다. 게다가 기후 관계도 있고, 가끔 산불이 일어나 낙엽송이라고 할지라도 겨우 1포반(抱半) 정도이고 길이는 7, 8간에서 10간 정도에 불과하다.

다음은 훈춘 지역의 산림에 대해 살펴보고자 한다. 훈춘 근방에는 식림법(植林法)이 없어 대부분 민둥산[禿山]이지만, 훈춘하를 거슬러 올라가 오지 일대는 거목이 울창하여 천 년 동안 부술(斧鉞; 도끼와 톱 – 역자)을 대지 않은 대삼림이 있다. 매년 겨울철에 이를 벌채해 두었다가 우계(雨季)에 한꺼번에 내려보내고 있다. 만약 목재 수요가 있기만 한다면 공급은 아마도 무진장일 것이다.

산출재(産出材)의 주요한 것은 다음과 같다.

① 과송(稞松): 일본의 적송과 유사하고 재질이 양호해서 가장 많이 산출함
② 전나무[沙松]: 목질은 전자와 비교하여 조금 연하고 백색을 띠며 쪼개지기 쉬워 대개 통나무로서 시장에 내어 가옥 건축재로 쓰임

이외에 수레바퀴를 만드는 떡갈나무[柞木], 유주재(楡柱材)로서 가래나무[楸木]·황벽나무[黃波羅] 등이 산출되지만, 수량은 그리 많지 않다. 이들 재목은 러시아령, 조선에 많이 수출되나 유감스럽게도 숫자는 명확하지 않다.

1914년의 대수해로 도숙강(圖儵江) 양안 지역에 쌓아놓았던 목재가 유실되었다. 그 수를 헤아릴 수 없고 피해가 거액에 달하였다.

5장

공업

1 압록강 방면

압록강 방면의 공업은 이주 한인이 농목민(農牧民)이기 때문에 하등 기재할 만한 것이 없어 중국인의 주요한 공업만 개황을 기재하고자 한다.

1. 제유업(製油業)

이미 기술한 바와 같이 중국인은 식용 기름을 쓰는 일이 많다. 그 기름은 콩으로 제조하는데 각지에 제유장(製油場, 油房)이 있다. 통화에는 5호 환인에는 4호, 관전에는 2호를 헤아린다. 소 또는 말로 수레를 끄는데 먼저 콩을 간 뒤에 이를 쪄서 압착하여 기름을 만든다. 찌꺼기는 말·돼지 등의 사료로 한다. 통상 콩 1석에 기름 35근을 얻는다. 남만주에는 신식 대규모의 장치를 한 공장이 있다는 말을 들었으나, 일행이 둘러본 지역은 종래 소규모인 구식 유방(油房)뿐이었다. 제유(製油) 사업은 대자본이 필요하고 이익도 막대하지만, 자본가가 아니면 착수하기 어렵다. 관전·환인에는 산출량이 많아 이출(移出)하고 있으나 통화는 오히려 다른 곳에서 공급을 받는 상태이다. 참깨 또는 들깨로도 제유(製油)한다.

2. 제지업

종이는 용도에 따라 다르다. 글자를 쓰는 데 사용하는 종이는 남중국에서 이입되며, 방한용으로 의복 안에 끼워 넣는 종이는 조선지이며, 천장·미닫이·벽을 바르는 데 쓰이는 것은 외국의 고(古) 신문지 및 지방 제조의 초지(抄紙)이다. 지방에서 만드는 삼노끈[古麻繩]을 원료로 하는데 이를 가느다랗게 잘라 물에 담갔다가 연자방아에 찧어 섬유로 만든 뒤에 제지한다. 규모의 대소는 있지만, 통화 경지국(慶紙局)에서는 하루에 천 매를 만드는데 이를 정문초지(呈文抄紙)라 한다. 1매에 3푼, 90매에 2원 2각이다.

3. 주조업

만주에는 쌀이 생산되지 않는다. 따라서 쌀로 술을 만드는 일은 없고 고량주가 다량으로 만들어진다. 그 방법은 먼저 보리[大麥] 1석, 밀[小麥] 3두를 배합하여 분말을 만든 뒤에 여기에 물을 부어 발로 이겨 연화(煉瓦) 크기의 4각형으로 만들어 20일 정도 방치하면 누룩이 된다. 누룩 1석 5두에 고량 3석6두를 분쇄, 혼합하여 적당히 물을 붓고 지하에 10일 동안 두면 발효된다. 이를 증류하면 약 470근의 고량주를 얻을 수 있다. 찌꺼기에 다시 새로운 누룩을 넣고 발효시키기를 5회 정도 한다. 술은 2회, 3회에 발효한 것이 최상의 것이며, 제조 후 2년이 지난 것이 가장 좋다.

4. 제혁업

이 지방에서 수요(需要)되는 가죽을 숙피(熟皮; 잘 매만져서 부드럽게 만든 가죽-역자)하려면 석회를 용해한 물에 생가죽을 담가 털을 제거하고 조 짚으로 훈제한다고 한다. 그러나 진짜 피혁을 숙피하려면 봉천·북경에 보낸다고 한다.

5. 요업(窯業; 도자기)

가옥의 네 벽에 쓰이는 토벽(土壁) 벽돌[煉瓦]은 흙을 굳힌 채로 사용하지만, 부뚜막이나 온돌에는 구운 것을 쓴다. 기왓가마[瓦窯]는 어느 지역에나 있다. 통화·북곽(北廓)에서 석회를 굽는 가마[窯]를 보았다.

6. 염색업

극히 유치한 문형을 물들이는 곳이 통화에 2호가 있다. 염색업이 아직은 유치해서 가내공업의 영역을 벗어나지 못하고 있다. 근래 인구 증가, 풍속 변천에 따라 각종 신기한 공업제작품의 수요가 증가하고 있지만, 모두 이를 외부에서 구하는 게 현실이다. 성냥개비 원료, 펄프 원료는 산지(山地)에 많으나(분비나무·가문비나무 등) 아직 기업자를 볼 수 없다. 또한 교통이 불편해서 목재는 뗏목으로 반출되고 있다.

2 간도, 훈춘 방면

간도에서는 문명적 공업은 물론 극히 유치한 수공업도 거의 찾아볼 수 없다. 그런데도 굳이 말한다면, 겨우 콩깻묵[豆粕]·콩기름[豆油] 제조업이나 소주 제조업 정도이다. 소주 제조업은 동성용(東盛湧), 두도구에 큰 공장이 있다. 또한 콩기름 제조업도 두도구, 용정촌에 있으나, 일행의 시찰 구역 외에 속하기 때문에 이를 생략하고 여기에서는 훈춘의 유방(油房)에 관해 기술하고자 한다.

훈춘에 콩깻묵, 콩기름 제조업 종사자는 30여 호에 달하지만, 대부분 맷돌 착유기이기 때문에 산출량도 그리 많지 않다. 다만 근래에 두 가구는 석유발동기를 사용하여 약간 대규모로 생산한다. 이 지역에는 원료인 콩이 풍부하여 유방(油房)의 1개월 동안 콩깻묵 총산출고는 약 1만 개라고 한다.

원료의 산지 및 수출지를 기술하면 다음과 같다.

원료 산지	
냉수천자 및 왕청 지역	40%
훈춘 지역	30%
조선에서	30%

콩깻묵은 러시아에 80%를 수출하고 20%는 해당 지역에서 소비되며 콩기름은 러시아에 70%를 수출하고 20%는 현지에서 소비하고 있다.

6장

광업

1　압록강 방면

안동현은 동(銅), 관전현은 금·은·석면(石綿), 환인현은 금·은·연석탄, 통화현은 금·은·동·철·석탄·석면, 집안현에는 금·은·연·수정, 임강현에는 은을 생산한다.

석탄 채굴은 지상에 지붕을 만들고 그 밑에서부터 구멍을 뚫어 지하로 들어가는 것이다. 불연소물을 포함한 것이 반이나 되어 양질은 못 된다. 장백현에는 장백부에서 2리여 떨어진 땅에 약수동이 있는데 유황천(硫黃泉)이 분출하여 한인은 그 암와(岩窩)에 들어가 치료한다. 광산액은 알 수가 없었다.

함북 종성에서 본 간도 증산 전경(1910년대 초, 유리건판 사진)

2 간도 및 훈춘 방면

동간도의 주된 광물은 금·은·동·석탄인데 어느 것이나 매우 부진하여 광산액이 모두 겨우 10만 원 내외에 지나지 않는다. 다만 광업 시설이 완비되어 기술이 개선되면, 연산액 50만 원에서 100만 원에 달할 수 있을 것이라 한다. 일행이 거쳐 간 지역에서는 회령 대안 증산동(甑山洞)의 석탄광, 훈춘의 석탄광·사금광 정도가 있다. 증산석탄갱에 대해서는 1908년 농상무 기사 소천탁차(小川琢次)가 보고한 기록과 일행이 관찰한 바를 기록하려 한다.

1. 회령간도 증산동 석탄갱

1) 위치 및 지세 지질

증산동은 회령의 서3리 대안에 있다. 강가[河涯] 자갈층 밑에는 쥐라기층 사암(砂巖), 암층의 노두(露頭; 암석이나 지층이 지표에 직접적으로 드러나 있는 곳─역자)가 있고, 노출 지점은 바로 하류(河流)의 수준(水準) 밑에 있다.

2) 암층

암층은 두께가 7척쯤 되고 10도 내외의 경사가 있는데 경사 방향이 하천 바닥이라 채굴이 곤란하다.

3) 탄질(炭質)

탄질은 간도 석탄 중 최상등에 속하며 분석 성적이 다음과 같다.

수분 및 휘발분　37.50%

해탄(骸炭; 빙결 암됨) 47.50%

회분(灰分, 複色)　15.00%

4) 현황

원래 일본인 모 씨가 발굴하여 목하 중국인 약 30명이 채굴하고 있다. 일행이 시찰했을 때도 우차(牛車)가 석탄을 계속해서 운반하고 있었는데, 우차가 10대 이상이나 있다고 한다. 석탄은 대개 회령 방면으로 반출되고 있는 듯하다. 단 앞서 기술한 바와 같이 채굴이 어려워 많은 양을 채탄하지 못하는 것은 심히 애석한 일이다.

2. 훈춘 방면의 사금광

사금광은 훈춘하 상류로 5리쯤 떨어진 이도구에서 삼도구·사도구 일대에 있으며 중국인이 이를 채굴하는데 산액은 확실하지 않다. 양맥(良脈)을 만나면 1일 30냥 정도(1냥은 일본의 9문36)를 파낼 수 있으나, 우기 혹은 추운 날에는 채굴력이 떨어져 겨우 2, 3냥을 캐내는 정도다. 거기다가 때로 휴업하기 때문에 평균 1일 약 8냥 정도가 사금의 총 산액으로 보아도 큰 차이 없을 것이다. 이는 주로 블라디보스토크 방면으로 수출한다고 한다. 1914년은 수십 년 내로 드물게 보는 대수해를 만나 모두 휴업 상태이다.

3. 훈춘 지역의 석탄갱

훈춘에서 북쪽으로 2방리 반 떨어진 관문저자(關門咀子), 훈춘하 하구(河口) 2개소에서 석탄이 산출되나 채굴 방법이 극히 유치하기 때문에 산액이 많지 않다. 겨우 훈춘 주민의 연료 일부를 충당할 정도여서 아직 수출

천보산 광산사무소(통감부간도파출소 제작, 간도임시파견대기념사진첩)

할 만큼의 산출은 볼 수 없다. 더욱이 하구에서 채굴하는 석탄은 훈춘으로
반출이 불편하기에 태반은 조선에서 수출하고, 나머지는 부근 주민의 연료
로 공급되고 있다. 이외에 중국인이 경영하고 있는 탄광이 있으나 권리 분
쟁하고 있어 채광을 중지하고 있는 곳이 2개소가 있다. 즉 천보산의 은·
연·동광, 발합뇌자(鵓鴿磊子)의 금광이 그것이다.

1) 천보산 은광

천보산 은광은 동삼성 주변사(籌邊使) 위원으로 전 훈춘초간국장
(琿春招墾局長) 겸 광무국 총판(總辦)을 지낸 정광제(程光弟)의 소유지이다.
그가 천보산 은광을 일본인 중야이랑(中野二郎)과 공동 경영의 계약을 맺
은 것은 1906년이었으나, 그 후 얼마 안 돼 간도 문제가 불거져 중국 관헌
의 기휘(忌諱; 꺼려 싫어함 - 역자)에 저촉되어 사업은 마침내 중지될 위기에
처했다. 이때 정광제는 겨우 몸을 피했으나, 1912년 중화민국 정부수립 이
후 다시 동삼성 주변사 위원으로 탐광(探鑛; 금속·석탄·석유 등 광상(鑛床)

의 존재를 조사·평가하는 일－역자)을 맡게 되었다. 이에 재차 교섭하였지만, 이미 1차로 주의하라고 경고한 중국 관헌은 그 계약은 개인 자격으로 맺은 것이기에 정부는 이를 인정할 수 없다는 태도를 고집하였다. 결국 어려운 상황에 놓여 광산에는 중야(中野)의 대리인으로 2명의 일본인이 머무르고 있을 뿐이다.

2) 발합뇌자(鵓鴿磊子) 금광

정광제는 1913년 2월 길림성 독부로부터 금광 시굴의 허가를 받아 이를 착수하였다. 그러나 정광제는 1907년 간도 문제가 여기저기서 불거지고 자리에서 물러난 뒤로 재정 압박이 심해져 생계조차도 지탱하기 어려운 상태에 놓였다. 또한 종전에 가지고 있던 모든 광구권은 물론 가장 유망하다고 확신하여 허가를 받았던 발합뇌자 금광 시굴까지 진행할 수 없는 상태에 빠지고 말았다.

3) 발합뇌자 금광의 권리 분쟁

정광제가 앞서 살펴본 바와 같이 자못 궁핍에 빠져 자금을 조달할 방도가 없다는 것을 알게 된 두 사람이 새로운 광구에 대해 권리를 갖고자 하였다. 그 가운데 한 사람은 평소 정광제와 견원지간(犬猿之間)이었던 배일자(排日者)로 알려진 국자가 지부(知府) 관(關) 모 씨로서 그는 권리를 횡령하고자 하였다. 다른 한 명은 미국인 맛카리라 칭하는 자인데 그는 1912년 이후 기사 1명과 일본인·한인·청인 등 일행 10여 명을 이끌고 백두산 서간도 방면을 거쳐 용정촌으로 들어와 토지, 가옥을 구입하고 간도의 금 광산을 경영하겠다고 했다. 게다가 자기가 북경에서 위안스카이로부터 허가를 받았다며 정광제에게 공동 계약하고 출자할 것을 제의하고 합동으로 밀약하여 권리를 획득할 것을 획책하였는데 아직도 교섭 중인 듯하다.

4) 광권(鑛權) 획득의 건책(建策)

현재 소유권자인 정광제와 중야이랑(中野二郎)) 간에 계약한 천보산 및 기타 모든 광산과 그 후 신발견 허가를 받은 광산 전부에 대해 금회 출자자라 칭하는 맛카리는 정광제와 밀약을 해서 상당한 대리인을 세워 법을 설정하고 공동으로 이를 경영하기로 하였다.

그 가운데 발합뢰자(鵓鴿磊子) 금광 채굴권을 획득하려고 또 타인과는 절대로 계약 합동하지 않을 것을 서약하도록 하여 그 권리를 보류하고 있다. 먼저 이를 실행하기 위해 금 1만 원을 정광제에게 교부하고 광권(鑛權)을 획득하려는 방책을 마련하였다. 그런데 중국 관헌은 실업사(實業司)의 품의(稟議)에 따라 교육사(敎育司) 곽(郭) 모 씨에 대하여 법을 설정하고 신광업 조례에 따라 처리할 것을 명령했다고 한다.

7장

어업

1 압록강 방면

압록강 방면에서는 각 하천에 약간의 담수어(淡水魚)가 있을 뿐이며 특히 어업이라 칭할 만한 것이 없다. 어업은 농업의 부업으로 한인이 농한기에 이를 하는 정도이기에 특별한 것이 없다.

2 도문강 방면

도문강 및 그 지류에는 연어가 많으며 기타 인어(鱗魚) · 황어[灘頭魚] · 진맹어(秦孟魚) · 아로어(亞鱸魚) · 송어 등이 있다. 연어가 가장 많은 곳은 신아산(新阿山) 부근이나 조선에서 말하면 삼하면(三下面) 상류 연안에서도 잡힐 정도로 연어잡이가 행해짐을 알 수 있다. 일행의 여행은 다행히 연어 철이었기에 고기잡이하는 것을 자주 보았다. 즉 약간 큰 연어를 잡으려면 여러 명의 어부가 독목주(獨木舟)[1]를 타고 물 가운데 가서 그물을 던져 어획하는데, 개인은 대무나 끝에 구부러진 예리한 쇠붙이를 부착시킨 갈고리를 물속에 넣어 물고기를 끌어내는 방법으로 고기잡이를 하는 것도 왕왕 볼 수 있었다. 도문강 및 지류의 1년 산액은 대략 다음과 같다.

---

1 통나무의 속을 파서 만든 아주 작은 배를 일컫는데, 통나무배 · 통목선 · 마상이라고도 한다. 큰 통나무를 2~3m 길이로 잘라 속을 파낸 것으로 뗏목 말고는 가장 원시적인 배라고 한다.

종류	수량	종류	수량
아로어(亞鱸魚)	100,000근	황어[潢頭魚]	5,000근
열목어[細鱗魚]	3,000근	연어	100,000근
진맹어(秦孟魚)	7,000근	계	215,000근

8장

상업

1 중요 수출입품

1. 압록강 방면

국경지역은 전술한 바와 같이 농림업이 주된 생업이기 때문에 공업은 부진하고 상업 교통의 범위도 역시 넓지 못하다. 중요한 수출품인 농산물과 임산물에 대해서는 이미 기술한 바와 같다. 고량주는 지역 내에서 소비되는 것이 많지만 안동현을 거쳐 수출되는데, 조선에도 수출되어 압록강 일대에서 수입이 성행한다. 이는 조선에서는 고량주 제조가 충분히 발달하지 못하였기 때문이다. 주요 수입품은 면포(綿布)와 면사(綿絲)인데, 주로 일본품과 영국품이 많고 러시아품은 봉천에서 경사(更紗)[1]가 들어올 뿐이다.

석유는 영미품이 많고 곡류는 소맥분이 많으나 수입품은 주로 상류층에서 쓰이고 있다. 음식품 가운데 사이다·통조림·귤 등의 과일은 근래의 수입품목이다. 또한 단발령 실시 후 두발과 관련한 장식품을 비롯하여 피복·가구 등의 일반 품목뿐 아니라 서양 잡화 수입이 많고 다기·세면기·화병(花瓶)·거울·시계·양산·가죽 가방[革鞄]·베개[枕]·비누·모피·램프·꽃방석[花筵]·연초·타월·향수·모자 등의 상품이 많은데 태반은 일본 제품이다.

---

1 색과 무늬에 특색이 있는 면직물로 색은 일반적으로 깨끗한 색을 여러 색 사용하는데, 그중에는 선명한 색을 사용한 것도 있다. 무늬는 꽃·잎사귀·새·인물 등이 많다.

2. 간도지방

간도 지역의 주민은 도회지의 거주자를 제외하고는 부의 정도가 낮아서 구매력이 적다. 뿐만 아니라 극히 소박해서 최소한도의 생계에 만족할 수 있기에 일용잡화 등을 필요로 하는 것은 극히 적어 무역은 비교적 부진하다. 간도에서의 수출입 무역류는 중국 연길분관(延吉分關) 보고에 따르면, 1912년도는 54만3천 원(1량은 1원40전으로 환산함)으로 수입류 38만5천 원에 비교해 수출액은 겨우 15만8천 원에 불과하다.

무역은 주로 조선과의 무역으로 이외 훈춘에서 수입하는 경사(更紗, 면직물)·석감(石鹼, 비누) 등과 길림에서 수입하는 경화(京貨)·오납화(烏拉靴)·직물 등을 계상하면 약 120만 원이라 한다. 수출에서도 역시 앞서 수출액 이외에 훈춘 경우 수출과 아울러 길림 방면에 이출되는 농산물·가축 등이 있음은 말할 것도 없다. 그리고 연길분관 설치 이후 수출입 무역의 추세를 살펴보면 다음과 같다.

연차	수출	수입	합계	증가분
1910	12,767	169,100圓	181,867圓	
1911	27,854	169,806	197,667	(增)10割9
1912	158,422	385,280	543,702	(增)27割5

이상 수출입 무역상 수출품은 겨우 16품에 불과하지만, 수입품은 52종류 100여 가지 품목에 달한다. 일본품이 다수를 차지하고 매년 증가세다. 일찍이 블라디보스토크 등이 자유항이던 시대는 경사(更紗)·도자기·비누 등 일용 잡화가 그 항구에서 포시에트로 수송되고 여기에서 훈춘을 거쳐 국자가로 수입된다.

간도 수입 무역 대부분은 러시아 무역이며 길림 무역이 다음이고 일본품 수입은 매우 적다. 그런데 1909년 블라디보스토크항이 유세항(有稅港)이

되어 제조 가공품은 모조리 중세(重稅)하면서 간도 수입 무역 상태는 크게 변하여 길림 무역은 블라디보스토크항 경유품을 능가하였고, 이어 1910년 청진항을 통과하는 화물 관세의 면제 제도가 실시된 이후 청진 경유 모든 상품은 일약 크게 늘어 지금에 이르러서는 간도 수입 무역액에 대해서는 다음과 같다.

길림 경유품	50%
청진 경유품	30%
블라디보스토크 경유품	20%

최근 추세는 청진항 경유품의 수입이 나날이 증가하는 이유로 장래 더욱 발전하리라고 믿어진다. 훈춘 수입 무역도 거의 대다수는 청진 경유품이 점령하여 이것 역시 매년 증가 추세이다. 더욱이 청회도로(淸會道路)·웅기도로(雄基道路)를 신설하여 교통 운반이 편리해져 차차 청진화물 수입의 증가를 촉진하였다. 간도 수출입 무역의 가장 중요한 것만을 표시하려 한다.

수입 품목표(1910~1912)

품목	단위	1910		1911		1912	
		수량	가격(냥)	수량	가격(냥)	수량	가격(냥)
시칭그(일제)	필(匹)	5,868	21,520	-	-	19,940	68,195
표백옥양목 (漂白玉洋木)	필(匹)	1,337	6,569	1,639	7,686	3,595	16,856
천축포 (天竺布, 일제)	필(匹)	60	106	360	616	1,725	2,794
외국제 의류	담(擔)	-	3,326	-	7,012	-	12,098
면화	담(擔)	57	1,252	167	5,444	741	22,972
어류 (건물·鹽漬)	담(擔)	367	1,469	346	1,623	6,708	35,368
우피	담(擔)	231	4,083	282	5,640	447	9,387
성냥	글로스	14,527	2,762	10,102	2,423	28,447	5,888
약품(외제)		-	1,561	-	2,974	-	4,401

품목	단위						
석유	와(瓦)	2600	324	48,530	7,765	85,065	10,208
지류		-	1,556	-	2,692	-	6,349
백미	담(擔)	1888	6,637	1,324	5,850	1,147	7,467
장유(醬油)	담(擔)	111	634	221	1,210	354	2,081
적설탕	담(擔)	116	484	208	866	1,360	5,662
백설탕	담(擔)	694	3,853	810	4,244	790	4,155
휴직목면 (畦織木棉)	필(疋)	-	-	275	1,009	1,059	3,050
의상포 (擬上布, 일제)	야드	-	-	3,168	174	69,506	4,170
해삼위	담(擔)	-	-	8	320	137	5,202
중국복 (中國服)	담(擔)	-	-	36	1,494	70	4,985
염료	담(擔)	-	-	21	708	65	2,372
과물(菓物)	담(擔)	-	-	185	920	441	2,640
무지면 (無地綿, 이탈 리안)	필(疋)	-	-	160	802	767	3,635
무염면 (無染綿, 이탈 리아)	필(疋)	-	-	-	-	801	3,348
각종 면포류	야드	-	-	-	-	80,550	6,322

비고: 담(擔)은 약 일본 16,100문(匁), 글로스는 12개 들이 10개. 기타 수입품까지 전부 합계하면
1910년 120,786냥, 1911년 121,299냥, 1912년 275,200냥이다.

수출품

품목	단위	1910		1911		1912	
		수량	가격	수량	가격	수량	가격
콩		952	1,089	3,526	2,778	10,184	9,165
조		1,398	5,504	6,321	1,1376	-	97,818
두유	담(擔)	32	218	101	585	387	1,772
소주		33	330	119	900	366	2,232
밀		73	407	69	334	294	962
보리		-	-	23	14	1,347	795

2 국경무역

1. 국경 세관

1) 압록강 방면

평안북도 의주 수구진(水口鎭)에서 함경북도 두만강 입구에 이르는 국경에서의 화물 수출입은 '조선육접국경관세령'(조선총독부제령 제2호, 1913.3.10. 제정 – 역자)에 의해 조선 총독이 지정한 지점에서만 이뤄지도록 하고 수입 화물의 관세율은 '조선관세정률령(朝鮮關稅定率令, 조선총독부제령 제20호, 1912.3.28. 제정 – 역자)'에 의해 여객 용품, 여객의 직업 용품, 아울러 국경에서 2리 이내의 지역민이 지역 내에서 수집하거나 생산한 물품을 스스로 수출 또는 수입하는 경우 등 필요한 물품에는 과세하지 않기로 했다. 이 법령은 1913년 3월에 발포되어 4월 1일부터 시행되었다.

압록강 연안에서 무역할 수 있는 지점을 열거하면 아래와 같다.

함남	혜산진	1913년 4월 1일 이후
	인차보(仁遮堡), 나복보(羅腹堡), 신갈파진(新乫坡鎭)	1914년 5월 1일 이후
평북	옥강포(玉江浦), 사창포(私倉浦), 벽단(碧團), 신도성(新島城), 고산진(高山鎭), 중강진(中江鎭)	1913년 4월 1일 이후
	청파진(淸坡鎭), 구읍(舊邑), 만포진(滿浦鎭), 자성강구(慈城江口)	1914년 8월 1일 이후
	충흥리(忠興里), 충만강구(忠滿江口), 구성동(舊城洞), 후주고읍(厚州古邑)	1914년 5월 1일 이후

이상 18개소 지점에는 지정과 동시에 세관출장소를 두고 함경남도는 원산 세관, 평안북도는 진남포 세관 관할로 하고 있다. 감시자 혹은 감리(監吏)는 청파진·사창포·벽단 등을 제외하고는 그곳 헌병 하사 또는 상등병

에게 이를 겸무시키고 있다.

2) 도문강 방면

회령 신아산(新阿山)과 하녀평(下汝坪)의 3개소에 전무세관관리(專務稅關官吏)를 배치한 것 외에 헌병에게 이를 겸무시키고 있는 곳이 20여 개소나 있다. 이같이 세관을 밀접히 배치하고 있음에도 세관의 눈을 피해 밀수입을 하려는 자가 완전히 근절되지 않은 모양이지만, 대체로 단속 성적은 좋은 듯하다. 더욱이 1914년 5월 이래 헌병에 이를 겸무시키고 있는 곳에는 관세고(關稅高)가 거의 규정 여비에도 차지 않는 것이 있다. 예컨대 서강촌(西江村)의 출장소 등과 같은 곳은 8월 중에 겨우 수원(數圓)으로 도저히 수지가 맞지 않지만, 1개년을 통계하면 상당한 수입이 있을 것이다.

중국에는 관세 종류가 여러 가지 있으나 외국무역을 관리하고 아울러 연해(沿海) 무역에 과세하는 것을 해세(海稅)라 하고 외국 생산품이 중국에 수입되는 것에 과하는 세를 진구세(進口稅)라 한다.

간도에서는 1909년 일청협약[간도협약 – 역자] 결과 용정촌과 훈춘에 설치한 해관에 시가(市街)의 각 출입구에 주야 교대의 번인(番人)을 세워 출입 화물을 감시토록 하며, 훈춘 또는 용정촌으로 들어가기 전에 분관(分關)을 두어 이를 감시하고 있었다. 용정촌에 들어가는 것에 대해서는 신흥평(新興坪)의 화호리(火狐狸)에 일본인 관리 2명에게 관세 검사를 시키고 있다. 훈춘으로 들어가는 것에 대해서는 조선 방면에는 신아산(新阿山) 대안 대토천(大吐川)에 역시 일본인 관리 1명을 두고 검사하였으나, 1914년 9월 홍수로 건물이 파괴되어 당분간 건설될 가망이 없다. 몇 해 전까지 근무하였던 일본인 세관의 말에 따르면, 대토천 세관은 1913년 11월 개설했으나 1개년의 수입금이 겨우 5백 원도 되지 않았다. 주된 화물은 조포(粗布)·성냥·설탕·생우(生牛) 등이다.

2. 무역 개황

1) 압록강 방면

압록강 연안 각 무역지점에서의 무역액을 표시하면 아래와 같다.

1913년 압록강 연안 무역액(圓)

무역지점	수입금액	수출금액	합계	비고
사창포(私倉浦)	43893	15481	59,374	
중강진(中江鎭)	25528	9055	34,583	
혜산진	17568	19159	36,727	
신도성(新島城)	21401	2722	24,123	1913.4.1.~12.
벽단(碧團)	12264	4922	17,186	
고산진(高山鎭)	10294	5301	15,595	
옥강포(玉江浦)	3634	8755	12,389	
청성진(淸城鎭)	6911	3842	10,753	
만포진(滿浦鎭)	4052	2508	6,560	1913.8.1.~12.
구읍(舊邑)	3618	2737	6,355	
자성강구(慈城江口)	4301	407	4,708	
합계	163419	74889	228,353	

1914년 압록강 연안 무역액

무역지점	수입금액	수출금액	합계	비고
사창포(私倉浦)	16267	6734	23,001	
청성진(淸城鎭)	18451	3870	22,321	
구읍(舊邑)	3532	12611	16,143	
혜산진	4689	4486	9,175	
옥강포(玉江浦)	1490	7179	8,669	
중강진(中江鎭)	5611	2698	8,309	1914.1.1.~6.
벽단(碧團)	5681	2622	8,303	
신도성(新島城)	6125	1507	7,632	
만포진(滿浦鎭)	3363	3366	6,729	
고산진(高山鎭)	3759	1888	5,647	
자성강구(慈城江口)	3590	1511	5,101	

무역지점	수입금액	수출금액	합계	비고
인차보(仁遮堡)	500	1502	2,002	
구성동(舊城洞)	609	1172	1,781	
충흥리(忠興里)	1058	661	1,719	
나복보(羅腹堡)	265	1284	1,549	
신갈파진(新乫坡鎭)	345	718	1,063	1914.5.1.~6.
충만강구(忠滿江口)	443	388	831	
후주고읍(厚州古邑)	310	-	310	
합계	76,088	54,197	130,285	

이를 국경무역의 총액과 비교하면 아래와 같다.

	1913년		
	수입	수출	총액
국경무역 총액	467,299	356,680	823,979
압록강 연안 국경무역 총액	163,419	74,889	238,308
비례	0.35약	0.21약	0.29약
	1914년(1~6월)		
	수입	수출	총액
국경무역 총액	수입	수출	총액
압록강 연안 국경무역 총액	174,756	284,421	459,177
비례	76,088	54,197	65,143

표 중 비례는 국경무역 총액에 대한 압록강 연안 무역액의 비율이다.

육접국경세관(陸接國境稅關)은 설치 이래 일자가 아직 없어 충분히 추론하기 어렵지만, 이상의 결과로 미뤄 보면 압록강안은 도문강안에 비해 무역액이 적다고 할 수 없다.

수입품 중 주요한 것은 인삼과 고량주로 1913년의 통계에 의하면, 연안 수입 총액의 약 20%를 점하여 조·팥·가구·밀가루·콩기름·금포(金布)·국수 등의 순이다. 도문강 방면과 비교하면 이곳에서는 소·목촌(木

村) · 마포(麻布) 등의 수입이 많지만, 압록강 연안에는 팥 · 인삼 등의 수입이 많다. 특히 인삼은 중강진 이북의 산지로부터 많이 수입된다.

주요 수출품은 2년 동안 콩이 제일 많고 옥수수 · 생우(生牛) · 조 · 어류 · 쌀 등이 다음이다. 해산물과 쌀은 이주 한인의 필요에 의한 것이다. 콩은 기름 원료가 되는 듯하다. 옥강포 · 사창포 · 청성진 등의 하류 지역은 땔감과 목탄을 수출하고 혜산진은 장백부와 그 부근에 대한 물자공급지로 설탕 · 식염(食鹽) · 청주 · 석유 · 통조림 · 종이 · 연초 등을 수출하는 일이 많다.

도문강 방면에는 귀리 · 피 · 어류 · 조선지(朝鮮紙) · 생금건(生金巾)[2] 수출이 아주 많으나 이 방면에는 매우 적다. 이에 반하여 옥수수 수출은 도문강 방면과 비교하면 현저히 많다. 출연 시기는 동기 2, 3월경까지 가장 성하다. 주요 물품의 수출입액을 살펴보면 아래와 같다.

수출 중요품 가격표(원)

구분	콩	옥수수	생우	조	우피	백미	어류	고량	땔감
1913.4.~12	13,996	6,882	6,879	5,606	4,711	3,189	3,922	-	-
1914.1.~6.	19,408	6,620	-	392	-	3,565	1,314	1,005	1,501

수입 주요품 가격표

구분	인삼	소주	조	팥	밀가루	콩기름	옥양목	국수	가구
1913.4.~12	37,229	32,948	13,494	6,225	3,837	3,693	3,719	3,146	5,811
1914.1.~6.	2,814	11,269	5,642	4,840	278	4,145	2,375	2,725	2,424

국경에의 수출 무역에 대해서는 모두 무세(無稅)이기 때문에 육접 국경 관세 수입은 수입세 및 잡수입이다. 지점별 수입액은 다음과 같다.

---

2 옥양목(玉洋木, calico)을 일컫는다. 빛이 썩 희고 얇은 무명의 한 가지이다.

구분	1913.4~12			1914.1~6.		
	수입세	잡수입	총계	수입세	잡수입	총계
사창포(私倉浦)	4048	-	4,048	1823	54	1,877
중강진(中江鎭)	2114	-	2,114	1419		1,419
혜산진	1024	-	1,024	246	5	251
신도성(新島城)	1437	-	1,437	317		317
벽단(碧團)	1066	-	1,066	62		62
고산진(高山鎭)	643	26	669	494		494
옥강포(玉江浦)	204		204	601		601
청성진(淸城鎭)	587		587	376		376
만포진(滿浦鎭)	311		311	214		214
구읍(舊邑)	301		301	222		222
자성강구(慈城江口)	-		0	244		244
인차보(仁遮堡)	–		0	25		25
구성동(舊城洞)	-		0	32		32
충흥리(忠興里)	-		0	77		77
나복보(羅腹堡)	-		0	19		19
신갈파진(新乫坡鎭)	-		0	28		28
충만강구(忠滿江口)	-		0	38		38
후주고읍(厚州古邑)	-		0	35		35
합계	11,735	26	11,761	6,272	59	6,331

세관리를 헌병이 겸임하기도 하였기에 당초 사무에 익숙하지 못하여 가격 평정 등에 곤란을 느꼈으나, 점차 경험을 얻어 숙련되어 가고 있다고 한다. 청성진·사창포와 벽단에는 전무(專務) 감리를 배치하였으나, 실시 후 성적에 의하면 3개소만 가장 중요한 지점으로 한정되어 있지 않은지 의심스러우며 지금은 거의 헌병이 배치된 곳에는 세관 출장소가 있으나 중강진과 후주고읍 사이가 30리 떨어져 있지만 한 개의 출장소도 없어 수입 신고에 불편을 느끼는 자가 있다. 할 수 없이 부산동 헌병파출소에 통관을 의뢰하는 자가 적지 않다고 한다.

그곳은 대안에 팔도구가 있고 후창을 끼고 있어 교통지점에 해당하여 인삼·고량주 수입이 많다. 1914년 9월 중 동 파출소에 의뢰한 인삼 세금만도 80원에 달한다고 한다.

2) 간도 지역

간도 방면의 국경 세관의 수입품 중 가장 중요한 것은 조인데 19만 852원이다. 다음은 목재와 널빤지 4만7,600원, 소주 8,000원, 콩기름 3,128원, 기장 3,032원, 콩 2,792원, 보리 2,529원, 밀 2,206원, 팥 2,159원 등이다. 수입 총액은 30만2,808원으로 그 중 회령에서 수입되는 것이 14만9,733원이기 때문에 그곳 수입량은 도문강 연안 세관 중 다른 곳의 총수입양과 거의 맞먹는다. 회령 다음으로 많은 곳은 신아산의 6만 9,242원이다. 이것은 훈춘에서 수입하는 것이 있기 때문이다.

1914년 상반기의 수입액을 보면, 전년도 수입 총액의 약 3분의 1에 지나지 않는다. 이는 간도에서 수입품이 주로 농산물로 오로지 하반기에 수입되기 때문일 것이다. 수출품 중 가장 많기로는 생우(生牛)로 1913년 11만 9,192원, 1914년 상반기에 이미 11만5,179원에 달하였다. 왜 생우 수출이 성한가를 알 수 있을 것이다. 이 밖에 석유는 1913년 3만1,657원, 1914년 상반기 1만8,941원, 권련초는 1913년 1만7,686원, 1914년 상반기는 2만 3,338원, 어류는 1913년 1만6,329원, 1914년 상반기는 1만1,068원으로 이들은 어느 것이나 중요한 수출품이다.

1913년 수출 총액은 28만1,748원이나 그중 12만2,193원은 회령에서 수출되는 것으로 이 역시 수입과 같이 수출금액의 약 2분의 1은 회령이란 점을 알 수 있다. 생우가 가장 많이 수출되는 곳은 경흥인데 이는 노령에 가까운 관계로 말미암은 것이다.

생우 수출에 대하여 한마디 하지 않을 수 없는 것은 경흥군 용현(龍峴) 우시장에 관해서다. 현재 용현에는 한인 28호가 있다. 이곳은 광활한 사방 30여 정(町)의 좋은 목장이나 도문강안까지 약 15정으로 강폭이 600m, 유

국경지역에서 일본 헌병들이 물품을 검사하는 장면

1910년대 용정촌 우시장 전경

속은 자못 느리다. 대안은 러시아와 중국의 국경지로 러시아 땅에는 우역검사소(牛疫檢査所) 등도 있다.

장날 상황을 기술하면, 10월 1일 거래는 140두에 7,679원, 1두 평균 5원85전, 11월 2일 거래는 116두에 6,451원, 1두 평균 54원75전이다. 10월 7일 장날에 출장하기 위해 일행이 통과한 날(6일)에는 160~170두의 소가 모여있었다. 장날은 매주 수·토요일 이틀로 소는 대개 길주·명천·회령 등의 것이다.

소는 한 사람이 많으면 15~16두 적어도 5, 6두를 거느리고 오는데, 거래할 때는 처음 소를 수수할 때 대가의 3분의 1을 지불하고 검역을 마친 후 잔금을 지불하기로 되어 있다. 요컨대 간도에서는 일본 산물의 수출 상황이 점차 호황하고 있으나 훈춘에서는 지금 중국인에게 하나의 계책[一籌]을 보내는 유감이 없을 수 없다. 이는 매우 주의하여야 할 점이라고 믿는다.

국경 수입 중요품 가격표(圓)(청진세관지서, 1913년)

구분	무산	회령	종성	온성	훈융	신아산	경원	경흥	합계
조	1,462	122,296	24,217	1,256	653	28,788	137	12,043	190,852
보리	444	1,011	1,074	-	-	-	-	-	2,529
귀리	-	218	-	-	4	11	-	-	233
밀	-	1,438	217	550	-	-	1	-	2,206
기장	-	2,413	104	12	-	76	-	427	3,032
옥수수	-	361	385	3	-	7	1	23	780
고량	-	678	1,278	-	-	-	-	-	1,956
피	-	-	-	-	-	-	41	-	41
콩	5	581	793	217	-	221	-	975	2,792
팥	-	1,469	241	63	-	28	-	358	2,159
백미	-	-	-	-	118	-	40	-	158
밀가루	8	-	62	18	94	83	119	28	412
메밀	-	83	7	-	-	-	-	-	90
소면	-	501	270	3	-	-	70	-	844
설탕	-	-	-	-	156	-	73	-	229

구분	무산	회령	종성	온성	훈융	신아산	경원	경흥	합계
식염	-	-	-	80	-	-	178	678	936
과자류	-	-	38	-	12	125	16	24	215
소주	42	2,181	1,508	21	282	2,606	533	1,318	8,491
두유	-	1,314	-	19	30	485	78	202	2,128
두백 (豆粕)	-	30	53	-	-	-	-	356	439
송판	1,630	2,669	882	503	160	32,604	641	8,475	47,564
목탄	658	124	499	196	97	-	273	-	1,847
땔감	-	-	-	65	44	-	120	-	229
석탄	-	533	-	-	-	-	17	-	550
석유	-	-	-	-	47	-	59	193	299
성냥	-	2	1	-	48	-	-	-	51
마포	-	555	253	-	-	-	-	-	808
포면류	-	-	276	-	172	95	233	268	1,044
엽연초	1	397	1,025	59	204	46	30	32	1,794
생선 (生·건·염)	-	-	-	-	180	10	36	178	404
소채	19	556	74	10	279	451	383	226	1,998
가축	25	51	2,775	-	254	361	80	260	3,806
기타	175	9,752	426	698	1,553	3,209	3,534	1,943	21,290
계	4,469	149,213	36,458	3,773	4,387	69,206	6,693	28,007	302,206

1914년 상반기 국경수입 중요품 가격표 1(원)(청진세관지서)

구분	무산	회령	종성	온성	신아산	경원	경흥
조	67	24,566	30,627	115	1,055	11	270
보리	11	159	1,268	-	-	-	-
귀리	139	232	67	-	-	-	-
밀	-	698	14	9	-	-	97
기장	-	813	138	2	132	-	28
옥수수	-	210	288	-	4	-	1
고량	-	157	384	-	-	-	-

구분	무산	회령	종성	온성	신아산	경원	경흥
피	-	-	-	-	29	95	453
콩	-	64	292	68	500	-	356
팥	39	341	41	-	40	-	280
백미	-	-	-	-	-	-	-
밀가루	11	-	383	32	-	40	4
메밀	7	124	250	-	-	-	-
소면	-	16	-	-	-	4	-
설탕	-	-	-	-	-	−	21
식염	-	-	-	-	-	−	15
과자류	-	-	-	-	19	-	22
소주	23	674	285	36	554	75	313
두유	-	698	65	-	288	82	106
두박	-	660	23	-	257	-	181
송판	1,659	5,561	850	531	1,841	9	144
목탄	108	461	293	84	-	122	-
땔감	-	8	-	101	-	-	-
석탄	-	-	-	-	73	128	-
석유	-	-	-	-	-	-	-
성냥	60	-	-	-	10	6	-
마포	448	125	-	-	-	-	-
포면류	-	123	675	-	38	77	455
엽연초	8	137	813	49	-	43	-
어류	-	-	-	-	-	103	256
소채	-	286	64	-	320	149	85
가축	-	84	1336	-	-	15	101
기타	208	1,521	1,332	116	1,144	357	563
계	2,788	37,718	39,488	1,143	6,304	1,316	3,751

914년 상반기 국경수입 중요품 가격표 2(원)(청진세관지서)

구분	토리	용동	고읍	서강촌	훈융	삼장면	하지사	합계
조	-	1551	-	18	111	549	819	59,759
보리	-	-	-	9	-	-	173	1,620

구분	토리	용동	고읍	서강촌	훈융	삼장면	하지사	합계
귀리	-	-	-	-	-	-	-	438
밀	-	-	-	-	-	-	-	818
기장	-	36	-	-	-	-	3	1,161
옥수수	-	-	-	-	11	-	-	514
고량	-	-	-	-	-	-	1	542
피	-	110	48	-	18	-	-	753
콩	690	-	-	-	19	-	-	1,989
팥	-	-	-	-	-	-	-	741
백미	-	-	-	-	75	-	-	75
밀가루	-	10	-	6	77	14	3	580
메밀	-	-	-	-	-	-	5	386
소면	-	-	4	-	-	15	27	68
설탕	-	-	-	-	113	-	-	134
식염	-	-	-	-	2	-	-	17
과자류	-	3	-	4	4	-	2	59
소주	-	188	-	3	912	4	-	2,248
두유	-	57	-	-	17	-	-	1,313
豆粕	-	20	-	-	1	-	-	1,142
송판	-	728	-	-	117	-	-	12,326
목탄	-	24	-	-	130	-	-	1,222
땔감	-	2	-	-	-	-	-	111
석탄	-	1	-	-	-	-	-	202
석유	-	-	-	-	49	-	-	49
성냥	-	13	-	-	-	-	-	89
마포	-	3	-	-	-	-	236	802
포면류	-	83	41	-	194	-	-	1,786
엽연초	-	24	-	-	-	37	6	1,117
어류	252	74	-	217	-	-	-	902
소채	-	132	105	-	151	-	-	1,292
가축	73	44	16	-	-	75	69	1,813
기타	24	359	62	-	981	393	39	7,099
계	1,039	3,462	276	257	2,982	1,087	1,383	103,167

1913년 국경수출 중요품 가격표(원) (청진세관지서)

구분	무산	회령	종성	온성	신아산	경원	경흥	합계
쌀	-	8,886	-	-	2,042	-	1,165	12,093
조	-	-	-	455	292	-	-	747
콩	-	-	-	560	370	414	-	1,344
보리	-	-	-	-	-	-	-	0
귀리	-	-	-	-	-	191	-	191
옥수수	-	-	-	-	43	-	-	43
밀가루	-	1,059	-	-	521	-	244	1,824
솜	303	1,559	130	-	256	-	64	2,312
방적사	1	770	22	-	9	-	-	802
포면류	91	10,931	497	-	1,431	346	369	13,665
석유	-	24,122	-	-	3,691	-	-	27,813
성냥	1	1,202	5	-	-	-	-	1,208
권련초	-	14,860	2	-	2,579	-	-	17,441
설탕	-	442	-	-	-	-	-	442
생우	130	240	85	-	40,773	2,049	2,049	45,326
우피	-	4008	-	-	512	-	-	4,520
어류	54	14,549	1682	-	-	-	-	16,285
종이	25	4,297	45	-	400	-	-	4,767
기타	60	35,538	601	1015	3,498	2,925	2,925	46,562
계	665	122,463	3,069	2,030	56,417	5,925	6,816	197,385

1914년 국경수출 중요품 가격표 1(원) (청진세관지서)

구분	무산	회령	종성	온성	신아산	경원	경흥
쌀	-	7,252	35	40	3,063	11	867
조	-	-	5	-	62	53	-
콩	-	-	3	3	21	168	-
보리	-	-	2	50	10	-	-
귀리	-	-	-	-	46	1,200	18
옥수수	-	-	-	-	-	-	-
밀가루	-	805	42	-	287	-	357
솜	-	639	58	-	-	-	24
방적사	-	747	44	-	62	-	7

구분	무산	회령	종성	온성	신아산	경원	경흥
포면류	-	5104	1,138	-	571	-	1,379
석유	-	13,068	32	-	4,476	-	1,316
성냥	-	604	-	-	108	-	99
권련초	-	22,089	9	-	1,035	-	200
설탕	-	-	699	-	-	-	19
생우	-	1,093	136	-	9,074	1,812	100,036
우피	-	2,517	-	-	41	-	-
어류	-	7,379	2,024	-	211	-	167
종이	-	1,320	51	-	16	-	16
기타	200	18,353	557	33	5,107	312	2,228
계	200	80,970	4,835	126	24,190	3,556	106,733

	토리	용동	고읍	서강촌	삼장면	하사지	합계
쌀	-	-	-	-	51	-	11,323
조	-	99	-	-	19	6	247
콩	-	-	-	-	-	-	441
보리	-	4	-	-	12	-	78
귀리	-	12	45	-	-	-	1,742
옥수수	-	-	-	-	-	-	-
밀가루	4	-	5	-	18	-	1,518
솜	1	3	7	-	-	-	732
방적사	-	-	12	-	-	-	872
포면류	88	575	234	-	-	60	9,249
석유	-	-	19	-	-	30	18,941
성냥	-	5	15	-	-	-	831
권련초	-	-	47	-	-	-	23,380
설탕	-	-	-	-	-	-	718
생우	-	2998	-	-	-	-	115,179
우피	-	-	-	-	-	-	2,558
어류	45	95	-	140	14	993	11,068
종이	1	127	-	-	-	-	1,531
기타	112	634	506	2	13	91	28,276
계	251	4,552	890	142	127	1,180	228,684

다음에 세관 사무를 담당하는 헌병 27개소에서 취급한 수출입 상황을 보면 다음과 같다.

기간	수출입별 가격	1개월 평균	주된 물자
1913.10~ 1913.12	수입 22,938.10원	7,646.03원	조·콩·보리· 생우·광목
	수출 1,471.34	470.44	
1914.1~ 1914.6	수입 28,530.85	4,755.14	조·콩·마직물·목재, 생우, 어류, 귀리
	수출 10,613.14	1,768.86	

이를 상세하게 표로 정리하며 다음과 같다.

국경세관출입 물자 조사표

1913.10~12. 수출			1913.10~12. 수입		
품목	수량	가격	품목	수량	가격
생우	20	747,000	콩	1,690승	550,960
생돈	10	45,000	조	5,722승	16,920.660
밀감	15상자	15,000	밀	2,888	779.470
석유	1,224합	29,640	보리	1,204	675.460
완두	21,250근	457,500	귀리	2,100	48.160
광목	17척	152,000	고량	4,150	1,209.220
좌면(座綿)	700매	25,200	모밀	540	41,240
			잡곡	1,780	726,270
			중국소주	2,680	338.220
			목탄	6,205	486.480
			송판	549	730.500
			목재	10,772才	344.710
			엽연초	1,453근	86.750
			합계		22,938.100

1914.1~3.

수출			수입		
품목	수량	가격	품목	수량	가격
생우	27	1,423.000	정미	711,628승	20,286.030
어류	8,790근	591.750	보리	87,439	1,170.650
정미(精米)	1,500승	33.000	통	5,256	310.460
정율(精栗)	105	34.650	고량	24,977	325.130
보리	1,200	40.000	잡곡	35,033	657.040
밀	2,500승	50.000	피	4,320승	70.000
귀리	1,400	140.000	인삼	15근	100.000
콩	5,196	166.000	두유	438	48.000
광목	1,544척	224.350	엽연초	490	42.000
석유	2,130승	53.150	우피	273	30.600
권연초	49상장	28.300	중국소주	910	101.200
			목재	55,853재	1,219.130
			목탄	10,653근	116.220
			합계		24,476.460

1914.4.~6.

수출			수입		
품목	수량	가격	품목	수량	가격
생우	17	662.000	백미	480승	49.000
생마(生馬)	3	135.000	정율(精栗)	7,430	75.910
생돈(生豚)	26	297.000	조	23,484	948.950
정미	579,650승	111.590	콩	30,360	690.000
조	2,187	81.260	보리	5,953	172.820
귀리	99,512	1,558.870	귀리	625	31.500
콩	2,784	79.860	피	923	29.360
피	2,400	44.880	생돈	56	69.400
잡곡	1,305승	37.890	마직물	541	449.600
인삼	73근	80.000	아마포	216판	226.000
어류	444,850근	2,343.510	어류	14,487근	332.680
목재	3,824재	104.500	중국소주	982	138.870

<table>
<tr><td colspan="6" align="center">1914.4.~6.</td></tr>
<tr><td colspan="3" align="center">수출</td><td colspan="3" align="center">수입</td></tr>
<tr><td>품목</td><td>수량</td><td>가격</td><td>품목</td><td>수량</td><td>가격</td></tr>
<tr><td>금포(金布)</td><td>2,729근</td><td>1,180.770</td><td>두유</td><td>425</td><td>48.100</td></tr>
<tr><td>권연초</td><td>859상자</td><td>176.620</td><td>뱌면면</td><td>68근</td><td>44.200</td></tr>
<tr><td>광목</td><td>895척</td><td>183.480</td><td>목재</td><td>33,644</td><td>402.030</td></tr>
<tr><td>마포</td><td>394</td><td>49.000</td><td>송판</td><td>489평</td><td>231.820</td></tr>
<tr><td>일본버선
(足袋)</td><td>2,000족</td><td>200.000</td><td>목탄</td><td>10,904근</td><td>114.150</td></tr>
<tr><td>짚신</td><td>415</td><td>79.400</td><td>합계</td><td></td><td>4,054.39</td></tr>
<tr><td>복장품</td><td>380개</td><td>88.400</td><td></td><td></td><td></td></tr>
<tr><td>도자기</td><td>2,004</td><td>177.880</td><td></td><td></td><td></td></tr>
<tr><td>면포류</td><td>42근</td><td>156.730</td><td></td><td></td><td></td></tr>
<tr><td>합계</td><td></td><td>7,828.64</td><td></td><td></td><td></td></tr>
</table>

1. 본표에는 도문강 세관의 출입물질의 주된 것을 게재한 것임.
2. 본표 기재의 수출입품은 세관사무겸장 헌병이 취급한 것임. 따라서 하녀평·신아산·훈흥진·회령의
   세관을 통과한 것은 포함하지 않음

3) 통과 무역 개황

도문강 방면의 통과 무역을 보면 다음과 같다.

(1) 통과 수출입

훈춘에서 다른 곳으로 반출하기 위해 조선에 수입되는 것으로 콩·팥 등
이 있으나 매우 적은 양이다. 그 가격은 다음과 같다.

품목	1912	1911	1910	비고
콩	894	684	2,422	
팥	2,016	96	105	
콩깻묵	-	-	725	
송실(松實)	-	318	-	
기타	-	-	65	
계	2,910	1,098	3,317	

(2)통과 수입출

간도 및 훈춘지방으로 수출되는 것 가운데 운송적려화물(運送積戾貨物) 즉 면세통과의 화물이 있다. 그 액은 자못 큰데 회령세관의 조사에 의하면 1913년 4월부터 12월까지 51만9,900원이나, 1원에서 3월까지 면세통과화물의 가격을 합산하면, 71만730원에 달한다. 또한 1914년 상반기의 면세통과화물의 행선지 및 화물 가격은 다음과 같다.

행선지	면세통과화물가격	행선지	면세통과화물가격
용정촌	173,248원	호천포	9,312
국자가	25,963	남양평	2,680
두도구	4,300	칠도구	786
태납자	9,401	마파(馬派)	5,043

기타 지역은 모두 어느 것이나 천 원 미만이다. 대략 상술한 바와 같은 상태이나 훈춘의 상황은 다음과 같다.

통과 수이출 중요품 가격표(원)

품목	1913	1912	1911	1910
차		6,463	625	630
밀가루		395	108	120
설탕·정당(精糖)		7,039	8,447	3,003
청주		1,563	1,835	1,518
솜, 繰綿		206	832	284
면직사		2,493	1,471	2,190
생옥양목·생시청구		104,740	66,890	28,116
표백옥양목·표백시청구		12,776	7,003	3,250
綿繻子·면이타리안스		7,110	1,546	-
면포 각종		38,854	37,333	37,733
지류		2,393	1,333	1,695
납촉(蠟燭)		2,291	5,693	7,785
성냥		4,375	2,278	2,084
염료		1,659	140	-

품목	1913	1912	1911	1910
석유		5,549	3,395	510
연초		16,781	9,591	3,440
기타		78,086	54,834	19,830
계		292,773	203,354	112,188

3 중요 상업지

1. 압록강 방면

이제 주요 시가지의 교통 관계에 따라 상업 범위를 보면 관전(寬甸)
은 전부 안동현의 세력범위 내에 있다. 물자는 종류에 따라 태마(駄馬; 짐을
나르는 데에 쓰이는 말 — 역자)를 이용하는 것도 있으나 대개는 장전하구(長
甸河口)를 거쳐 수운으로 안동에 통한다. 오직 겨울철 결빙기에는 반드시
썰매로 운반한다. 수운으로 운반하는 주요한 것은 석유·면사·면포·밀가
루·설탕·삿자리³ 등이다. 잡화는 대개 육운을 이용한다. 운임은 여름과 겨
울에 따라 큰 차이가 있다. 여름철에는 100근 2원을 요하지만, 겨울철에는
반액으로도 족하다. 수운은 육운에 비하여 저렴하다. 장전하구를 거쳐 안
동에 이르는데 60전에서 70전이면 족하다.

환인(인구 약 5천)에서 봉천으로 통하는 도로에는 준령(峻嶺)이고 거리
역시 멀기 때문에 안동과의 거래 가운데 10의 8을 점한다. 그리고 혼강은
사첨자(砂尖子)까지 주운(舟運; 배로 화물 등을 운반하는 일 — 역자)이 있어 시

3 갈대 등을 쪼개 펴서 사람이 앉거나 누울 때 바닥에 까는 물건을 말한다.

급한 물자 외에는 모두 수운을 이용할 수 있다. 대개 수운을 이용할 때는 소첨자에서 안동까지 3일이면 족하나 거슬러 올라갈 때는 20일 이상 필요하다. 이에 반하여 육운은 7일 또는 8일 걸려 환인에서 안동에 도달할 수 있다.

혼강이 압록강으로 흘러 들어가는 곳에 혼강구가 있는데, 이곳은 압록강 연안의 중요 상업지 중 한 곳이다. 일행은 노정관계로 답사할 수 없었다. 소첨자도 같은 이유로 생략한다.

집안현에서 중요한 상업지는 통구(通溝)와 외찰(外察)이다. 외찰은 대안의 조선에서 초산과 서로 호응하여 압록강에 임하며 수로의 요충지일 뿐만 아니라 육로로 환인으로 통하는 요지이다. 통구는 외찰구문자(外察溝門子)의 상류 약 2리 떨어진 곳에 있는데, 현재는 현아문(縣衙門) 소재지로 모든 관아가 역시 이곳에 있다. 인구가 2천여 명으로 역시 강안 제일의 시가지이지만 강에 인접해 있지 않다. 또한 상업상 상무회 같은 것도 역시 외찰구문자에 있다. 다만 이곳은 동북쪽으로 몇 리 떨어진 곳에 유명한 '동강(東崗)의 비(碑)'가 있으니 역사상 이름난 곳이다. 이곳에서 통화로 통하는 데는 신개령(新開嶺)의 험한 고개를 넘어 새로운 도로로 통하는데 이에 대해서는 교통 부분에서 기술한 바와 같다.

통화는 봉천과는 동쪽으로 약 60리 떨어져 있어 7일 일정의 거리이다. 도로가 평탄해서 마차를 이용하여 교통이 편리하나 안동에 이르는 수로는 유벌(流筏) 외에는 이용할 수 없다. 육로는 고개가 많아 겨우 태마(馱馬)를 이용할 수밖에 없다. 봉천과의 거래가 80%를 차지하고 안동과는 20% 정도이다. 큰 상점 중에는 영구(營口)와 직거래를 하는 자도 있다. 운임은 여름에는 비싸고 겨울에는 싼데 안동·봉천까지 100근을 옮기는데 겨울에는 2원으로 족하나, 여름철에는 6원에서 7원 정도 한다.

통화는 봉천 동쪽에 위치한 유일한 상업지로 웅장한 인가들이 나란히 층하를 잇대고 있는데 그중에는 연와(煉瓦)의 삼층루도 볼 수 있다. 현재 지현아문(知縣衙門) 소재지로 통연국(統捐局)·학교 등의 관공서가 들어서 있고 인구는 상시 7, 8천 명이라고 하는데, 겨울철 벌채 시에는 1만5천에서 2만 명에 달한다고 한다. 그리고 혼강 상류 지방은 모든 물자 공급을 이곳에 의존하는 상황이다. 현금 벌채 구역이 점차 상류로 올라가면서 혼강 상류의 팔도강이 점점 발달하여 통화의 번영을 위협하는 상황이지만, 지세와 위치로 볼 때 통화는 봉천의 동쪽에서 유일한 중심지로 장래 오히려 많이 발전할 여지가 있는 것은 의심할 여지가 없다.

모아산은 수륙(水陸) 모두 교통이 불편하다. 우기에 물이 불어났을 때를 제외하고는 수운이 없어 육로를 이용하여 통화를 거쳐 봉천·경흥 또는 안동과 거래한다. 또한 외찰구문자에 본점을 가지고 있는 자가 있다.

압록강이 해빙하면 종래는 작은 융극(戎克)으로 운송하였으나, 1914년부터 고뢰주(高瀬舟)[4] 6척으로 중국인 경영의 운송편이 열렸다. 운임은 100근에 대하여 상항(上航) 2원10전, 하항(下航) 1원15전을 요한다. 육운은 통화와 모아산 간 280리(중국리)이고 팔도강과 통화 간은 혼강 본류에 연하여 평탄하지만, 본류를 횡단하는 일이 많을 때는 7회나 되고 산길을 이용하는 것도 4회로 해빙 중에는 불편함이 작지 않다.

또한 임자두(林子頭) 동쪽으로 10여 리의 사이에 노령의 대삼림이 있다. 운임은 태마(駄馬) 100근에 1원70전 내외, 왕복 8일을 요한다. 모아산에 집산하는 화물의 주요한 것을 보면 다음과 같다.

모아산에서 다른 곳으로 수출하는 화물

품목	수량	가격	목적지
목재	15,000符	300,000원	안동
인삼	3,000근	45,000	봉천·영구
콩	4,600석	27,000	안동
차량(車輛)	3,500본	5,250	안동·봉천·유하
웅위(熊胃)	80개	1,200	봉천·영구

---

4 일본 에도시대(江戸時代) 바닥이 얕은 강에서 운행하기 위해 일본 각지에 보급된 배로 배 밑이 평평한 목조선이다.

모아산에 수입되는 화물

품목	수량	금액	발송	적요
소주	100,000근	13,500원	통화 · 유하	태마
염간어(鹽干魚)	15,000근	1,800	안동	선편
권련초	150함	15,000	영구 · 봉천 · 안동	
도기(陶器)	850包	595	안동	1포는 12개부터 6개를 보통으로 함
철사못	30,000근	3,420	안동	
철냄비	1,500	1,950	안동	
면포 · 면제품		24,804	안동 · 봉천	
설탕 · 얼음설탕		6,600	안동 · 봉천	
중국종이	3,000梱	12,000	안동 · 봉천	
석유	2,000상자	8,800	안동	
식염	150,000근	5,775	안동	

기타 유리 · 유리제품 · 성냥 · 양랍(洋蠟; 파라핀 - 역자) · 비누 · 각종 통조림 등 일용품 잡화류를 합계하면, 연액이 12만여 원에 달할 것이다. 이들 수입 화물 중 잡화는 대안 중강진으로 수송되는 것이 적지 않다. 이에 반하여 곡류는 오히려 이를 대안에 의존하는 상황이다. 이제 두 곳의 주요 물가의 고저를 비교하면 다음과 같다.

품목	단위	모아산 가격	중간진 가격
백미	1두	1.15원	1.15원
정율(精栗)	1두	60	65
밀가루	40근 1포	3.00	3.80
콩	1두	40	40
팥	1두	50	60
옥수수	1두	30	31
식염	1근	4	3
소주	1근	16	25
우육(牛肉)	1근	16	24
목탄	1근	8	14
석유	1罐	용인(龍印) 2.11	송인(松印) 2.50
성냥	240포 1상자	5.40	7.50

모아산은 현재 임강현 아문의 소재지이다. 이곳은 삼림지방의 관문이 되고 벌채사업으로 물자공급지가 되며 무송현에 이르는 통로이기도 하다.

장백부는 전연 사정을 달리하여 오로지 혜산진에서 물자를 지급 받는다. 일찍이 현 아문에서 관선(官船)을 내어 안동현과 왕래하였으나 1년에 겨우 한번 왕복할 수 있을 뿐으로 실효가 적어 마침내 중지하였다. 육로는 모아산으로 통하는 새로운 도로가 뚫렸으나 대삼림이 전후 약 40리에 걸쳐 있어 인가가 거의 없고 불편하여 자연스럽게 이용하는 일이 적다. 근래 벌목공사 사업이 크게 진척되어 들어오는 인부가 많아 곡물이 매우 부족하여 조 1석에 25원에서 30원에 이르는 정황이다.

장백부는 인구수 1천5백 명에 달할 것이다. 이곳은 장백현 아문의 소재지이나 거의 압록강변 가장 오지의 도시로서 중국인 거주자가 적어 마치 한인촌의 모습을 보여준다. 정부는 특히 주택을 축조해서 이를 대여하고자 하였지만, 중국인 내왕자가 쉽사리 증가하지 않는 듯하다.

2. 간도 방면

간도 지역의 인민은 농업을 주로하고 상업에 종사하는 자는 극히 적다. 특히 일행이 시찰한 연안 지역에서는 상업지라고 칭할만한 곳은 거의 없고 훈춘이 약간 번성한 상업지이다. 그 외는 태납자(太拉子)와 양수천자(凉水泉子) 두 곳에서 겨우 상업이 행해지고 있을 뿐이다. 그곳에는 수 칸의 잡화점이 있었으나 지금은 그 수가 명확하지 않다. 특히 양수천자는 일행이 통과할 때는 큰 수해를 겪은 터라 참혹한 상황이었다. 오지에서는 국자가·용정촌·동불사·두도구 등지가 주된 상업지이다.

훈춘은 현하(縣下) 유일한 상업지로 간도 일대 및 북선지방(北鮮地方)에 대한 상화(商貨) 집산지로 어느 정도 자못 번영을 이루고 있다. 주된 수입품은 옥양목·석유·성냥·경사(更紗)·각종 장식품·곤충[昆]·포·소금

[鹽]·염어[鹽魚]·연초·종이·면화(棉花)·경화(京貨) 등이며, 수출품은 콩·콩깻묵·모피·목재·야채·콩기름 등이다. 블라디보스토크 자유항의 폐쇄로 훈춘의 상업에 큰 타격을 입혀 일시 부진하였으나, 금일에는 웅기(雄基)를 거쳐 청진과의 무역이 성해져 크게 형세를 회복하였을 뿐만 아니라 발전 경향이 있어 각종 잡화·모시류·양식품 등 백화가 시장에 없는 것이 없을 정도다.

또한 이 지역에서 농산물이 시장으로 반출되는 것도 적지 않다. 현재 성 내외에 있는 상가는 유방(油房) 30여 호가 있고 상당한 잡화점 15호, 제분업 30여 호, 피포(皮鋪) 12호, 목장(木匠)·철공·육포(肉鋪)·의포(衣鋪)·약포(藥鋪)·음식점 등이 실로 4백여 호에 이른다.

훈춘의 재일본인 34호 136명 가운데 8호 17명은 관리이고, 한인 22호 99명 중 관리는 1호 4명뿐이다. 기타는 모두 여러 업무에 종사하고 있다. 일본인의 주된 영업은 요리점으로 총 8호이다. 기타에 송포(松浦) 상점과 같이 건실한 잡화상이 있어 1개월 거래량이 약 1만 원(거친 베 주로 판매함)에 달한다고 한다. 일본인과 한인의 직업별 표는 아래와 같다.

훈춘 거주 일본인 · 한인 직업별 조사

구분	일본인				한인			
	호수	인원		계	호수	인원		계
		남	녀			남	녀	
관리	8	9	8	17	1	1	3	4
의사	1	1	1	2	2	5	3	8
잡화상	4	4	6	10	2	4	3	7
매약상	1	1	-	1	-	1	-	1
과자제조업	1	2	1	3	-	-	-	-
된장 · 장유양조업	1	2	2	4	-	-	-	-
사진가	1	1	-	1	-	-	-	-
화장품상	1	1	1	2	-	-	-	-
재목상	1	1	1	2	-	-	-	-

구분	일본인				한인			
	호수	인원		계	호수	인원		계
		남	녀			남	녀	
재봉업	-	-	-	0	1	1	1	2
2세탁업	1	1	-	1	-	-	-	-
이발직	1	1	1	2	-	-	-	-
여인숙	2	2	2	4	3	6	4	10
음식점	1	1	1	2	2	3	3	6
요리점	8	7	10	17	1	8	2	10
잡업	1	4	8	12	6	19	6	25
작부	-	-	42	42	-	-	5	5
고인(雇人)	-	8	5	13	1	8	1	9
중국용·빙자(傭聘者)	-	-	-	-	3	9	3	12
당구업	1	-	1	1	-	-	-	-
합계	34	46	90	136	65	65	34	99

4 상관습〔商慣習 ; 상사(商事)에 관한 관행—역자〕일반

1. 압록강 방면

1) 기업 방식

상점에서는 기업가와 자본가를 구별하는 일이 많다. 자본가를 재동 (財東)이라 칭한다. 재동에게 자본을 돌려 기업하는 자를 장궤(掌櫃)라 한 다. 장궤는 대개 재동과 다르지만, 드물게는 재동으로 장궤를 겸하는 자가 있다. 장궤는 상업에 관해서는 모든 권한을 가지고 있어 재동이라 하여도 함부로 간섭할 수는 없다. 그 지위는 일본의 번두(番頭)보다 훨씬 높다. 장궤는 월수입 6, 7원 이상을 받는다. 그리고 3년마다 청산(淸算; 서로 간에 채무ㆍ채권 관계를 셈하여 깨끗이 해결함－역자)하여 이익을 배당받는다. 배당금은 전부 지급하지 않고 일부를 상점의 자본으로 돌렸다가 해고 시에 지급하는 자도 있다.

장궤 수는 상점 대소에 따라 다르지만, 여러 사람이 있을 때는 고참자가 전권을 장악하는 제도이다. 장궤 밑에서 점원으로 일하는 자가 있는데 식물(食物)을 지급 받고 월액 2, 3원의 급여를 받는다. 견습자는 의식(衣食)을 지급 받을 뿐 별도로 급여를 받지 않는다. 점포는 주거와 달라 장궤 이하 별도로 주택을 가지고 있다. 그중에는 산동 직예 지방에서 홀로 이주해와 있는 자가 있는데 이들은 2년 또는 3년마다 1회 귀향하곤 한다.

각 상인은 상기(商機; 상업상의 기회 또는 기밀－역자)에 재빨라 큰 상점은 봉천ㆍ안동 등 거래지에 특약점을 두거나 상시 점원을 주재시켜 상황을 알아보게 한다.

2) 진열(陳列)

가게 앞의 상간판(商看板)에 각주(角柱; 네모진 기둥－역자), 기타 원주(圓柱; 원형 기둥－역자) 등의 표시를 하는데 이는 종전과 다를 바 없으나 점내의 진열은 크게 면목을 달리하여 유리창을 만들어 도로 쪽에 상품을 진열하는 방법이 통화(通化)를 비롯하여 각 시가지에 점차 행해지고 있다.

3) 영업시간

상점의 영업은 낮에 한하고 일몰과 더불어 종업 폐점하여 비록 하절기라 하여도 8시 이후는 전시(全市)를 닫아 조용하다.

4) 계산

매매에는 현금과 외상 두 가지가 있는데, 관전(寬甸)의 경우 외상 매매가 10의 8을 차지하며 환인·통화는 비교적 적다. 외상 매매는 이를 현금 매매에 비하면 1할(통화·환인) 또는 2할(관전) 고가이다. 외상 매매에는 작게 접어 만든 통장(通帳)을 내준다.

상점 계산은 1일과 15일에 합산하며 거래 결산은 연 3회, 곧 5월 15일, 8월 15일, 연말에 이를 한다. 그리고 3년마다 손익 결산을 하여 이익배당을 하는 것이다.

5) 시(市)

통화에서는 3·6·9날 즉 월 9회 남관 외에서 열어 잡곡·잡화·포면 제품(布綿製品)을 경매(競賣)하는데 한인이 많이 몰려온다. 한인은 대개 곡물을 가져다가 잡화와 바꾸어 가는 듯하다.

모아산에서는 3·8의 양일 즉 6회 개시를 하는데 잡곡은 한인, 잡화는 중국인이 이를 판매한다. 통환세연국장(通桓稅捐局長)의 말에 의하면, 시장은 북중국에 많아도 남중국에는 이런 것이 없다고 한다.

6) 행상

행상인과의 거래는 물물교환을 한다. 또한 농가는 가을에 수확이 많고 또 농한기를 이용하여 인부로 노역에 종사하여 수입을 올리기 때문에 상인에 대해서는 수확을 예상해서 봄·여름에 매입하고 가을에 결제하는 자가 적지 않다.

2. 간도 방면

간도 지역에서 행해지는 거래는 물물교환도 있으나, 점차 현금 매매가 많아져 드물게는 고객(顧客)·거래점·상호 신용 여하에 따라 외상 매매

일제강점기 북간도 용정의 장날 모습

를 하나 1개월 1회 정도로 한하는 것이 많은 듯하다. 대개 각 상매의 자산이 풍족하지 않아 거래지급 상 영향을 미치는 일이 있기 때문인 듯하다. 물물 교환에도 곧 추계 수확 후 조·콩 등의 곡물과 수요 잡화를 교환하고 있었다.

간도 지역 추요(樞要; 가장 요긴하고 중요함 - 역자)의 마을에는 시장이 있는데, 태납자(太拉子)는 5. 10일, 용정촌은 2. 7일에 열린다. 시장 상황을 연구하기 위하여 용정촌의 장날에 관해 기술하고자 한다.

1) 명칭과 소재지

육도구 시장이라 칭하여 육도구 하안에 있으며 약 4천 평의 면적을 가지고 있어 장날에는 육도구하를 건너 상부지내(商埠地內)에서 중앙부와 서부까지 출점하고 있었다.

2) 거래화물과 거래량

한인은 옥양목·목면·경사(更紗)를 비롯하여 조악한 화장품·관리(冠履; 관과 신 - 역자)·기타 잡화를 팔고 중국인은 목면(木綿)·철품류(鐵品類)·모자·오납혜(烏拉鞋)·기타 중국 잡화·모피·육류를 판매한다. 또한 장날에는 해란하(海蘭河) 두둑, 용정 시장 가까이 우마시(牛馬市)가 열려 중국인·한인의 우마가 모여드는데 그 수가 2,300두에 이른다고 한다. 거래는 현금 매매와 교환 2종이 있다.

시장에서 거래되고 있는 잡화량(貨物量)은 1개년을 통산해서 매시일의

우(牛)	30두	가격 1,400원(교환은 제외함)
잡화		가격 1,600원
신탄(薪炭), 어류, 기타		가격 1,000원

평균 거래 화물량를 계산하면 아래와 같다.

3) 취체(取締)

순찰국에서 순경을 파견해서 이를 담당케 한다.

4) 시장에 대한 조세 또는 공과(公課)는 없음

5) 시장 상황

장날 아침 각 통로에서 오는 행상은 상품을 마배(馬背)·우차(牛車)·마차 및 차 등에 적재한다. 사람이나 수레의 왕래가 끊이질 않아 시장은 매우 북적북적하여 사람이 많을 때는 1만 명이나 모인다. 교통왕래가 일시 전적으로 두절(杜絶)하는 정도로 축우(畜牛)의 매매·교환 등의 계약이 이뤄지지 못한 것은 밤이 되어서도 아직 거래되는 상태이다.

5 압록강 방면에의 이주 한인의 상업

압록강 방면에서의 이주 한인 태반은 농업을 영위하는 자라는 것은 전술한 바와 같다. 상업에 대해서는 거의 기재할 것이 없다. 오직 외찰구문자·모아산·장백부에는 한인으로 잡화를 판매하는 자가 여러 호 있었다. (장백부에는 그 수가 가장 많다.)

한인 특수의 일용품, 포백류(布帛類), 해산물 등을 판매한다. 장백부에는 한인 서점이 있고 합니하에는 이시영의 집 앞에 1호의 잡화상이 있다.

농산물은 직접 이를 중국인에게 매득하는 일이 많다. 서변계(西邊界; 초산의 대안 지방의 범칭─역자)와 같은 한인이 가장 많은 지방에서도 별로 한인의 곡물상이 없고 거의 다 중국인에게 판매하고 있다. 통화와 모아산 이북에서는 이미 기술한 바와 같이 장날에는 한인이 모여 곡물을 판매하고 있었다.

이외에 환인·통화·통구·모아산·장백부·이도양(二道陽, 환인현─역자) 등에는 이주 한인을 목적으로 하는 여인숙이 있다. 중국인 가옥에서 개업하여 그중에는 수십 명을 숙박시킬 수 있는 설비를 갖춘 것이 있다.

4부

금융

1장

통화 및 신용증권

1 압록강 대안 지방

1. 통화

1) 중국화

(1) 마체은(馬蹄銀) : 이 지방에 통용되는 마체은은 순은괴로 큰 거래에 본위화폐의 지위를 갖는다. 540문(匁) 또는 550문이 1괴이다. 시세에 따라 변동이 있는데 일본의 6원에서 8원50전에 해당한다.

마체은

(2) 양(兩) : 1냥은 은 10문이나 형기(衡器; 무게를 재는 저울－역자)에 여러 종류가 있어 통일되어 있지 않아 실제로 계산은 매우 곤란하다.

(3) 대양은(大洋銀) : 흑은(墨銀) 또는 향항은(香港銀)이라 칭하기도 한다. 원료가 소양은과 달라 양자 간에 프리미엄이 생겨 통용된다. 차이는 때에 따라 다르지만, 1원에 대해 1각 2분 정도의 간극이 있고 대양은 쪽이 고가이다. 그래서 관공서는 무릇 대양은으로 계산하기 때문에 환산하는 데 어려움이 있다.

(4) 소양은(小洋銀) : 중국 봉천·길림·직예·호남·호북·복건·광동의 각 성에서 주조한 은화로 푼(分)을 단위로 하고 10푼을 1각, 10각을 1원으로 하여 1원·5각·2각·1각·반각 등의 은화를 주조한다. 대양은과 차이가 큰데 위조 화폐가 많아 불편이 작지 않다.

(5) 동전(銅錢) : 동전은 2푼, 1푼, 반푼 등 3종류가 있으나 실제로는 동과 은의 실제 가격에 따라 통용하므로 1푼의 동전 12매로 소양 1각과 교환

하는 것이 실상이다.

(6) 유공전(有孔錢) : 건륭(乾隆, 1736~1796)·가경(嘉慶, 1796~1820) 시기에 주조된 것이 많다.

(7) 지폐 : 지폐는 중국은행·대청(大淸)은행·봉천흥업총은행·교통은행·농업은행의 태환권(兌換券), 동삼성관은호(東三省官銀號), 흑룡강관은호(黑龍江官銀號) 등의 관첩(官帖)이 통용되고 있으나, 봉천과 동삼성관은호의 것이 가장 많다.

2) 외국 화폐

러시아 화폐는 전연 보지 못했다. 일본 화폐는 국경 연선(沿線)에서는 국정(國情)이 안정화 하자 중국인은 안심하고 지폐를 수수하고, 경화(硬貨; 모든 화폐와 언제든지 바꿀 수 있는 화폐ー역자)도 명가(銘價)대로 통용하지만(예건대 20전 은화는 실가로 통용하면 2각 정도의 가치밖에 안 되지만, 금화의 보조화폐로서 금화의 가격을 인정하여 금 20전에 은 2각5푼, 2각6푼으로 환산하는 것과 같다) 일본 지폐는 통용되지 않고 은화는 은의 실가로 통용한다. 조선은행권·횡빈정금은행권(橫濱正金銀行券)도 역시 국경을 제외하고는 통용이 적다.

3) 화폐 유통 상태

경화(硬貨)에는 위조 화폐가 많고 또 법화(法貨; 통화의 원활한 유통을 기하기 위하여 법률로서 강제통용력을 부여한 화폐ー역자)로서 강제 통제력이 없기에 일일이 중량(重量)을 달아 실가(實價)로 유통하여 많은 수고가 필요하다.

지폐는 도회지에서 유통되지만, 액수가 적고 산간에서는 아직 전혀 유통하지 않는다. 이에 유통할 때 일일이 이서(裏書; 수표나 어음, 증권과 같은 화폐의 뒷쪽에 사용자의 이름을 적어 그것을 보증하는 것ー역자)하는 경향이 있다. 즉 겨우 수표로 통용하는 정도이다. 또 일반으로 경화를 좋아해서 이를 은닉하는 경향이 있다.

2. 신용증권

태환권(兌換券; 태환할 수 있도록 규정한 은행권 또는 화폐로 자유로이 바꿀 수 있는 정부 지폐 따위의 통틀어 일컬음－역자)도 일종의 신용증권이지만, 이에 기술할 것은 개인 발행에 관한 것으로 한정한다.

① 상무회 보증의 증권에 대해서는 상무회의 절에서 기술하였다. 기타 큰 상점은 상무회의 보증 없이 스스로 점포의 신용으로 수표를 발행하기도 한다. 이 수표는 구역 내에서 전전(輾轉)하여 거의 화폐와 같이 통용한다.

② 압록강채목공사 발행의 증권은 모아산 분국 관내에 있어 지금 현재 6천 원을 발행했다. 동 지방에서는 신용이 두터워 훌륭하게 통용된다. 통화 분국도 일찍이 발행하려고 했으나 지사가 이를 허가하지 않았다.

2 간도 지역

1. 통화

1) 일본 화폐

(1) 경화(硬貨; 금속으로 만든 돈－역자)

경화는 구한국의 50전·20전·10전 은화, 5전 백동화, 1전, 반전(半錢)의 각 동화가 유통되고, 구한국 엽전도 한인 사이의 작은 거래에는 아직도

성행한다. 그밖에 일본 제국정부
발행의 50전·20전·10전의 각 은
화, 5전 백동화 2전·1전·반전의
각 동화도 다소 통용하지만, 액수
는 구한국 정부 발행의 것에 크게

미치지 못한다. 일본인의 근거지
인 용정촌 시장에서도 겨우 구한국
경화의 20분의 1을 점할 뿐이다.

대한제국 5전 백동화

(2) 은행권

한국에서와 같이 구한국은행 발
행의 은행권이 가장 많이 통용되지

일본 은화 50전

만, 제일은행·일본은행 발행의 은행권은 유통액이 극히 적고 횡빈정금은
행(橫濱正金銀行) 발행의 금권·은권은 간도에서는 전연 통용되지 않는다.

2) 러시아 화폐

(1) 경화

은화 1루블·50코펙·10코펙, 동화 5코펙·
3코펙·1코펙 등이 있으나 유통액은 적다.

(2) 은행권

1900년 이후 러시아은행(옛 러청은행)에서
발행한 중국인의 소위 강첩(羌帖)에는 1루블·
3루블·5루블·10루블·25루블·50루블·

러시아 은화 1루블

100루블·500루블 등이 있다. 훈춘무역 개시
이래 곡물·가축의 수출(輸出), 소주(燒酒) 밀매매 등이 성행하여 러시아로
부터 화폐가 유입하여 크고 작은 거래에 널리 사용되기에 이르렀으나, 러
일전쟁에서 패하면서 일시 가치가 하락했으나, 그 후 순조롭게 회복하였고

근래에는 일본 화폐보다 약간 고가로 유통된다. 1루블에 대해 1원 3, 4전의 시세를 보인다. 그러나 시국(時局) 발생 후 8월 6일 러시아 정부는 갑자기 금의 해외 수송을 금지했기 때문에 시세가 급락하여 일화 1원에 대해 80전, 90전에 거래되다가 용정촌 일본 상인은 8월 이후 러시아 화폐의 거래를 전면 중단했다.

3) 중국 화폐

(1) 경화

현재 간도에서는 길림성 주조의 1원·5각·2각·1각·반각 등의 경화, 광평은(廣平銀), 각성 주조의 은화는 길림관첩(吉林官帖) 때문에 구축(驅逐; 경기 활성화를 위하여 정부가 재정 지출을 늘리면 이자율이 상승하여 기업의 투자와 민간의 소비가 위축되는 현상)되어 거의 자취를 감췄고, 다만 약간의 동전·동원(銅元; 청 말기의 보조화폐로 100장이 은 1원에 해당─역자)이 유통될 뿐이다. 동전[有孔錢]은 일찍이 길림보길국(吉林寶吉局)에서 주조했던 제전(制錢; 정부 공인 화폐─역자)·사전(私錢)이 있다. 제전은 길림관첩의 태환 본위로 산법(算法)은 제전 1개를 2문으로 하고, 5개를 1성(成)으로 하며, 50개를 10성(成)으로 하고 5백 개 즉 100성을 1적(吊)으로 한다.

사전은 제전에 비하면 크기가 작고 품질이 조악하다. 동전은 원래 길림 은원국(吉林銀元局)에서 주조한 2푼·1푼·반푼(당 제전 20문·10문·5문) 외에 봉천성·직예성·복건성·호남성 등 각 성 발행의 것이 통용되고 황색과 적색이 있다. 이런 동전과 동원의 가치는 화폐 시세의 고하에 따라 수시로 변동하여, 1914년 9월 초순에 일본 1전 동화(銅貨)와 같은 크기를 가지는 당제전(當制錢) 10문은 용정 시장에서 5리(厘)의 가치에 지나지 않는다.

(2) 지폐

간도에는 원래 사첩별명전표(私帖別名錢票)라고 하는 소과업(燒鍋業) 및 상인·자본가 등이 관허를 받아 발행하는 일종의 신용증권이 유통하여

1910년경에는 총액 1만8천여 적(吊)에 달했으나 수년 전 중국 관헌이 이를 금지하여 시장에 유통하는 것은 길림 관첩뿐이다. 관첩의 전신은 빙첩(憑帖)이라고 하는 개인 발행의 전표가 있었는데 후에 남발하여 가치가 하락하였다. 이로 인하여 농상민의 곤란이 심하여 길림 관헌은 발행을 금지하였고, 관첩으로 대신하였다.

현재 관첩은 길림성 장관의 관할에 속하는 길림관은호(吉林官銀號)가 발행되고 있다. 전술한 제전(制錢)은 태환 본위로 하는 1적·2적·3적·5적·10적·50적·100적 등 7종류가 있고, 50적 이상을 정첩(整帖)이라 하며 10적 이하를 소첩(小帖)이라 한다.

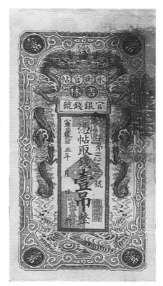

길림관은호가 발행한 1적 지폐 (1914)

창설 당시의 규정에 따르면, 발행액 3분의 1의 준비금을 가지고 정첩을 정시(呈示; 어음·수표 그 밖의 증권 등의 소지자가 인수나 지급을 요구하기 위하여 지급인 또는 인수인에게 제출하여 보이는 일 — 역자)할 때는 소첩으로 바꾸고 소첩을 정시할 때는 그 액면의 2할을 현금으로 태환하는 제도이지만 현재 현금이 부족하여 정화(正貨; 일반적으로 보조화폐·지폐에 대한 본위화폐를 말한다 — 역자) 준비가 어려운 상황이다. 더욱이 길림성 정부의 곤란은 해가 지날수록 심해져 마침내 정첩을 남발하여 이런 조건처럼 전연 실행되지 않아 사실상 불환지폐가 되었으며, 1909년에는 간도에서는 인환률(引換率)이 일본 화폐 1원에 대하여 2적 500문이었으나, 1914년 9월에는 20적으로 하락했다.

상술한 바와 같이 관첩은 하등 실질상의 가치를 가지지 않아 시세의 상하가 심하고 또 지질(紙質), 인쇄 모두 자못 조악하여 위조가 많고 거래상의 불안이 적지 않다. 그런데, 원래 이 지방에 많지 않은 현금도 관첩(官帖) 때문에 거의 구축되어 모든 거래는 자연스럽게 관첩에 의하지 않을 수 없다. 따라서 관첩의 유통 범위는 간도 일반에 걸쳐서 간도 중부나 서부나 가장 주요한 지위를 점한다.

특히 간도 서부에는 일본 화폐·러시아 화폐가 모두 행용되지 못하고 소액의 봉천관첩 외는 한결같이 길림관첩에 의해 거래된다. 간도 상업의 중심지 국자가에서 일본인 잡화상에게 들은 바에 따르면 그곳 유통 화폐 중 관첩은 총액의 60%를 점하고 러시아 화폐는 25%, 일본 화폐는 겨우 15%에 불과하다고 한다.

2. 화폐 시세

간도에서의 화폐 시세는 대체로 장춘·길림의 영향을 받는다. 즉 장춘에서는 연일 성내(城內)·신시가 두 곳에서 각종 화폐에 대한 관첩건(官帖建) 시세가 정해지고, 길림은 매일 재신묘(財神廟) 내에서 열리는 은시(銀市)에서 각종 화폐에 대한 적문건(吊文建) 시세가 정해진다. 시세표는 날마다 중국 전신(電信)을 이용하여 국자가에 보내지고 국자가에는 입전(入電)을 기초로 화폐 시세, 특히 관첩 시세가 오르내린다.

그러나 시세란 것이 결코 일정한 것이 아니고 개인에 따라 다소 환산율을 달리하여 가치가 불확실하기에 중국인 가운데는 길림지방에서 입전하는 시세를 숨기고 약간의 책략을 쓰기도 한다. 일본과 러시아 화폐를 교환하여 국자가 일본 우편국을 거쳐 이를 길림·장춘에 바로 보내 차익을 얻는 것이다. 또 전보의 더딤과 빠름도 그들에게는 지대한 이윤 관계가 있어 은밀히 중국 전보국에 뇌물을 줘서 전송 속도를 조절하여 이익을 얻는 자가 있다고 한다.

2장

금융기관

1 압록강 대안 지방

　　지방 금융기관으로 은행은 통화에 동삼성관은호 지점이 있어 환전을 취급하지만, 대부·예금은 하지 않는다. 우편국은 현 소재지에는 반드시 있으나 환은 취급하지 않는다. 통화에는 잡화점으로 환전 상점을 하는 자 1호가 있고, 전당포[質營業]는 허가 영업의 하나로 허가료를 징수한다. 질물(質物)을 받아 예증(預證)을 교부하고 유질(流質; 저당 잡힌 물건의 기한을 넘겨 찾지 못하게 됨 - 역자) 기한을 정하는 것은 일본과 같고, 이자는 월 3푼이다. 통화자치회는 일찍이 지방금융 조절을 위해 현 내 각호로부터 1인에 대해 조 2승(精粟 1승)을 수납케 하여 총액 3만 원 정도의 현금을 얻고 가을철 수확을 담보로 농민에 대부하는 제도를 만들었으나, 자치회 폐지 후에는 지사가 이를 관리하고 있다. 금융기관의 대략은 이상과 같다.

　　다만, 이 지방에서의 금융 상태를 살펴보면, 러일전쟁 당시는 화폐가 자못 윤택했으나 현재는 핍박 상태에 있다. 금리는 3할에서 5할로 토지를 사는 것보다 자금을 대부해 주고 토지를 빌리는 상태이다. 대차(貸借)에는 보증인이 필요하고 부동산 담보가 있으나 반드시 이를 세우지는 않는다. 금전상의 약속을 지키는 것이 확실하여 임차 소송은 드물다. 또 관민 일반이 예금하지 않는 것은, 하나는 금리의 관계 때문이고 다른 하나는 은을 저장하는 관습이 있기 때문으로 보인다.

2 간도 지방

간도에서는 금융기관이 매우 불완비하여 국자가·용정촌 등 주요한 시가지에서도 거의 볼만한 것이 없고 겨우 2, 3개 정도뿐이다.

1. 일본인이 경영하는 금융기관

1) 간도우편국

간도우편국은 1907년 9월 처음으로 용정촌에 개설되었고, 그 후 1910년 8월 국자가 일본총영사관 분관 내에 분국을 설치했다. 본래 간도에는 은행이 없어서 회령·청진·오사카(大阪) 등과 거래하는 한인·일본인 상인은 대부분 우편국을 이용하여 우편환으로 송금하여 결제하였다. 1913년 봄부터 조선은행 회령출장소와 연락을 취하여 대체(對替; 어떤 계정 금액을 다른 계정에 옮겨 적는 일 – 역자) 저금에 의해 송금하는 편법을 사용하고, 또 그해 9월 이후 간도 상인은 회령 상인에게 환수표를 발행케 하여 금융의 편리를 꾀하고 있다. 수취에는 우편국의 집금(集金; 받아들일 돈을 거두어 모음 – 역자) 우편을 이용하여 양측 상인에게 적지 않은 편의를 제공하고 있다.

근래에는 중국인도 자국 우편에 의뢰하기보다는 일본우편에 의뢰하는 것이 안전하고 신속하다는 것을 깨닫게 되었다. 이에 중국인 가운데 한인이나 일본인과 같이 저금하는 자가 점차 증가하는 경향이 있다. 그뿐만 아니라 이를 이용하여 송금하는데 국자가 분국에서는 3분의 2가 중국인이라고 한다. 재간도우편국에서 우편환·대체저금·추심·집금우편·러시아 화폐 및 관첩 재중 가격 표기 우편으로 송금된 합계표를 보면, 간도에서 가장 중

용정 간도우편국 전경(간도임시파견대기념사진첩)

요한 금융기관임을 알 수 있다.

연도	용정촌국(圓)	국자가분국(圓)	합계(圓)
1910	218,725	39,780	258,505
1911	276,146	120,465	396,611
1912	303,799	205,563	509,362
1912	523,947	300,316	824,263

2) 간도용정촌구제회(間島龍井村救濟會)

간도용정촌구제회는 일종의 특별한 역사가 있는 금융기관이다. 이에 연혁을 약술하면, 1909년 9월 일청협약[간도협약－역자] 체결 결과 간도에 4개소의 상부지(商埠地)를 설치했으나, 중국 측은 상부지 내의 토지를 전부 상부국에서 매수하여 다시 내외인에게 조차케 하였다. 그런데 두도구·백초구·국자가 등 3곳 상부지는 1910년 이미 중국인에게 전부 혹은

통감부간도파출소 자리에 들어선 간도정촌구제회 정문(한국학중앙연구원)

태반 매수를 마쳤다.

　그러나 용정촌은 위의 상부지와 정황을 달리하여 수년 전 중국에 귀화한 한인의 명의로 얻은 토지를 수백 명의 한인에게 분할 판매[分賣]한 약 10만 평이 있다. 그 밖에 일본인도 귀화 한인에게 토지를 분할 매수[分買]하여 토지 5천3백여 평(관유지 제함)을 소유하여 용정촌 시가의 태반은 한인·일본인 소유지이다. 이에 중국 측에서 도로를 축조하고 가옥을 건축하려면 부득이 한인과 일본인의 토지를 매입해야 했다.

　1910년 여름 상부국에서 도로 부지, 모범 가옥 축조 용지 매수를 개시하자, 한인·중국인 등은 전매(轉賣)를 목적으로 터무니없는 가격을 지불하여 매점했기 때문에 심하면 1평의 지가가 15원 내외로 폭등하기도 하였다. 이에 상부국은 필요불가결한 것을 제외하고는 그 밖의 매수(買收)를 중지하였기 때문에 토지 투기를 하는 무리는 비상한 곤란에 빠져 일반 시황의 부진을 초래하였다.

더욱이 1911년 5월 큰 화재로 인해 시가지의 과반이 소실되어 한인·일본인은 가옥 건축이 절박한 상황이었다. 그런데 간도에는 자금을 융통할 설비가 전혀 없어 부득이 자신의 소유지를 중국 관헌에게 매각 또는 담보로 제공하여 자금을 얻으려는 자가 생기게 되었다.

이에 조선총독부는 한인·일본인의 이익을 축소하여 중국인의 세력을 조장할 것이라 염려하여 한인·일본인의 편의를 도모하고 일본의 이권을 확장하기 위해 2만5천 원을 지불했다. 그러나 곧 토지를 매수하면 지가가 급등할 것이 뻔하므로 용정촌 상부지 내의 토지를 담보로 한인·일본인에게 자금을 융통할 목적에서 1911년 9월 8일 당시의 총영사 영롱(永瀧) 씨를 회장으로 하는 간도용정촌구제회를 설립했다.

구제회 설립 취지는 이상과 같고 구제회의 재산액, 대차 계약을(1914년 7월 31일 현재) 기재하면 다음과 같다. 먼저 구제회 저금액을 기술하면, 간도우편국 예금 3천745원19전5리, 회령조선은행출장소 예금 27원14전, 구제회 회계 보관 1,739원18전 등으로 총 5,511원51전5리이다. 이 가운데 구제회 회계 보관이 가장 많은 것은 신·구영사 사무 인계 당시에 우편저금통장을 맡겼기 때문이다. 이를 전부 충실(充實)하였을 때는 경성에 보내 현재 증명을 받지 않으면 안 되기 때문에 편의상 일시 구제회 금고에 보관하였기 때문이라고 구제회 주임자는 말했다.

구제회 소유지 평수는 (유실된 토지를 합쳐) 6,701평, 매수 가격은 7,525원87전5리이지만, 현재 지가는 매수 가격의 5~6배 오른 것이 적지 않고 장소에 따라서는 10배 달한 곳도 있다. 고로 이를 시가로 산출하면 총액 5만 원 이상에 달한다고 한다. 그래서 종래는 구제회 규정에 따라 토지 평가액은 1평 2원을 최고한도로 하여 자금 대여는 평가액의 7할을 초과하지 못하도록 하였으나, 1914년 6월부터 실재상의 취급으로 새로 용정촌 토지 등급 및 구제회 평가표를 정해서 자세히 각지의 등급, 가격을 나누고 대차 기한이 경과한 자 및 새로 계약을 체결하려하는 자는 모두 개정표에 의거하도록 했다.

끝으로 대차계약체결 건 수는 일본인 10건, 한인 73건 총 83건으로 대차금액은 일본인 차용 4,150원, 한인 차용 12,435원, 합계 16,565원이다. 그리고 최대 건의 차용자는 임학순(林學舜) 외 7명이 조직한 간도무역조합원에 3천 원, 궁장(宮長)·목(초)·일고(日高)가 조직한 금융조합원에 2천 원, 궁장(宮長)·목(초)·공동 차용에 1,500원 등이다. 이들 차용자는 누구나 용정촌 제일류의 한인·일본인으로 한인 중에는 고리대를 겸업하는 자가 있다는 풍설이 있다. 그 밖에는 작은 건이 많고 그 중에는 40원, 30원의 차용자도 있어 1인 평균 약200원의 비율이다.

간도용정촌구제회 회칙

제1조 본회는 간도 용정촌 재류민을 구제하기 위해 부동산의 매매·대여 또는 부동산을 저당하여 자금을 대부 하는 것을 목적으로 한다.

제2조 본회는 간도용정촌구제회라 칭한다.

제3조 본회의 자금은 조선총독부로부터 교부된 금 2만5천 원을 한(限)으로 한다.

제4조 본회의 존립 기간은 본칙(本則) 인가의 일로부터 10년으로 한다. 단 간도이 주재일본제국총영사의 인가를 받아 이를 연장할 것을 득(得)한다.

제5조 본회의 사무소는 재간도일본제국총영사관 내에 둔다.

제6조 본회에 회장 1명, 평의원 7명을 둔다. 회장은 본회를 대표하고 그 사무를 총리한다. 평의원은 본회의 업무에 대하여 회장의 자문에 의해 필요한 사정(查定)을 하는 것으로 한다.

제7조 회장은 간도 주재 일본제국총영사가 이를 지정한다.

회장의 임기는 2년으로 한다.

평의원은 회장이 이를 지정한다. 그 임기는 1년으로 한다.

회장 또는 평의원에 결원이 생겼을 때는 간도 주재 일본제국총영사 또는 회장이 보결원을 지정한다.

제8조 본회는 다음 사무를 행한다.

1. 부동산의 매수

2. 회원에 대한 부동산의 양도 또는 대부

3. 회원에 대한 년부(年賦) 또는 정기 상환의 방법에 의한 부동산을 저당으로 하는 대부

제9조 부동산의 매매, 대부 또는 부동산을 담보로 하는 대부의 청구가 있을 때 회장은 그 금액 및 부동산 대부료는 필요하다고 인정할 때는 이를 명제할 것을 득(得)한다. 대부 이자 또는 부동산 대부료가 필요하다고 인정할 때는 이를 면제한다. 매매 또는 대부에 관한 계약서는 간도주재 일본제국 총영사의 인증을 받은 다음 이를 재간도일본제국총영관에 공탁해야 한다.

제10조 매수한 토지에 건물을 건설할 때 회장은 평의원의 사정을 거쳐 그 설계 및 건축비를 결정하고 간도주재일본제국총영사의 인가를 받는 것으로 한다.

제11조 본회의 사업 연도는 매년 4월부터 익년 3월에 이르는 1년으로 한다.

제12조 회장은 매월 말일에 그달의 수입 계산서 및 매 사업 연도의 끝에 재산목록, 대차대조표, 손익계산서를 작성하여 평의원의 사정을 거쳐 간도주재일본제국총영사에 보고해야 한다.

제13조 매 사업 연도에 있어서 이익금을 기본금으로 적립하는 것으로 한다.

제14조 평의원 중 실제의 사무에 종사하는 자에 대해서는 1개월 30원 이내, 기타의 평의원에 대해서는 1인에 대해 1개년 10월 이내의 보수를 지급할 것을 득한다.

제15조 본 회칙 변경의 필요가 생겼을 때는 회장은 평의원의 사정을 거쳐 이를 결정하고 간도주재일본제국총영사의 인가를 받는 것으로 한다.

간도용정촌구제회 규정

제1. 토지매입 또는 자금 대여의 경우에는 인민 측을 먼저하고 관리 측을 뒤로 할 것.

제2. 토지 평가액은 1평 금 2원을 최고한으로 하고 이하 차등을 둘 것.

제3. 자금 대여는 평가액의 7할을 초과하지 말 것

제4. 자금 대여는 1인에 대해 1천원 이내로 할 것. 단 가옥 건축 등 특별한 사정이
   있는 자는 이에 해당하지 않는다.

제5. 건물의 내입 또는 담보자는 그 건물 소재의 토지와 함께 하고 분리하지 못한다.

제6. 길림 영형(永衡) 관첩을 소유한 자자 일본 화폐로 교환하지 못해 상업자본의
   융통에 지장이 있는 자에 대해서는 관첩 담보 아래 자금을 대여한다. 단 관
   첩의 비가대출비율(比價貸出比率) 및 기한은 수시 작정(酌定)하는 것으로
   한다.

제7. 이자는 다음과 같이 정할 것
   원금 500원까지 1개년 15원
   원금 500원 이상 1천 원까지 1개년 금 13원
   원금 1천 원 이상 1개년 금 10원

제8. 이자는 1개년 분을 3회에 나눠 대출월부터 매 4개월에 납입할 것. 단 납입기
   한을 초과하여 납부할 때는 지체 이자에 대해 금 100원에 매일 금 1전의 비
   율로 이자를 징수한다.

제9. 자금 대여의 기한은 관첩담보대출 외는 1개년으로 하고 다시 이의 계속을 요
   할 때는 신규 수속을 이행할 것

제10. 이자의 체납이 1개년 이상에 이르는 것은 그 담보품을 구제금에 수용하여
   원리에 충할 것

제11. 담보에 제공하는 부동산은 다른 채무의 부담이 없어야 한다.

3) 기타의 금융기관

간도에는 상술한 것 외에도 소규모의 금융기관 여러 개가 있는데 다
음과 같다.

공성저금회사(共成貯金會社)

설립일 : 1911년 12월

회원 종류 : 한인 예수교도

회원 총수 : 150명(1913년 12월 15일 현재)

출자방법 : 회원 매 1인 1일 금 1전씩

집합 : 매월 1회 개회, 대출 및 수입을 보고함

대금 이자 : 월 3푼

대금 기한 : 3개월

담보 : 50원 이상은 신용있는 자의 보증에 의하고 50원 이상은 부동산을 제공케 함

자금 총액 : 1,600여 원(1913년 12월 15일 현재)

역원 : 발기인 김의중(金義重, 변병하여 王金鵬)

　　　금전관리자 최승현(崔承賢)

　　　감사 정수학(鄭洙學)

　　　이들은 국자가에 이주했기 때문에 국자가에 지회를 설치했고 자금은
　　　700원이라 한다.

흥업회사(興業會社)

설립일 : 1910년 9월

회원 종류 : 한인 천주교도 및 예수교도

회원 총수 : 130여 명(1914.3.1. 현재)

출자 방법 : 회원 매 1인 1개월 금 10전씩 만 3개년 출자케 함

집합 : 매월 1회 개회, 금전출납 보고

대금 이자 : 월 3푼

대금 기한 : 4개월

담보 : 공성저금회사와 동일

자금 총액 : 1,400여 원(1914.3.1. 현재)

역원 : 사장 김일룡(金一龍), 금전관리자 : 이중립(李仲立)

광동회사(廣東會社)

설립일 : 1911년 1월

회원 종류 : 천주교도 및 예수교도

회원 총수 : 63명(1914.1 현재)

출자 방법 : 흥업회사와 동일

집합 : 흥업회사와 동일

대금 이자 : 흥업회사와 동일

재금 기한 : 6개월

담보 : 흥업회사와 동일

자금 총액 : 500여 원(1914.1 현재)

역원 : 사장 양태원(梁泰元)(변병 백천창), 재무 김천창(金天昌)

용정촌공동저금조합

설립일 : 1914년 1월

회원 졸류 : 일본 상인

회원 총수 : 30명(1914.8 현재)

출자 방법 : 월부 및 일부가 있고 월부는 금 1원 이상, 일부는 금 3전 이상 출자함

집합 : 일정한 기일을 정하지 않고 공익 또는 유리(有利)한 사업에 자금을 투자하
　　　 거나 또는 조합원 혹은 조합원 이외의 자에게 신용대부를 할 경우에 집합함.

대금 이자 : 영리를 목적으로 하는 사업에 대해서는 월 2푼5리, 조합원에 신용대
　　　 부할 경우는 월 2푼, 조합원 외에 신용대부할 경우는 월 3푼, 단 공익
　　　 을 위해 투자할 경우, 조합 전속의 사업에 출자할 경우는 무이자.

자금 총액 : 400원

역원 : 청목영삼(靑木英三), 보정정길(保井正吉) 외 3명

이외에 용정촌 및 국자가에 3호의 일본인 전당포가 있고 대출은 총영사관이 정한 규정에 의함

2. 중국인이 경영하는 금융기관

1) 길림 관은호지국(官銀號支局)

국자가·훈춘에 있다. 전자는 20만 적(吊), 후자는 30만 적의 자본을 가지고 관첩대부, 해관세, 조세 납부, 관아의 경지 출납 등을 취급하는 것을 위주로 한다. 한편으로 동삼성 관은호(官銀號) 소재지에는 환전을 취급했으나, 길림성 재정의 궁핍이 심한데도 마구 대출을 해줘서 자금을 회수하지 못하는 곤란에 빠져 지금은 거의 금융기관의 기능을 다 하지 못하고 있다. 다만 때로 재주 중국인의 확실한 자에 대해 최장기 1개년에 한하여 다소의 융통 대부를 하는 일이 있을 뿐이다.

2) 용정촌 상부국 부속 공제회

1911년 9월, 간도 용정촌구제회가 설립되어 상부지 내의 한인·일본인 간에 저리로 대부하고, 만약 차주(借主)가 빌린 돈을 다 갚지 못할 때는 저당 물건을 상당의 대가로 매상(買上)하는 방법을 강구하였다. 중국 관헌은 이에 대한 대항책으로 중국인 대지주를 소집하여 종종 협의한 뒤, 1912년 11월 용정촌상부국 내에 공제회를 조직하여 상부지 내의 토지 가옥을 저당 잡아 관첩으로 한인에게 자금을 대부하였다. 대금 이자 월 1푼 2리5모, 동 기간 1년으로 정했으나 관첩 시세가 일정하지 않기 때문에 차용자가 매우 적어 중국 관헌은 1913년 11월 다시 관리의 사유금(私有金)을 모아 러시아 화폐로 대출을 개시하였다. 그렇지만 대금 이자를 월 3푼으로 고치고 대출 기한을 6개월로 단축하여 차용인은 매우 적다고 한다.

3) 기타의 금융기관

국자가·용정천·백초구에 여러 호의 전당포가 있으나, 모두 언급할 만한 것이 못 된다. 용정 동성용(東盛湧)의 부자는 전포(錢舖)를 업으로 하지만 이를 부업으로 할 따름이다. 기타 국자가의 2, 3개의 상가(商賈)는 자국 상인을 위하여 회표(滙票)라 칭하는 일종의 송금 환취급을 하는 취지이나 보조 기관의 행위를 하는 정도이다. 국자가·용정촌 등에 있는 중국우편국은 거의 금융기관의 역할을 하지 않는다.

5부

도량형

1장

압록강 대안 지방

1 도(度)

길이 단위로서 보통 옷감을 재는 데 쓰이는 재척(裁尺)은 각 상점 또는 각자에 상용의 것이 있어 이를 구별하고 일본의 1척(尺), 1촌(寸), 5푼(分)을 통상으로 한다. 근래 미터 척(尺)이 수입되어 잡화점 앞쪽에 장식되어 있으나 아직 널리 쓰이지 않는다. 건축용은 별도로 영조척(營造尺)이라는 것이 있다. 1영조척은 일본의 1척 3~4분이다. 거리는 리(里)를 단위로 한다. 1리는 360보, 1보는 5영조척이다. 즉 1리는 일본의 5정 15여 간에 해당한다. 그러나 실제의 리는 실측이 아니고 도로의 좋고 나쁨을 짐작하여 말하는 것 같다.

2 양(量)

양은 통상 곡류를 재는 데 쓴다. 안동의 1두(斗)는 통화의 약 1두 3승5합에 해당한다. 액체는 양으로써 재지 않고 근(斤)을 승(枡)이라 하여 잰다.

3 형(衡)

형은 각 현에서 정한다. 1승(升)은 160문(匁)이나 고량주에 한하여
도매(都賣)는 130문, 소매는 110문으로 한다.

간도 지역

간도 지역에서 쓰는 도량형에는 중국·일본·한국·러시아의 것이 있다. 한국 재래의 것은 도량형 제도와 도량형기(器)가 극히 부정확하여 1907년 8월 통감부임시간도파출소가 설치되자 일본 제도를 본받아 1909년 9월 제정된 '도량형법'에 의거한 새로운 제도를 받아들이려 했으나, 파출소 폐쇄와 더불어 거의 수포가 되었다.

중국의 도량형도 대개 심히 불완전하고 여러 가지기 뒤섞여 매우 어수선하다. 이는 특히 만주에서 더욱 심하다. 대체로 일정한 표준이 없고 정부 역시 이를 간섭하지 않으며 산동·산서 이하 각 성의 인민은 각 업에 따라 표규(標規)를 달리하여 각기 옛 구습을 바꾸려 하지 않기 때문에 그러하다. 다음에는 주로 중국의 도량형을 중심으로 기술한다.

1 도(度)

1. 길이

중국 척(尺)에는 재척(裁尺)·양척(洋尺)·관척(官尺)·대척(大尺)·사척(絲尺) 등이 있다. 재척은 소폭의 옷감을 재는 데 쓰고 또 일반 재봉에 사용한다. 양척은 오로지 서양 옷감을 재는 데 쓰이는데 곧 마(碼, yard)가 이것이다. 관척은 일명 목척(木尺)이라고 칭하는데 목수·토목공 등이 토목·건축 등에 쓴다. 대척은 일명 포척(布尺)이라 하는데 목면포(木棉布) 등 일반 옷감류에 대해 쓰는 것이다. 사척도 보통 옷감을 재는 데 쓴다. 이들을 일본의 곡척(曲尺)에 환산하여 표시하면 다음과 같다.

재척 : 일본 1척4분에서 6분

양척 : 일본 3척 여

관척 : 일본 9촌8분

대척 : 일본 1척 9촌

사척 : 일본 1척

그러나 이상의 환산은 결코 정확한 것이라 할 수 없다. 엄격히 말하면, 각 척 모두 1~2분의 차이가 없는 것이 없기 때문이다. 그래서 용척(用尺)의 종류는 장소에 따라 다소의 차이가 있으나, 국자가·왕청·훈춘·토문자·흑정자 등지에서 가장 많이 사용하는 것은 재척이다.

2. 이정(里程; 한 곳에서 다른 한 곳까지의 길의 잇수-역자)

이정을 잴 때는 각지 모두 관척을 따르는데, 5척을 1궁(弓)이라 칭하고, 360궁을 1리로 한다. 고로 1 중국리는 일본의 5정(町)2간(間)에 해당하는 이치이다. 그러나 간도에서 갑지점(甲地點)에서 을지점까지 몇 리라 말할 경우, 그 간의 이정이 과연 실측된 일이 있는지 없는지 자못 의심스럽다. 그 지역의 일본인 간에는 통상 10리(중국리)를 일본 1리로 계산하고 있다.

2 양(量)

1. 용량

용량은 각지마다 다르지만, 대개 조[粟]로써 표준으로 삼고 대두·소두 등 두 종류가 있다. 간도에서 일반으로 사용하는 것은 소두이다. 예컨대 연길현 용두(用斗)는 조 36근으로 1두로 정하는 데 반하여 훈춘은 통상 대두를 써서 속 60근으로 1두로 정했다.

용기로 보통으로 쓰이는 것은 5승(升)인 소두에 대해 말하면, 일본 7승에 해당하는데, 5승 즉 반두 이하의 소승(小枡)은 쓰지 않고 1두승도 역시 극히 드물다. 반두는 구경은 넓고 밑이 좁으며 원래 용량만을 생각하고 적당히 제작한 것이기 때문에 깊이, 폭, 길이 등의 치수는 일정하지 않다.

2. 지적(地積)

지적을 헤아리는 데는 관척을 사용한다. 5척 평방을 1궁(弓)으로, 330궁(大畝)에서 240궁(小畝)을 1무로, 10무는 1상(晌)으로 한다. 이에 1상이라할지라도 면적은 거의 일정치 않다. 좁은 것은 5반(反)8무에서 넓은 것은 9반1무에 달한다고 한다.

3. 형(衡)

저울은 주로 중국 저울[權衡]이 사용되지만, 러시아 영토에 근접하고 있어 다소 러시아 저울을 사용하는 자가 있다. 중국의 권형(權衡)을 크게

중국 저울

나누면 평(枰) · 칭(秤) · 등(戥) 3종으로 나뉜다. 평(枰)은 주로 은괴를 재는 데 쓰는데 산법은 10진법으로 리(釐) · 푼(分) · 전(錢) · 냥(兩)으로 하고 16냥을 1근으로 한다. 칭은 일반 화물을 재는 데 사용하고 산법은 평과 같으며 최대한을 500근으로 한다. 등은 약재 등 기타 소량의 것을 측정하는 데 최대한을 500냥으로 한다. 이들 모든 저울을 일본형에 대비하면, 평 1냥은 약 9문6푼3리5모, 칭 1냥은 9문1푼6리6모, 등 1냥은 9문1푼5리3모에 해당한다.

러시아의 저울은 단위를 푼트(funt)[1]라 칭하여 중국형 27근4냥에 해당한다. 그 일본 양환(量換) 산수(算數)는 다음과 같다.

뻴코쯔 43관616문

푼트 4관 361문6분

훈트 109문4리

로트 3문4분7모강

조로토미크 1문1분3리5모강

---

1 러시아에서 쓰는 무게의 단위로 1푼트는 약 407.7그램에 해당한다.

6부

교통 및 통신

1장

육운(陸運)

1 압록강 대안 지역

1. 도로

도로는 거의 자연적이고 운반은 주로 마차를 이용하는데, 주요지를 오가는 것은 폭 3칸에서 7~8칸의 마차다. 다만 계절·물산·생활상태에 따라 필연적으로 교통 철이란 것이 있어 시기에 따라 인마(人馬)의 왕래가 끊이지 않기도 하여 도로가 양호하기도 하고 그렇지 않을 때도 있다. 즉 가을·겨울에는 수확을 마치고 농산물의 운반, 채목(採木) 사업 개시 등으로 사람 왕래, 물자 이동이 많다. 겨울철인 11월부터 5개월 동안은 땅이 얼어 있어 교통이 편리하지만, 늦봄부터 여름까지는 강우가 많고 하천에 큰물이 나서 도로가 무너지기도 한다. 또 고량(高粱)이 성숙한 시기에는 도적 피해가 잦아 교통 역시 두절하기 일쑤이다. 가을 초에 부역으로 도로를 보수한다. 교량은 없고 큰 강은 도선을 이용하지만, 작은 하천은 걸어서 건넌다.

개착(開鑿; 산을 뚫어서 길을 내거나 막힌 내를 파서 배가 지나다닐 수 있도록 하는 공사 – 역자)에 관계되는 도로 중 이름난 것은 임자두(林子頭)에서 모아산으로 나와 다시 장백부로 통하는 도로인데 이를 관도(官道)라 한다. 이는 광서(光緒, 1875~1908 – 역자) 말, 선통(宣統, 1909~1912 – 역자) 초에 공병대가 개설하였다. 당시 중국은 간도 문제가 생겨 일본과 교섭하였던 때로 동삼성 총독 서세창(徐世昌, 1855~1939)은 압록강 대안에서도 제2의 간도 문제가 생길 것을 염려하여 장백주를 신설하고, 집안·임강·탕하(湯河)·몽강(蒙江) 등 4현을 합할 것을 상주(上奏)했다. 선통 원년(1909)에 이르러 길림성의 서남(西南)에 장백주를, 북에 안도·무송 2현을 증설하고 동시에 이 도로를 뚫은 것이다.

도로 폭은 약 3칸, 노령의 대삼림을 통과하고 종래 인적이 닿지 않은 땅이므로 정부에서 보조금을 교부하여 여관을 경영케 하여 여객(旅客)을 편하게 하니 이를 관점(官店)이라 한다. 관점은 매 30리(중국) 혹은 40리(중국) 떨어져 1호가 있고 인가는 오직 이 하나뿐이다.

또 집안현에서 신개령(新開嶺)을 넘어 통화현에 향하는 가도(街道; 전신 선로 – 역자)는 러일전쟁 전에 뚫은 것으로 러시아의 마드리로프가 안주(安州)의 일본병참부를 공

서세창

격할 당시 이 도로를 이용했다. 반납천(半拉川) 부근 또는 관전 부근에는 러일전쟁 당시 일본군이 뚫은 도로가 있다.

2. 철도

현재는 교통용 철도가 없으나 본계호(本溪湖)를 기점으로 성창(城廠)을 거쳐 통화에 이르는 경철(輕鐵)을 부설할 계획이 있고 성창까지는 이미 준공하였다 한다. 이 철도가 환인을 거칠 것인지, 신병보(新兵堡)를 거칠 것인지는 아직 정해지지 않은 것 같다.

3. 육운 기관

육운 기관으로 가장 중요한 것은 말·노새·허(驢)로서 소는 비교적 적다. 마차는 목재로 만든 커다란 바퀴를 붙여 자못 견고하다. 마차는 말 6~7마리에서 10여 마리로 끄는데 간혹 소를 더하는 일도 있다. 말은 그대

소가 끄는 썰매를 이용하여 압록강을 따라 물건을 운반하는 모습(1910년대 초, 유리건판 사진)

로 승마용 외에 두 마리 사이에 대나무를 가로질러 가마를 얹어 타는 것이 있는데 안동에서 통화까지 1교당 35원이다. 썰매[橇]는 겨울철에 널리 쓰이는데, 특히 강이 얼었을 때 이를 이용하여 왕래한다. 한인은 소로 끌게 하지만, 중국인은 말 또는 소를 쓴다.

4. 육운 설비

운송은 무릇 각 상점 또는 개인이 태마(駄馬) 등 운송 기관을 고용하여 영업하는 자는 없다. 운임은 100근 단위로 하고 지구(地區)를 정한다. 절기에 따라 차이가 있다. 여인숙은 필요한 지점에는 있으나 여름철에는 휴업하는 것도 있다. 여인숙에서 음식은 제공하지만, 침구는 각자 준비해야 된다. 하룻밤에 3각에서 5각이다.

2 간도와 훈춘 지역

동간도 내에서의 여행 및 운수는 계절에 따라 큰 차이를 보인다. 즉 겨울철에는 하천 습지의 구별 없이 모두 결빙하여 대개 모든 화물의 운반이 쉽지만, 4월 눈이 녹은 뒤에는 진흙땅이 적지 않아 말의 다리나 마차 바퀴가 빠지는데, 특히 우기에 이르면 하천이 넘쳐 교통이 끊기는 일이 왕왕 있다. 주요 구간의 통로 개황을 기술하면 다음과 같다.

1. 용정촌·회령 간

거리 13리 24정. 노면은 대체로 평탄하여 우마차의 통행은 곤란하지 않으나 도중에 다음과 같은 여러 곳의 험지가 있어 계절에 따라 큰 장애가 될 뿐만 아니라 교통이 끊기는 일도 왕왕 있다.

도문강: 교량이 없어 우마차 모두 도선(渡船)을 이용한다. 물이 불었을 때는 수세(水勢)가 빨라져 강을 건너기가 곤란해지고 또 이 부근은 수심 2m 이상에 달하는 곳이 있어 통상 도보를 허용치 않는다.

육도구: 상시 도보할 수 있으나 강우가 연일 내리면 급히 물이 불어나 교통이 끊기는 일이 있다.

올랑합령(兀良哈嶺)[1]: 언덕은 일반적으로 완경사로 통행이 쉽다. 다만 분수령에 가까울수록 점점 급해지지만, 우마차가 통과하는데 곤란하지는 않다.

---

1   길림성 연변조선족자치주 용정시 삼합진 강역촌에 있는 고개로 오랑캐령이라 부른다. 오랑캐령은 삼합에서 용정으로 가는 주요한 통로이다. 19세기 중반 회령에서 용정으로 이주한 조선족은 오랑캐령을 지나 용정에 정착하였다. 오랑캐령은 산이 험준하고 지형이 복잡하여 인구가 아주 적다.

용정촌 부근의 마차(1910년대 초, 유리건판 사진)

올량합령 고개마루(1910년대 초, 유리건판 사진)

저여지(沮洳地; 낮고 습기가 많을 땅 – 역자): 올량합령 이북에 있어 여러 곳에 저여지가 있다. 우기에는 마차 바퀴가 빠지는데 큰비를 제외하고는 우마차라 하더라도 통행할 수 있다. 본 도로는 수년 전 중국 관헌에서 3천 원을 투입하여 수축하였는데, 그 후 여러 번 큰비가 내리는 바람에 현재는 그 자취를 감췄다.

2. 용정촌·국자가 간

거리 4리20정. 도중 모아산의 언덕길이 있으나 가파르지 않고 해란하는 통상 걸어서 이동할 수 있다. 홍수 때는 도선(渡船)을 이용한다. 국자가를 관통하는 부얼하통하에는 취약한 교량이 있었으나, 1914년 홍수 때문에 일부를 유실했으며 이후 가교 중이라 들었다. 단 부얼하통하는 항상 도선할 수 있기에 통행상에는 지장이 없다.

3. 국자가·백초구 간

거리 13리. 도중 길청령(吉淸嶺)의 언덕길이 있으나 가파르지 않고 그 밖은 대개 평탄하다. 여러 차례 산골짜기에 흐르는 시냇물을 건너야 하지만, 큰비 이외는 수심이 깊지 않다.

4. 국자가·동불사(銅佛寺) 간

거리 5리여. 평탄하여 통행이 쉽다.

5. 용정촌·두도구 간

거리 5리. 도로는 대개 평탄하여 마차 교통이 자유롭다. 이외에 각지의 통로 상황에 대해 들은 바는 다음과 같다.

1) 용정촌·길림 간

거리 약 80리. 국자가 이북은 소위 길림관도(吉林官道)로 대개 평탄하여 차마의 통행이 자유로워 용정촌에서 통산 11~12일 내로 길림에 다다를 수 있다. 산길이라 할만한 것은 노두아구령(老頭兒溝嶺)·오개항자통구(五箇項子通溝)·강령(崗嶺)·장광재령(張廣財嶺)·노야령(老爺嶺)[2] 등 5곳이 있다. 이 중 노야령이 가장 험준하지만, 올양합령(兀良哈嶺)과 큰 차이가 없다고 한다. 또 도중 여러 곳에 습지가 있어 우기 때는 진창에 차축이 빠져 도보 또는 마차 모두 곤란을 느껴 의외로 시일이 걸리기도 한다.

여러 차례 횡단하는 부얼하통하에는 가교가 없는 곳이 많아 통상 시는 도보할 수 있으나 약간의 홍수가 있을 때는 독목주(獨木舟)를 이용하여 건너야만 한다. 차륜 통행은 원래 할 수 없고 태마(駄馬)는 나마(裸馬─안장을 얹지 않은 말─역자)로 건너게 하고 화물만 도선으로 운송한다. 또 1회의 도선 인원이 10명 이상일 때는 위험하다.

2) 용정촌·훈춘 간

거리 약 28리. 본 도로는 국자가를 거치는 것과 조선 내를 통과하는

2　노야령은 만주족 언어인 나연점력(拉延粘力)의 발음을 딴 것으로 '산이 높고 추위 식물들이 얼어 시든다'는 뜻이다. 노야령은 서남~동북을 주향으로 하고 있으며 서쪽으로는 경박호와 목단강 중류, 동북쪽으로는 개특아령(肯特阿嶺), 동쪽으로는 목릉하곡(穆棱河谷)과 인접해 있다. 길이는 약 200km이고 목단강(牡丹江), 영안(寧安), 목릉(穆陵), 계서(鷄西), 동녕(東寧), 수분하(綏芬河)까지 뻗어나가고 있다.

두 가지가 있다. 전자는 길림 훈춘 가도를 일컫는데 도중에 고려령·대반령 (大盤嶺)이 있으나 이외는 대개 평탄하다. 후자는 도중에 산봉우리가 적고 도로가 양호하지만, 2회 도문강을 가로지르지 않으면 안 된다. 결빙 기에 들어서는 마차가 무릇 이 통로를 이용하여 훈춘을 오간다.

3) 용정촌·영고탑 간

거리 약 50리. 3분의 2는 마차가 통행할 수 있으나 노송령(老松嶺) 산길은 밀림 지역이 적지 않아 도로 폭이 좁고 도목(倒木; 쓰러진 나무 – 역 자)이 많고 또 여름철에는 진흙 때문에 통과하기가 매우 곤란하다고 한다.

4) 용정촌·동삼차구(東三岔口) 간

거리 38리. 백초구, 나자구(별명 綏芬甸子)를 통하는 도로로 도중에 걸쳐 있는 약 7리의 태평령(太平嶺) 삼림지대는 노송령에 비해 통과하기가 매우 어렵다. 본 도로를 이용하여 노령(露領)에 돈 벌러 나가는 출가(出稼) 한인, 이주 한인의 통행이 자못 잦다.

도로의 교통 운반구는 승마·태마(駄馬)·화마차(貨馬車)·교차(轎車; 가 마를 만들어 장치한 수레 – 역자)·우마(牛馬)·썰매[橇] 등이 있다. 중국인은 주로 마차·태마를 쓰고 한국인은 우차(牛車)를 쓰며 썰매는 한인·중국인 의 구별 없이 겨울철에 애용한다. 또 마차에는 2륜, 4륜의 두 종류가 있고 4륜차는 러시아제로 블라디보스토크에서 수입해 온다고 한다. 각구(各具) 의 가격, 중량, 적재량의 개요는 다음과 같다.

종류	가격	중량(貫)	적재량(斤)
4륜차	120	60	1,500
2륜차	90	50	2,500
교차(轎車)	50	30	1,500
우차(牛車)	5	20	400
태마(駄馬)	50	60	240

※ 태마(駄馬)는 노새 또는 만주말, 몽골말 등이 많고 허(驢) 및 조선말은 전자의 약 반액이다.

※ 적재량의 한도는 마필 3두에서 5두가 끄는 경우를 표준으로 한다. 10두 이상을 끄는 말로 하여 4천 근 이상을 운반하는 일이 있으나 예외에 속한다.

※ 마차·우차의 속도는 도로 상태에 따라 6리에서 8리를 통산으로 한다. 이제 용정촌에서 각 요지에 이르는 운임률은 다음과 같다.

용정(출)	이정 (里程)	왕복 賃銀			태마 (駄馬)	비고
		적량우차 (500근)	적량마차 (1200근)	승마 (乘馬)	(1두, 250근,	
회령	12리24町	7원	15원	4원 50전	4원	
청진	36리	20원	40원	15원	12원	
국자가	4리20정	4원	10원	2원	1원반	편도 운임은
종성	11리	6원	15원	4원	3원	왕복의
훈춘	28리	16원	30원	10원	5원	약 3분의 2
두도구	5리	4원	10원	2원	1원반	
길림	80리	43원	70원	27원	10원	

비고: 계절에 따라 운임에 큰 차이가 있다. 본표는 보통의 경우를 표준으로 했다.

수운(水運)

1 압록강 대안 지역

　수류(水流)에 대해서는 이미 기술한 바와 같이 각 하천 모두 급류이기 때문에 주즙(舟楫)을 이용하는 것이 적고 특히 중국인은 고뢰주(高瀨舟)[1]를 이용하지 않기 때문에 강을 거슬러 올라가는 데는 불리하다. 압록강 운수공사는 1914년 4월에서 1915년 3월까지 보조금 16,140원을 받아 신의주·강계·중간진 간을 명령항로(命令航路)로 지정받았다. 공사는 고우수길(高羽秀吉)이 경영하는 것으로 고뢰주, 조자(艚子; 화물을 싣는 목선 – 역자)를 이용한다. 발동기는 급류이기에 쓸 수가 없다고 한다.

　모아산의 수운 상황을 살피건대 여름철에는 안동현과 화피전자(化皮甸子) 사이를 범선[戎克] 70척이 화물 운송을 담당하였다. 그런데 1914년부터 중국인 경영의 고뢰선식 작은 배 6척과 천진(天津) '샴판' 4척이 왕복하기에 이르렀다. 다만 이런 종류의 선박을 사용할 때는 범선의 2회에 비해 4~5회 왕복할 수 있으므로 물자의 융통(融通) 및 자금 운용에 매우 유리하기에 앞으로 더욱 발달할 것이 예상된다.

　뱃사람[水夫]은 주로 직예성 천진 부근 출신으로 배를 조종하는 기술이 뛰어나지만 산동성인, 만주인과 달리 모험적인 사업에 뜻을 두지 않는 것 같다. 운수업을 경영하는 자는 산동에 많고 뱃사람의 급료는 이익금 배당 방법에 따라 지급되는 일이 많다. 즉 일정 임금 이외에 그 수입 총액에 따라 이익금의 몇 %를 뱃사람에게 급여하는 것으로 통상 35%이다.

　화물 임금은 상항(上航) 100근에 대해 2원 10전, 하항(下航)은 1원 15전, 승객 임금은 상항 5원에서 6원, 하항 2원 50전으로 한다. 단 승객 식

1　바닥이 얕은 강에서 운행하기 위해 일본 각지에 보급된 배로 배 밑을 평평하게 만든 목조선이다.

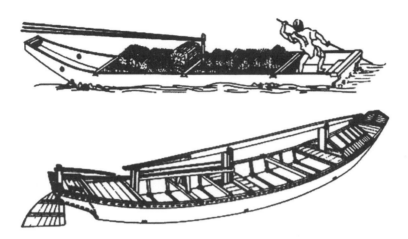

고뢰주(高瀬舟)

중국 범선, 융극(戎克)

비는 스스로 해결하고 또 도달지에서 행하(行下; 주인이 일정한 보수 외에 하인에게 상여로 준 금품 – 역자)로 50~60전을 주는 습관이 있다.

또 수운 중의 위험에 대해서는 선주 부담으로 하는 것을 원칙으로 하지만, 혼강구(渾江口)를 손해부담액 결정의 분기점으로 한다. 가령 안동에서 혼강구에 이르는 사이에 침몰 또는 유실 등의 사고가 있을 때는 출발지인 안동현의 시세로서 변상하고, 혼강구 이상에서는 도착지의 시세로 변상하는 것과 같다.

도선(渡船)은 독목주(獨木舟) 1척을 불완전한 노[櫂]로 조종하는 것과 2척을 나란히 하여 그 위에 판을 얹은 것이 있다. 전자는 사람과 수화물만을 운반할 수 있지만, 후자는 태마(駄馬)를 싣고도 도강한다. 큰 강에서는 후자를 설비한다. 도선은 뱃사람의 사유물이다. 뱃사람은 가을에 그 지역 부호로부터 곡물을 기증받아 의식(衣食)하는데 특히 홍수 이외에는 별로도 통행인에게 도선료를 청구하지는 않는다.

압록강에서는 중국인의 도선과 한인의 도선이 있고 중강진 모아산 사이에는 동일 지점에 2척이 있어 한인은 한인의 배를, 중국인은 중국인의 배를 타고 도강하는 것으로 정해져 있다. 근래 회사를 조직하려는 자, 또는 이를 면(面)에서 경영케 하려는 자가 있다.

2   간도 및 훈춘지방

간도에서의 통신기관을 기술하는 데는 일본과 중국을 구분해야 한다.

1. 중국의 통신기관 및 통신의 상황

1) 우편

중국은 국자가에 우정국 및 문보국(文報局)을 설치하고 상부지 및 현 소재지에 우편취급소를 설치했다. 우정국은 개인이 우편을 취급하고 문보국은 공문신서(公文信書)만을 취급한다. 우편물은 각처에 투간함(投簡函)을 설치하지 않았기 때문에 각자 신서(信書)를 국 또는 취급소에 지참해야 하는 불편이 있다. 또 국자가 시내는 배달하지만, 시외는 국 앞의 우편함에 투입하여 수신인이 직접 자유롭게 찾아가도록 한다.

각지에 발송할 우편물은 격일로 마감하여 훈춘을 거쳐 연추에 체송(遞送; 역에서 말을 갈아 다음 역으로 보내어 주던 일)하고 그곳에서 러시아 우편에 부탁하여 블라디보스토크항에서 기차로 영고탑에 보내고 그곳의 우편국에서 각지로 보내는 수속을 취하기 때문에 많은 시일이 걸린다. 또 근래는 길림과 국자가 간에 우편을 개통하였는데 야간에도 배달하여 5일 또는 1주일 안에 도착한다고 한다. 요컨대 중국도 우정(郵政)에 근래 비상하게 힘쓰고 있다.

2) 전신

전신국은 1908년 2월 국자가에 개설되어 공사 일반의 전신을 취급한다. 전신선은 훈춘에서 국자가를 거쳐 영고탑에 이르고 그곳에서 길림으로 통하는 1선을 가설하였으나 1914년 9월 큰비로 파손되어 일행이 통과했을 때 눈으로 확인한 바에 따르면, 전주는 넘어지고 전선이 단절되는 등 자못 참상을 보였다.

3) 전화

전화는 국자가 시내에만 가설되었다. 가입자는 대개 관아에 한정되어 일반 인민이 가입한 경우는 극히 드물다.

2. 일본의 통신기관 및 통신 상황

1) 우편

1907년 10월 통감부임시간도파출소 설치 당시 용정촌에 간도우편 국을 개설하여 우편·소포·환·저금 등 모든 우편사무를 취급하는 것으로 하고 1910년 8월 국자가에 분실을 두어 국원(局員) 1명을 파견하여 영사관 내에서 그 사무를 처리한다. 우편물은 매일 오전 6시 용정촌을 승마로 출발 하여 그날 밤 회령우편국(거리 13리)에 도달하는 방법으로 송달한다. 근래 우편 이용이 점차 증가하여 회령·용정촌 등은 소포 등 운반이 많아서 많을 때는 태마(駄馬) 10두 정도가 있다고 한다.

2) 전신

1907년 10월 용정촌에서 회령에 전선을 가설해서 관민 일반의 전 신 취급을 개시하여 현재도 그대로 이 전선에 의해 전보 통신을 하고 있다.

3) 전화

1912년 11월 개시하여 전신선을 이용하여 회령 간과 통화를 하 는 것으로 되어 있으나, 통신 도수(度數)는 개시되었을 때 800회, 1913년 2,200회이다. 즉 개통한 첫 해 1912년은 1개월 평균 400회의 이용을 보였 는데, 다음 해에는 오히려 감소하여 1개월 평균 183회의 기한 현상을 보였 다. 이는 신기한 사물에 대한 일종의 호기심에 볼일도 없으면서 이를 사용 하는 한인의 오랜 관습에 의한 것이다.

4) 통신 기관 이용 상황

간도우편국의 취급을 보면 1913년에는 전년도보다 우편물 인수, 배달 총수가 16% 증가하여 71만 개가 되었고 전신은 10% 증가하여 16,500통이 되었다. 또 환취급은 동계 물매입(物買入) 계절(9월) 및 각 년말 계절 상황을 조사한 바 다음과 같이 점차 증가하고 있다.

연차	9월		12월		비고
	受(圓)	佛	受	佛	
1911	11,271	15,745	14,740	7,216	큰화재로 일반 상황 부진
1912	18,257	14,702	21,967	13,994	풍작
1913	16,992	16,085	17,626	29,400	가을 건조 또는 한냉이 빨라 수확 감소

러시아의 통신 기관은 중국에 비해 확실히 정돈되어 일반 간도 거주자 간에 신용이 증가하여 한인은 물론 중국인도 일본우편국에서 저금, 환을 하는 자가 점차 증가하고 있으나, 우편물·전신 등의 건 수 또는 구좌 수에 대해 조사한 바에 따르면 각 거주자 이용 비율은 다음과 같다.

구분	일본인	한국인	중국인	계
우편물 수	50	35	15	100
환구좌 수	50	40	10	100
전신건 수	50	40	10	100

요컨대 간도에서 일본우편국의 성적도 상당히 양호한 상태이다.

7부

국경 연선(沿線)에서의 견문

압록강 연안 지방에서의 중국인

국경(연선 각 군)에서의 중국인의 수를 살펴보면 다음과 같다.

군명	호수	남	여	계
의주	295	1,518	107	1,625
삭주	117	356	3	359
창성	62	257	22	279
벽동	3	6	-	6
초산	17	30	-	30
위원	6	16	-	16
강계	8	19	-	19
혜산진	11	38	1	39
자성	2	30	3	33
후창	4	64	-	64
합계	525	2,334	136	

주민은 노동자·요리점 또는 여관을 업으로 하는 자로 이밖에 연선(沿線; 큰길 근처)에서는 대안(對岸)에서 행상으로 오는 자가 많고, 그 가운데 야채는 거의 중국인에 지급되는 상황이다. 또 관세 통계에 나타나지 않지만, 대안에서 설탕·소맥분 등을 매입하는 액이 적지 않다.

국경에서는 중국 화폐의 통용이 많고 중강진 이상은 교통·지세의 관계로 소양은만 통용하고 거의 일본 화폐를 보지 못했다. 이에 죽하리(竹下里)와 같이 조세 등의 공과를 헌병대에서 환전하여 수납하는데 환전 비율은 안동보다 약간 높다. 그리고 비율의 변동 여하에 따라서는 급격하게 중국 화폐가 넘쳐나는 일이 있다.

2장

압록강에서의
국경 분쟁 문제의 개황

1909년 9월 4일 청일간 조약[간도협약 – 역자] 제1조는 도문강을 한청 양국의 국경으로 하여 강원지방에서는 정계비를 기점으로 석을수(石乙水; 두만강 지류 – 역자)로 양국의 경계로 삼을 것을 정했다. 정계비란 백두산 소연지봉(小臙脂峰)과 중간 평지에 세워진 높이 약 3척의 견고한 화산암의 작은 비로 예전 압록 · 토문 양강의 경계를 정했던 비이다. 표면에는 다음과 같은 문자가 있다.

大淸烏喇摠管穆克登 奉旨查邊 至此審視 西爲鴨綠 東爲土門 故於分水嶺上 勒石爲記

康熙五十一年五月十五日

筆貼式 蘇爾昌 通官 二哥

朝鮮軍官李義復 趙台相

差使官 許樑 朴道常

通官 金應瀗 金慶門

"대청(大淸) 오라총관 목극등이 황제의 뜻을 받들어 변경을 답사해 이곳에 와서 살펴보니 서쪽은 압록이 되고 동쪽은 토문(土門)이 되므로 분수령 위에 돌에 새겨 기록한다.

1910년대 백두산정계비

강희 51년 5월 15일

1712년(강희 13)은 조선 숙종 38년 임진(壬辰)이다. 정계비에 대해서는 『증보문헌비고』 제38권, 『대한강역고』 권7에 연혁을 기재하였으나, 토문(土門)과 도문(圖們)은 다른 것 같아 토문강이 칭하는 것이 현재 도문강을 가리키는 것인지는 의심스럽다. 국경지에서 태평봉(太平峰)과 백두산 사이에 있는 계류(溪流)를 더듬어 가면 도문강에 흘러들지 않고 송화강에 흘러든다고 한다. 또 압록강 본류에 대해서도 장백현에서는 허항령(虛項嶺) 부근의 은명수(隱明水)를 수원으로 삼고 정계비에서 서쪽으로 흘러드는 곳

1910년대 백두산정계비

에 커다란 것이 있어 이를 본류로 삼는 자도 있다. 그리고 또 정계비의 부근에는 석총(石塚)이 있는데, 이는 국경의 방향을 보이기 위해 쌓았는데 동북 2여 리의 사이에 흩어져 있다. 그러나 이것 역시 송화강에 들어가는 것으로 도문강에 들어가지 않는다.

다시 석을수 위치에 대해 말하자면, 신무장(神武場)의 북쪽으로 흐르는 지류와 구 신무장의 부근을 흐르는 지류 모두 상류로 거슬러 올라가면 얼마 안 돼 모래 속으로 사라져서 정계비에 이르지 않고 적암(赤巖; 紅土山) 부근으로 흐른다. 백두산의 거야(裾野; 산기슭의 완만한 경사지-역자)에 있는 몇 개의 실개천은 어느 것 하나 홀현(忽現), 홀몰(忽沒)하여 명료하게 수원(水源)까지 구명하지 못한다. 석을수란 과연 무엇을 가리키는 것인지 명백하지 않고 이를 수원으로부터 더듬어 내려와도 태평봉과 무두봉(無頭峰) 사이를 흐르는 것은 아래쪽에 있어서 신무장의 하천에 합해지는지, 구 신문장 천에 합쳐지는지, 혹은 적암(赤岩)의 북쪽 원지(圓地)에서 나오는지 모래 속으로 사라져 전혀 알 길이 없다.

『間島視察報告書』에 첨부된《간도지도》, 1907

3장

도문강 연안 지방의
쌍방 관계

도문강은 전술과 같이 하폭이 그리 넓지 않고 수류(水流)도 그리 급하지 않아 양쪽의 교통은 자못 편의하다. 따라서 한인은 다리로 혹은 배를 이용하여 자유롭게 통행하는 등 종종 여러 점에 있어 밀접한 관계에 있기에 중국 땅인지 조선 땅인지에 대한 관념이 극히 적다.

1 양안의 교통

1. 교량

무산군 삼하면에서 백두산 방면에서 흘러오는 본류와 유평(楡坪) 방면에서 오는 지류가 합류한다. 그런데 수세는 오히려 지류 쪽이 크고 본류는 이 지점에서 상류로 거슬러 올라감에 따라 더욱이 센 여울이 됨에도 불구하고 수량은 적고 삼하면 부근에서 하폭 70~80m, 수심 3~4척, 농사동 부근에서 하폭 5~6칸, 수심 2~3척 정도가 되어 삼하면 대안에 9개소, 농사동 대안에 12개소의 간편한 교량이 있어 교통이 자못 편하다. 이런 교량은 1914년 8월 22일~23일 수해로 인해 전부 유실되었으나, 1915년까지는 반드시 다시 가설할 것이라 한다.

2. 도선(渡船)

1) 도선의 기인 및 수

간도총영사관의 조사에 따르면, 도문강의 도선은 1882년 이후 간도 이주를 기도하는 함경도·평안도 지역 한인이 점차 증가하여 그 필요에 따

종성 두만강변의 조선 배(1910년대 초, 유리건판 사진)

라 각처에 도선 수 역시 점차 증가하였다고 한다. 지금은 삼하면에서 도문강 입구에 도달하기까지 104개소에 이른다.

2) 도선의 종류

도선에는 주로 일반 교통용으로 마련된 것과 단지 농경용으로 마련된 두 종류가 있다. 뱃사공(船夫)은 모두 한인으로 대개 조선에 거주하는데, 중국 측에 거주하며 도선을 업으로 하는 경우는 34~35개소에 지나지 않는다. 교통용 도선은 객이 있을 때마다 적당하게 배를 내지만, 이에는 중국 관영(官營)에 속하는 것과 일본·중국 양국의 어느 쪽에서 허가를 받은 것이 있어 그 수는 전자 11개소, 후자 30개소이다. 농경용으로 마련된 도선은 월강 경작을 하는 농민 마을에서 배를 만들고 뱃사공을 정하는데 보수는 관계 농민이 곡물 얼마씩을 제공하는 습관이 있다.

예컨대 종성군에서는 관계자로부터 1년에 조 8승(升)씩을 내도록 하고,

온성군에서는 보통 중국 1일경(약 1,800평)에 대해 조 3두를 수확 시기에 징수하기도 한다. 경작기에는 아침에 강을 건너가 대안의 밭을 경작하고 해가 저물어 그 업을 마치면 다시 조선에 돌아온다. 우리는 여러 번 그들이 왕래하는 것을 목격했으나 농부는 배를 타고 우마(牛馬)는 대개 강을 헤엄쳐 건넌다. 여러 마리의 우마가 앞다투어 강을 건너는 모습은 실로 장관이다. 이런 종류의 도선장은 총 63개소이다.

3) 도선비

도선비는 장소에 따라 같지 않지만, 통상 1인 5~6전, 우마(마부 등 포함) 1두 10전에서 15전을 징수하고 드물게는 1인에 20전 이상, 우마 1두에 30전을 징수하는 곳도 있다. (하녀평(下汝坪), 경흥 고읍 등)

농경용으로 마련된 도선을 이용할 때, 도선비는 임의적이지만 통상 인마 5전씩 정도 주면 되는 것 같다.

4) 도선세

도선업은 비교적 수입이 많아 중국에서는 과세를 징수하는데 1년에 적게는 10원(무산군 대안 남평(南坪))에서 시작되어 통상 20원 50원, 90원(회령군 하사지(下社地) 대안), 100원(무산군 대안) 정도로 드물게는 260~270원의 거액에 달하는 경우도 있다.

5) 도선용의 배

일반적으로 쓰이는 것은 독목주(獨木舟)라 칭하는 것으로 구조는 큰 나무의 동(胴)을 가른 것으로 길이가 4~5칸이 되는데, 그대로 사용하는 것도 있으나 대개 선측(船側)의 양쪽에 작은 통나무를 1개씩 혹은 2개씩 부착한다. 드물게는 도려낸 대목(大木)을 2개 연결한 것도 있다. 이런 독목주는 선체가 크지 않아 보통 5~6명에서 7~8명을 태운다. 우마를 실을 수 없는 것이 많아 부득이 헤엄쳐 건너게 한다. 회령 부근부터 점차 하류에 내려가면 통상 배를 쓰고 있다. 이런 중에는 자못 선체가 큰 것이 있어 40명 이상을 태울 수 있고, 또 우마·우마차 등도 쉽게 탑재할 수 있다.

6) 도선에 관한 문제

도선장 104개소 중에 63개소는 한인의 농경용이므로 이에 관해서는 하등의 문제도 일어나지 않는다. 그런데 교통용 도선장 중에는 같은 장소에 일본·중국의 도선장이 있는데, 이들 장소 가운데 공동으로 경영하는 곳에서 왕왕 분쟁이 일어나기도 한다. 당초 조선에서는 도선비가 일정하지만, 중국 측에서는 관헌 단속이 철저하지 못해 대대로 폭리를 탐하기 때문이다. 이에 한인은 될 수 있는 대로 조선의 도선을 이용하려고 하는데 종종 이를 괴롭히는 일이 있다. 특히 중국에서 선세는 1년 단위로 정해지고 다음 연도도 반드시 자기에게 허가될지 안 될지 짐작하기 어려운 사정이다. 따라서 연내에 되도록 이익을 거두려는 인정(人情)을 피할 수는 없기에 진정한 개선을 기대하기란 쉽지 않아 보인다.

3. 도보

삼하면에서 상류는 평시 수심이 2~3척에 불과하여 하수(河水)가 좀 감소할 때는 물론 억지로 도보할 수 있다. 여기보다 하류에서도 수량이 감소할 때 도보할 수 있는 곳이 적지 않아 무산군 양영진(梁永鎭) 부근에 4개소, 회령·종성·온성군 등지에서도 19여 개소가 있다. 1914년 여름에 수십 년 내 드물게 물이 감소하여 거의 하구에 가까운 증산 부근에서도 도보할 수 있는 지점이 생기기도 했는데, 이런 경우는 거의 드물다.

4. 결빙기의 교통

전술한 바와 같이 삼하면 상류는 수세가 급하여 결빙하기 어렵지만, 하류는 거의 전부 결빙한다. 즉 무산군 삼하면에서 경원군 동림면(東林面)까지는 12월 상순에 결빙하고 3월 하순에 해빙하며, 경원군 신아산(新阿山) 이하는 11월 하순에 결빙하고 4월 상순에 해빙한다. 이 기간 동안은 대부분 우마차 등이 통행할 수 있다.

2 양안의 관계

도문강안의 교통이 편리하고 또 비교적 완비되었기 때문에 양안의 관계는 극히 밀접하여 도문강은 거의 국경이 없다고 해도 과언이 아니다. 따라서 종종 아래와 같은 현상일 보인다.

1. 이주

도문강 연안은 한층 대안 지방의 이주를 유발하는 원인이 된 것 같다.

2. 월경 경작

아침저녁으로 도문강을 왕복하여 경작하는 자 또는 농번기에 대안 지방에 임시로 소옥을 짓고 경작하는 자가 많고 반대로 대안 거주 한인으로 조선에서의 토지를 경작하는 자도 적지 않다.

두만강변의 소옥(1910년대 초, 유리건판 사진)

3. 학교의 관계

대안에서 매일 조선의 학교에 통학하는 학생이 있고, 반대로 조선에서 대안의 학교에 통학하는 자가 있다. 이밖에 순회 교사 같은 자가 있어 수개월씩 혹은 조선에서의 학생을 가르치고 혹은 대안의 학생을 가르치는 자가 있다.

4. 진찰

조선에 거주하는 공의(公醫)·군의(軍醫) 또는 함경북도의 순회진료에 진찰을 받는 자가 적지 않다.

5. 경찰 관계

대안에 거주하는 자가 서로 다투거나 혹은 도난을 당했을 때는 조선에 건너와 헌병대에 호소하는 일도 왕왕 있다.

6. 인사 관계

대안 지방에 거주하는 친척과 왕래가 이루어지고, 또 결혼 등도 물론 빈번하게 행해지고 있다.

7. 국경관세의 예외

육접(陸接) 국경에서 화물의 수출입에 관해서는 원칙적으로 '조선 육접국경관세령'이 적용되나 이에는 두세개의 예외가 있다. 육적국경인접 지역 내 2리의 주민이 그 지역 내에 있어서 수확 또는 생산하는 물품을 스스로 수출입하는 경우이다. 이는 양안 지방의 관계가 밀접하기 때문이다.

8. 시초(柴草; 땔나무로 쓰는 풀 - 역자) 벌채

간도에 관한 청일간 협약[간도협약 - 역자] 제5조에 "시초는 예전에 따라 조변(照辨)한다"라고 하여 이는 종래에 양안의 인민이 월경하여 시초를 벌채하는 관례가 있을 때는 예전에 따른다는 의미이다. 조선의 인민 가운데 지금도 역시 벌채를 대안에서 행하는 자가 적지 않다.

8부

이주 한인의 상황

이주의 연혁

1 압록강 방면

    한인이 압록강 대안에 언제부터 거주하기 시작했는지 알 수 있는 정확한 사실(史實)을 뒷받침해주는 것은 없지만, 수백 년 이전에 청한 양국의 인민이 압록강의 양안에 넘어와 섞여 살았던 사실이 있는 것 같다. 1785년(정조 9)에 양국의 인민 간에 누차 분쟁이 일어나자 서로 쇄국의 방침을 취해 연안에 군인을 배치하여 상호 월경을 금하고 이를 범하는 자는 사형에 처했다고 전한다. 당시 이미 다소의 월경자가 있었음을 알 수 있다.

    이후 1845년(헌종 11)경에 쇄국 금령이 점차 해이해지면서 북한 지방의 인민은 본국 관리의 가렴주구에 괴로워하고 또 토지가 자갈이 많고 메말라 수확이 적은 데 반하여 대안은 토질이 비옥하고 또 관헌의 통제가 느슨하여 이주자가 점차 더 많아졌다. 1861년(철종 12) 청나라 사람이 혼강 유역의 번성한 벌목 지역에 토지가 기름져 개간이 쉬운 것을 보고, 즉시 농업에 종사하고자 한인 마을로 이주하는 자가 있기도 했다.

    이후 1867년(고종 7)에 한인을 보호할 필요가 있다고 판단한 평안북도 강계부사는 왕명을 기다리지 않고 대안을 28개 면으로 구획하여 이를 강계·초산·자성·후창의 4군에 나눠 관리케 했다. 그러나 각 군수는 앞다투어 대안 한인의 관할 구역을 확장하고자 하여 면을 폐합, 증감한 일이 있다. 그 뒤 1889년(고종 26) 행정구획을 보면 다음과 같다. ( ) 지명은 청나라의 지명이다.

1. 강계군에 속했던 면(面)

신병보(新兵堡, 慶興)

소황면(小篁面, 通溝)

구룡면(九龍面, 麻泉溝)

유수면(楡樹面, 楡樹林子)

신하면(新下面, 冷水泉河)

호청면(芦靑面, 拉古河)

대황면(大荒面, 大荒溝)

팔도강면(八道江面, 八道江)

태평면(泰平面, 大平溝)

신상면(新上面, 大淸溝門子)

복강면(福江面, 江甸子)

2. 자성군에 속했던 면

모아산면(帽兒山面, 帽兒山)

위사면(葦沙面, 葦沙溝)

유청면(流淸面, 七十二道河子)

상화면(詳和面, 三道溝)

3. 초산군에 속했던 면

운산면(雲山面, 外岔河 下流)

연상면(蓮上面, 二股流)

횡도면(橫道面, 橫道村)

중도면(中島面, 冷水泉子)

운하면(雲下面, 外岔河 上流)

연하면(蓮下面, 双岔河)

구산면(邱山面, 馬鹿沟門)

4. 벽동군에 속했던 면

수상면(水上面)
수하면(水下面)

그리고 1897년(고종 34) 조선 정부는 서상무(徐相懋)를 서변계(西邊界) 관리사에 임명하여 대안 일대의 한인을 보호케 했다. 당시 한인 거주자는 약 3만7천여 명이라 한다. 그 후 매년 증가 추세이나 1907년에 이르러 동간도 문제의 해결과 더불어 대안에의 면 관리를 폐지했다.

한반도 북부 압록강 대안의 한인 호수 현황

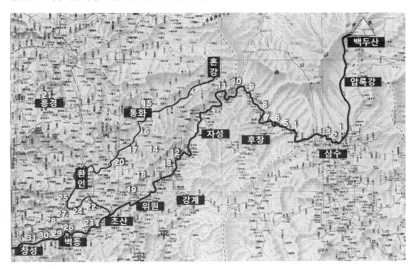

면명	번호	호수	면명	번호	호수
新別面	1	192	九龍面	18	110
大陣面	2	247	楡樹面	19	216
江別面	3	270	福江面	20	195
九道面	4	164	新兵堡面	21	63
八道面	5	223	央土面	22	307
千金面	6	246	蓮上面	23	195
七道面	7	194	橫島面	24	214
潤島面	8	234	五龍面	25	175
龍城面	9	205	蓮下面	26	105
帽兒面	10	313	雲上面	27	240
八道江面	11	35	雲下面	28	150
大葦面	12	255	九山面	29	174
小筥面	13	142	水上面	30	250
大平面	14	165	水下面	31	291
蘆淸面	15	208	老頭面		306
新下面	16	138	총 합		6396
新上面	17	174			

2 간도 방면

한인이 간도 방면에 이주한 연혁은 명확하지 않으나, 약 50년 전에 한인이 처음으로 이곳에 들어왔던 것 같다. 1712년(숙종 38) 청의 오라총관(烏喇摠管) 목극등(穆克登)이 백두산 정상에 올라 경계를 획정하여 정계비를 세웠다.

1714년 청나라가 처음으로 훈춘에 변방대(邊防隊) 설치하고 얼마 안 돼서 훈춘 부도통(副都統)을 두어 시정(施政)과 방비를 관장케 하였다는 것은 당시 이미 교통 왕래

오대징

한 일이 있었다는 것을 보여주는 것이다. 이에 북한지역의 한인은 본국 관리의 가렴주구에 괴로워하는 한편 토지에 돌이 많고 거칠어 수확이 적은데 반면 대안의 토질이 비옥함을 보고 도강, 이주한 것이라 한다. 그 후 청한 양국이 모두 쇄국주의를 고수하였기 때문에 월경을 엄금한 일이 있으나, 점차 금령이 느슨해지자 북한지역 한인 중에 몰래 도강, 이주하는 자가 있었는데, 마침내 청국 측에서도 한인 이주를 환영하며 불러들이는 일이 있어 최근 30년 동안 그 수가 폭증하였다. 일행이 각지에서 조사한 바에 따르더라도 대개는 30년래에 넘어온 자들이다.

1882년 길림장군 오대징(吳大澂)이 두만강 동북 지역의 황무지를 개척하고자 하였는데, 그 땅에 거주하는 한인이 많다는 것을 알고는 경작지를 빼앗아 성 밖으로 추방하였는데 남으려는 자에게는 변발한 뒤에 귀화할 것을 명령하였다. 이로 인해 현저하게 이주자 수가 감소하였다. 그런데

통감부간도파출소 전경(1908, 간도임시파견대기념사진첩)

1899년 북선경략사(北鮮經略使)가 이 땅을 시찰하고는 땅이 비옥한 것에 놀라 개간을 장려하면서 다시 이주자가 증가하여 처음으로 수천여 호에 달했다고 하다.

그 후 북청사변(1900년에 일어난 의화단의 난 – 역자) 당시에 러시아 병사가 국자가에 침입하였을 때 중국인 대부분이 길림으로 철퇴하여 다시 한인 이주자가 증가했으나, 러시아 병사가 귀환한 후에도 중국인 수가 적었기 때문에 강제로 한인에게 변발을 명령하는 일이 없이 소작인으로 사역(使役)하여 개척의 실리를 얻는 데 힘썼다.

1907년 8월 통감부임시간도파출소를 간도에 설치하고 경찰권 위임, 조선에서의 흉작, 1910년 8월 한일병합 등으로 인해 한인 이주자가 더욱 증가하였다. 대안의 이주는 종래 통상 매년 10월경부터 다음 해 5월까지인데, 1910년 이후 8, 9월경부터 부단히 도강하기에 이르러 현재에는 귀환하는 자도 적지 않지만, 오히려 속속 이주하고 있다.

이주 시기는 농경 파종의 관계상 예년 11월부터 다음 해 4월경에 이르는 것을 보통으로 한다. 1907년 이후 이주자 수는 약 9만 명으로 매년 1만여

함북 무산 주민의 간도 이주(1910년대 초, 유리건판 사진)

명에 달하는데, 특히 1910년 이후 1만5천여 명에 이른다. 이는 간도 영토 문제 해결과 함께 한인의 위치가 확정되고, 또 함경북도 내의 충해(蟲害)·수해 등 흉작이 연속한 것에서 기인한 듯하다. 동간도 동부의 한인 수는 다음과 같다.

이제 이주 상황을 파악하기 위해 1910년부터 3년 동안 함경북도 연안 각 군의 이주자 수 및 1913년, 1914년(1월부터 6월까지) 함경북도 각 군의 이주자 수를 표시하면 다음과 같다.

용정촌 부근 및 그 남방 지구	11만 명
국자가 부근 및 그 북방 지구	4만 명
백초구 지방	1만 명
계	16만 명

간도 이주자 조사(함경북도 연안 각 군)(함경북도경찰부 조사)

연차	무산		회령		종성		온성		경원		경흥		계	
	호수	인구	호수	인구	호수	인구	호수	인구	호수	인구	호수	인구	호수	인구
1910	120	497	30	168	221	1001					85	490	456	2156
1911	88	405	41	268	103	537	161	183			178	1088	571	2481
1912	125	534	37	210	97	414	72	796	55	257	91	529	477	2740
계	333	1,436	108	646	421	1,952	233	979	55	257	354	2,107	1,504	7,377

간도 이주 한인 조사표 1(1913.1~6.)

거주지		간도											훈춘				합계
원적군명		종성	온성	무산	길주	명천	성진	종성	경원	회령	경흥	청진	경흥	경원	종성	온성	
1월	호수	18	-	3	17	16	9	10	1	6	-	2	-	-	-	-	82
	인원	103	5	11	104	85	62	48	2	29	-	12	-	-	-	-	461
2월	호수	81	3	9	71	55	16	10	3	4	4	2	1	2	1	-	262
	인원	403	23	53	441	319	93	60	17	31	16	11	7	15	14	-	1,503
3월	호수	82	6	26	13	28	1	36	6	9	13	16	-	1	-	1	238
	인원	482	37	149	88	135	3	199	35	44	87	106	-	51	-	3	1,419
4월	호수	21	4	17	2	6	-	13	2	28	5	2	-	7	-	4	111
	인원	109	29	75	19	30	-	59	8	162	26	8	-	42	-	20	587
5월	호수	2	3	4	1	-	1	2	-	6	-	-	-	3	-	-	22
	인원	9	15	19	6	-	3	7	-	26	-	-	-	15	-	-	100
6월	호수	-	6	1	1	-	1	2	-	5	1	-	-	3	-	-	20
	인원	-	18	8	11	-	3	10	-	28	6	-	-	16	-	-	100

비고 : 이주의 동기, 생활 난에 의한 자 6,397명, 타인의 권유에 의한 자 111명

간도 이주 한인 조사표 2(1913.7~12.)

거주지		간도											훈춘				합계
원적군명		종성	온성	무산	길주	명천	성진	종성	경원	회령	경흥	청진	경흥	경원	종성	온성	
7월	호수	6	6	3	-	-	-	2	-	-	3	3	-	-	-	-	23
	인원	27	43	13	-	-	-	9	-	-	17	10	-	-	-	-	119
8월	호수	2	-	-	2	1	1	-	-	-	-	1	1	-	-	-	8
	인원	14	-	1	8	7	1	-	-	-	-	3	4	-	-	-	38
9월	호수	3	5	1	-	1	1	1	-	1	-	2	-	-	-	-	15
	인원	11	29	8	-	5	2	11	-	5	-	7	-	-	-	-	78
10월	호수	26	4	16	10	9	-	-	1	-	-	1	-	-	-	-	67
	인원	158	16	68	52	61	-	-	6	-	-	12	-	-	-	-	373
11월	호수	31	1	11	20	15	5	3	-	1	-	1	-	4	-	-	92
	인원	166	3	72	163	95	35	23	-	12	-	7	-	17	-	-	593
12월	호수	32	1	3	15	8	1	1	-	6	1	2	-	-	-	-	70
	인원	160	5	12	63	45	4	7	-	29	5	16	-	-	-	-	346
계	호수	304	39	94	152	139	36	80	13	66	27	32	2	20	1	5	1,010
	인원	1,642	223	489	955	782	206	433	68	366	157	192	11	156	4	23	5,707

간도이주한인조사표(1914.1.~6.)

거주지 / 원적군명	간도												훈춘				합계
	경성	길주	명천	성진	경흥	경원	회령	온성	무산	부령	종성	청진	경흥	경원	온성	종성	
1월 호수	32	7	15	-	2	2	6	1	14	-	7	4	1	5	2	-	98
1월 인원	184	30	89	3	16	9	33	4	69	-	58	24	8	22	16	-	565
2월 호수	72	44	68	9	4	-	17	4	78	-	36	2	3	16	-	-	353
2월 인원	453	262	402	59	32	-	143	23	466	-	189	7	14	89	-	-	2,139
3월 호수	29	3	16	7	2	5	10	6	40	8	19	-	-	-	-	4	149
3월 인원	152	9	99	32	6	15	51	34	218	54	105	-	-	-	-	27	802
4월 호수	14	2	5	5	-	3	16	6	18	-	10	-	-	-	-	-	79
4월 인원	57	34	22	27	-	25	95	38	110	-	52	-	-	-	-	-	460
5월 호수	5	1	3	-	1	2	3	2	3	-	7	-	-	3	-	-	30
5월 인원	41	7	11	-	6	12	21	9	14	-	30	-	-	18	-	-	169
1월 호수	3	-	1	-	-	-	8	-	2	4	4	-	-	-	-	1	23
1월 인원	18	-	5	-	-	-	34	-	15	8	8	-	-	-	5	1	94
계 호수	155	57	108	21	9	12	59	19	155	12	83	6	4	24	2	5	731
계 인원	905	342	630	121	60	61	367	108	892	62	442	31	22	129	21	28	4,221

이주 동기

1 압록강 방면

국경 지역을 여행하는 자는 대안의 중국인이 비교적 근대에 이주했음에도 불구하고 한인들의 타고난 노동력으로 산간을 유리(遺利)하게 개간한 결과 훌륭히 토착하게 되었다는 사실을 목격하곤 한다. 이 지역은 이미 밝힌 바와 같이 산악이 많으며 더욱 인구의 밀도가 낮아 개척의 여지가 적지 않고 토질 역시 조선보다 훨씬 비옥하다.

또 중국인은 많은 평지를 경작하는 반면에 한인 대다수는 산 중턱이나 계곡을 취하며, 중국인은 건지(乾地; 밭 – 역자)를 좋아하지만, 한인은 습지를 싫어하지 않기 때문에 양자의 이해가 서로 충돌하는 일이 없다. 한인은 곳곳에 알력이 생기는 일 없이 농업을 경영할 수 있고, 또 조선에서는 근래 기강이 바로 잡히고 정치의 실질이 전 시기와 면목을 일신(一新)하였다. 그런데 신정(新政; 조선총독부 식민통치 – 역자)의 의의를 이해하지 못하는 자는 대안 제도가 아직 미비하기에 오히려 생활에 적합하다고 여겨 이곳에 이주하는 것 같다. 그 원인을 찾아보면 다음과 같다.

1) 오로지 생활을 위하여 이주하는 자

이런 종류의 이주자는 매우 많다. 조선에서 흉작 등으로 농사를 망쳐 궁여지책으로 도래한 자로서 정치상의 희망이 없다거나 사회상의 지위 향상을 기도하는 것도 아니다. 소위 하루살이의 생활을 영위하며 화전을 일구고 비옥한 토지 또는 사람이 없는 곳을 쫓아 옮겨온 것이다. 그들 가운데 강안(江岸) 지역에 있는 자는 이주 시기가 오래됐고 다소 재산을 만들어 500원 정도의 저축을 한 자가가 있으나, 태반은 집에 얼마 되지 않는 곡식도 없는 자뿐이다.

장백부 부근의 한 한인은 이주 이유를 말하되, "조선에 있어서는 관헌 보호가 매우 후하지만, 근래 물가가 급등하여 실패하거나 파산한 빈민은 생활이 곤란하다. 그러나 한 번 중국 땅에 건너오면 물가가 싸고 또 지주는 당장 농기구와 다음 수확 시까지 식료를 대여해 주기 때문에 이주한다"라고 했다.

이런 이민은 종래 나태한 생활에 익숙해져 조선총독부가 화전의 제한, 시비의 장려 등 각종 산업상의 지도 장려를 비롯하여 위생, 경찰상의 강제 등을 실시하는데 이러한 번거로움에 이주해 간 것이라 하겠다.

2) 영리적(營利的) 이주자

영리적 이주자라 함은 조선에서 생활상 이주할 필요 없이 생활할 수 있는 자임에도 타인이 대안에서 여유 있는 생활을 영위함을 부러워하고, 또 스스로 사업을 신개지(新開地)에 펼치고자 사업자금을 가지고 경영적 희망을 품은 자이다. 대개 이들은 환인, 통화, 홍경 지역에서 수전을 경영하는 데 있는 것 같다. 이들은 조선에 근거지를 두고 있거나, 또는 자본주 4~5명이 공동 경영하기도 하는데 이주 한인을 사역하여 사업을 펼치고 있다. 또 만주는 한인 의사의 적당한 발전지라 하는데, 이는 근래 일반 통설이 되어 한의(韓醫)로서 이주하여 오는 자가 많다고 한다. 김 박사에 대해 이를 물었더니 그가 한 번 웃고 마는 것을 봐서는 반드시 그렇지도 않은 것 같다.

3) 배일(排日) 한인

배일 한인은 앞의 두 가지 경우와 전혀 달리 정치적 의미에서 이주해 오는 자이다.

이외에 대안(對岸)을 하나의 낙원이라고 몽상하여 막연히 이주하는 무리도 역시 없지 않다. 또 일찍이 폭도[의병] 토벌 당시 자못 양민 가운데 재화(災禍)를 당한 자가 있음을 보고 이를 오해하여 두려움에 이주를 결심한 자가 있다. 기타 일본인과 한인과의 풍습의 차이에서 일본인의 일하는 방식을 좋아하지 않아 이주해 온 자 역시 없지 않다. 예컨대 일찍이 종두에 종사하던 한 관리가 종두 보급을 도모하기 위해 내방(內房)에 들어가 처녀에게 이를 재촉하였는데 부형이 이를 매우 부끄럽게 여겼던 일이 있음을 들었다. 또 환인에서 박 참령에게 한 부인(20세)이 부끄러움을 품고 고하여 가로되, "당지의 중국인은 남방의 일본인보다도 부인에 대하는 예법을 안다"라고 했다.

2 간도 방면

1) 생활난

이주민 대다수는 생활난에 기인한다. 애초 간도 한인의 약 80%는 함경북도 출신이다. 원래 함경북도는 평지가 적고 산악 구릉이 중첩하여 가끔 아주 조그만 토지가 있으나 대개 거칠어 경작에 적합하지 않다. 그런데 간도는 토지가 비옥 풍요하여 조선에 비하면 넉넉히 25%~35%의 증수가 있고 또 땔감도 충분하므로 마침내 이주를 기도하기에 이르렀다.

2) 간도에 친척 지기(知己)가 있어 이주함

일행이 각지를 시찰할 때, 어떤 곳에서는 한인 이주민의 대다수가 조선에서의 같은 지역인 것을 분명하게 확인할 수 있었다. 이는 간도 이주민과 그 향리의 사람이 끊임없이 연락을 주고받고 만약 이주가 유리하다고 판단될 때는 고향 친척, 옛 친구 등을 불러들이는 데 주저하지 않는다.

우리는 여행 중 여러 번 한인이 가족들을 이끌고 간도로 이주하려는 것을 보았는데, 이들에게 어떤 이유로 이주하는지를 물으면 대개 자기의 친척 또는 이웃이 이주하였기 때문에 이들을 의지하여 간다는 답변을 듣곤 했다. 이러한 이유로 이주하는 자가 많음을 알 수 있다.

3) 초월경작자의 대안 지방에서의 경작 확대

초월경작자는 처음부터 대안(對岸)에 이주하려는 의사가 없었는데, 대안에서의 경작을 확대하여 형편이 좋게 되자 마침내 이주하기에 이르렀다. 이런 이주자도 역시 자못 적지 않다. 예컨대 양영진(梁永鎭, 무산에서 3리 하류)의 헌병파견소 담당 지역에 약 250호가 있는데 170호는 초월경작자이고 현 파견소장 부임 이후 1년 8개월 만에 이런 이주자가 30호에 달했다고 한다.

4) 여러 세칙(稅則)과 부역을 싫어해서 이주하는 자

이전에는 세칙 개정 등에 의한 부담 증가를 우려하여 이주하는 자가 있었지만, 근래는 거의 없는 것 같다. 1914년 모든 세칙 개정 때도 함북에서는 간간이 불평하거나 탄성을 지르는 자가 있는 모양이다. 그러나 그 후 각 군에서 특히 5년 이상의 휴한지(休閑地), 진황지(陳荒地)는 1년간 면세하게 되고, 또 4년 이하의 휴한지에 대해서는 수확량을 조사하여 결수(結數)가 줄어들자 오히려 은혜를 깨달아 인심이 평온해진 결과로 이주하려는 사람은 없다. 또 부역이 무거운 것을 싫어하여 대안에 이주하는 자가 있다는 소문을 들었으나 그 수는 극히 적다. 이러한 이유로 이주한다는 것은 변명의 여지가 없다.

5) 배일사상에 기한 자

현재 간도 방면에 거주하는 자 가운데는 배일사상을 품은 자가 있는 것은 물론이다. 이런 이유로 이주를 기도하는 자는 근래 거의 없을 것이라 믿는다.

3장

이주 경로

한인 이주는 대개 가재도구 전부를 우마에 싣고 가기 때문에 상당한 도로가 아니면 갈 수가 없다. 이를 압록강 방면, 도문강 방면으로 구별하여 살펴보면 다음과 같다.

1 압록강 방면

예전 강안에 가까운 대안에 이주한 자는 단지 생활이 편리한 땅을 구하여 이주했을 뿐이다. 조선에 거주하며 대안에는 오직 경작하고자 아침에 건너가 경작하고 저녁에 돌아왔다. 지금도 그러한 사람들이 강안에 있다고 하지만, 근래에는 조선 각지의 교통이 크게 발달하여 각 도에서 만주로 이주하는 자가 증가하면서 그 경로도 역시 복잡하게 되었다. 이제 이주 경로의 주요한 것을 살펴보면 다음과 같다.

1. 경기·충천·전라·황해·경상·강원 각도에서 철도로 이주하는 자의 경로

1) 신정주역에서 운산, 북진을 거쳐 초산 또는 벽동으로 나와 집안·환인·통화 방면으로 향하는 자, 강계를 거쳐 만포진 또는 고산진에서 집안·통화·유하 혹은 경흥 방면으로 향하는 자

2) 정주·선천·백마·신의주 혹은 안동현에 하차하여 벽단(碧團)·청성진(淸城鎭)·의주·구련성 등을 거쳐 관전·환인·통화 방면으로 향하는 자

3) 안봉선, 남만선을 이용하여 봉황성·본계호·봉천 혹은 개원(開原)에서 흥경·유하·해룡(海龍) 방면으로 가는 자

2. 이외 육로로 이주하는 자의 경로

1) 자성·후창·삼수·갑산 등을 거쳐 임강·장백·무송·유하 지방에 이르는 자

2) 장진 혹은 강계를 거쳐 집안·통화·유하 또는 홍경 방면에 이르는 자

2 도문강 방면

도문강 방면에서 간도, 훈춘에 이르는 주된 경로는 혜산진·무산·회령·종성·훈융진(訓戎鎭) 고읍 등의 도선장을 이용하여 목적지에 이르는 것이다.

1) 갑산에서 혜산진에 이르러 백두산 동록(東麓)을 지나 내두산을 거쳐 간도 서부 낭낭고(娘娘庫)·양강구에 이르는 것

2) 함북의 길주·명천·성진, 함남 지역에서 삼하면을 거쳐 간도에 이르는 것이 있다. 다음에 삼하면 헌병분견소에서 조사한 바는 다음과 같다.

1912년도 출가(出稼) 통과자 조사

월별	남	녀	계
1	12	9	21
2	8	9	17
3	4	10	14
4	18	12	30
5	9	5	14
6	2	-	2
7	-	-	0
8	-	-	0

월별	남	녀	계
9	-	-	0
10	6	4	10
11	19	19	38
12	19	17	36
합계	97	85	182

1913년도 이주통과자 조사

월별	남	녀	계
1	4	10	14
2	34	27	61
3	13	9	22
4	30	26	56
5	1	1	2
6	7	5	12
7	-	-	0
8	-	-	0
9	-	-	0
10	5	2	7
11	15	18	33
12	31	28	59
합계	140	126	266

1914년도 이주통과자 조사

월별	남	녀	계
1	3	1	4
2	5	7	12
3	42	25	67
4	17	15	32
5	4	5	9
6	8	6	14
7	-	-	0
8	-	-	0
함계	79	59	138

3) 경성(鏡城)에서 무산을 거쳐 간도 두도구의 서남방인 삼도구 청산리 지방, 무산 상류 약 7리인 삼하강구(三下江口)의 대안 석인구(石人溝) 지역 및 간도 서부에 이르는 것이 있다. 무산 방면 통과자 수는 다음과 같다.

1913년 중 간도 및 외국령지(外國領地) 이주 통과자 조사

이주지		통과자의 원적지		호수	인구		
		함북	함남		남	여	계
간도	이주지안도사		삼수 · 갑산	2	3	4	7
	숭화사	길주 · 명천 · 성진	갑산 · 북청	10	30	22	52
	선화사	경성		3	12	8	20
	덕화사	경성 · 청진	단천 · 갑산	8	28	25	53
	상화사		갑산	2	7	11	18
	산계사	명천 · 청진	단천 · 갑산	5	18	19	37
	동량하리사	길주	단천 · 갑산	4	11	11	22
간도	지일사		갑산	2	8	3	11
	명신사		갑산	1	3	2	5
	이두두		갑산	1	3	2	5
	삼도구	경성		1	2	1	3
	인화사	길주	삼수	3	7	7	14
	돈화사		단천	3	18	2	20
	두도구		갑산	1	8	3	11
	훈춘		갑산	1	6	3	9
계				47	164	123	287

4) 하사지(下社地)에서 두도구 · 육도구로 통하는 도로는 주로 경성 · 청진 · 회령 방면에서 이주하는 자가 많이 통과한다. 경성 · 청진 지역에서 오는 자는 회령 · 창평(蒼平)을 거쳐 운기동(雲基洞)으로 나와 신풍산(新豊山)에 이르고 회령 방면에서 오는 자는 도문강을 거슬러 올라가 신풍산으로 나와 함께 하사지를 거쳐 간도로 들어간다.

5) 회령을 거쳐 용정촌에 이르는 도로는 주로 그곳으로 이주하는 자로 그 가운데는 용정촌을 거쳐 두도구 방면의 서부 간도에 이주하는 자가 있

다. 이들은 대개 멀리 명천군, 함남 지방에서 오는 자가 많다.

6) 회령 방면에서 행영(行營)을 거쳐 온성군 남산동 도선장에서 강을 건너 알아하 상류 왕청에 이르는 것

간도 및 외국령지 이주통과자 조사(1914.1.1.~6월말)

이주지		통과자의 원적지		호수	인구		
		함북	함남		남	여	계
간도	이주지선화사	경성	갑산 · 단천	6	10	9	19
	산계사	명천 · 길주	갑산	7	9	9	18
	덕화사	경성 · 성진	갑산 · 고원	5	13	12	25
	백금사	강원 양구	단천 · 삼수	5	12	10	22
	지일사	경성 · 길주	갑산	3	5	4	9
	명신사	강원 홍천		1	2	2	4
	동량하리사		갑산	1	3	1	4
	동량상리사	경성	정평	2	2	2	4
	화전사		단천	1	1	2	3
	인화사		삼수—	1	1	3	4
	인경사	청진 · 부령		2	3	5	8
	안도사	명천	갑산 · 단천	3	7	5	12
	두도구		갑산	1	2	1	3
	상화사	경성 · 명천	갑산 · 단천 · 삼수	5	10	12	22
	계			43	80	77	157

7) 경원 훈융진을 거쳐 훈춘 방면에 이르는 것

8) 경흥군 고읍 도선장에서 중국령 또는 러시아령에 이르는 것

위 가운데 제1로는 함남 사람들이 가장 많고 드물게는 평남 강원 경북에서 가는 자도 있고 제2로 이하는 주로 함북에서 이주자이다.

4장

이주민 분포의 상태

1 압록강 대안 지역

압록강 대안의 한인 인구에 대해서는 이미 서론 '제3장 주민'(제15항 이하)에서 기재한 바와 같이 현재 총수가 약 15만 명으로 매우 많다. 가장 주목되는 것은 통화현 이북 또는 백두산 이서(以西)의 삼림 지역, 초산 대안의 서변계(西邊界) 등지는 현재 이미 간지(墾地)가 되어 정주자는 다시 북쪽으로 이주해 가는 자가 있다. 근래 이주자 수가 가장 많았던 것은 병합 전후로 현재는 비교적 적다. 그들은 이주할 때 반드시 처자를 대동하는데 가재도구는 소가 끄는 썰매[牛橇]에 싣고 처자를 그 위에 태운다. 엄동설한에 땅이 얼 때까지 기다렸다가 이주하는데, 여러 집이 다 함께 이주하기 때문에 겨울철 여행자는 여러 번 그 무리를 목격하곤 한다.

2 도문강 대안 지역

도문강 대안은 원래 울창한 삼림 혹은 망망한 초생지였으나, 30년 전부터 한인이 이주를 시작하거나 조선에서 아침저녁으로 오가며 조금씩 이를 개간 경작하였다. 그런데 1882년경부터 길림, 산동성 지역에서 중국인이 들어와서 한인을 압박하여 변발하고 중국에 귀화하지 않은 자는 토지를 몰수하는 정책을 취하며 오히려 퇴거를 강요하자 한인 가운데는 토지를 버리고 본국으로 돌아간 자가 적지 않고 현재 토지를 소유하여 상당한 생활을 영위하고 있는 한인 중에는 이때 귀화한 자가 많다. 또 러일전쟁 이후 중국인이 점차 퇴거함에 따라 토지를 매수한 한인이 적지 않다. 지금도 토지

무산간도 부동의 한인촌 전경(1910년대 초, 국립중앙박물관 소장 조선총독부박물관 유리건판 사진)

소유자는 해마다 증가하고 있고 소작인도 매년 증가하고 있다. 이에 이주 밀도는 도문강 연안이 가장 높고 점차 서북방으로 올라갈수록 희소하다.

이주자의 향리는 함경북도가 가장 많고 함경남도가 이에 버금간다. 강원·평북·경북 사람들도 다소 있다. 일행이 통과한 지역을 조사한 바에 따르면, 이주자는 본디 각지에 흩어져 있지만, 대안 지방에 가장 많다. 즉 예컨대 무산간도에는 무산군 사람이 많고, 종성간도에는 종성군 사람이 많은 거와 같다. 따라서 연안 6군, 무산·회령·종성·온성·경원·경흥 사람이 많다는 것은 형세 때문이지만 이외에 경성·명천·길주 등지의 사람이 산재해 있다. 도문강 대안 지역에 있어서 인구 분포를 각 헌병대의 조사에 기초하여 표시하면 다음과 같다.

무산헌병분대 관할 구역 대안 지방

사명(社名)		한국인		중국인	
		호수	인구	호수	인구
안도현 준도사(遵道社)		120	500	15	35
화룡현	숭광사(崇光社)	284	1,378	9	16
	선화사(宣化社)	479	2,535	12	34
	덕화사(德化社)	854	4,072	24	50
	상화사(上化社)	265	265	4	10
계		2,002	8,750	64	145

회령헌병분대관할 구역 대안지방(회령군 · 종성군)

社名		한국인		중국인	
		호수	인구	호수	인구
회령군 대안	산계사(山溪社)	590	3,478	7	11
	백금사(白金社)	162	1,105	1	1
	평화사(平化社)	210	1,029	2	9
	출화사(忠化社)	122	595	1	1
	태화사(泰化社)	90	368	-	-
	경화사(敬化社)	300	1,261	-	-
	인화사(仁化社)	113	486	-	-
	문화사(文化社)	230	943	1	1
	영화사(永化社)	220	927	4	22
종성군 대안	광종사(光宗社)	360	1,780	-	-
	광조사(光照社)	198	955	-	-
	광풍사(光風社)	234	1,194	-	-
	제하사(霽霞社)	516	2,380	-	-
	제청사(霽晴社)	321	1,695	-	-
	광덕사(光德社)	312	1,640	-	-
	개태사(開泰社)	428	2,240	-	-
종성군 대안	개운사(開運社)	349	1,725	-	-
	개문사(開文社)	367	1,881	-	-
	월명사(月明社)	234	1,133	-	-
계		5,356	26,815	16	45

경흥헌병대 관할 구역 대안

사명(社名)		한국인		중국인		러시아인	
		호수	인구	호수	인구	–	–
중국령	회봉사(會峰社)	337	1,656	70	276	-	-
	돈인사(敦仁社)	81	409	5	16	-	-
	회룡봉사(回龍峰社)	158	1,000	3	6	-	-
	노동사(蘆洞社)	117	637	3	5	-	-
	대하전사(大河田社)	282	1,768	7	16	-	-
합계		975	5,470	88	319	-	-
러시아령	와룡면(臥峰面)	65	480	-	-	-	-
	녹도면(鹿島面)	300	1,978	-	-	-	-
	춘향면(香山面)	147	1,260	1	3	7	19
합계		512	3,718	1	3	7	19
총합		1487	9,188	89	322	7	19

※ 종성군 대안의 중국인 호구는 사별(社別)로 표시할 수 없어 합계하였다.

경원헌병분대 관할 구역 대안 지방(온성군 · 경원군)

사명(社名)		한국인		중국인	
		호수	인구	호수	인구
화룡현	지신사(志新社)	240	1,440	11	39
왕청현	지인사(志仁社)	241	1,291	86	627
	춘화사(春華社)	401	2,070	97	593
	춘방사(春芳社)	167	836	178	1,546
훈춘현	덕화사(德化社)	153	1,328	43	167
	용만자사(用灣子社)	1	10	1	4
	흥인사(興仁社)	340	1,700	130	900
	용지사(勇知社)	1,200	6,000	900	5,400
	훈춘사(琿春社)	132	673	81	456
	산하전사(山河田社)	30	178	-	-
	하구사(河口社)	69	386	8	46
계		2,974	15,912	1,535	9,778

총계

구획별	한국인		중국인		러시아인	
	호수	인구	호수	인구	호수	인구
무산분대 대안	2,002	9,501	65	145	-	-
회령분대 대안	5,275	26,915	34	89	-	-
경원분대 대안	2,974	15,918	1,535	9,658	-	-
경흥분대 대안	1,487	9,188	89	322	7	17
계	11,738	61,522	1,723	10,214	7	17

즉 연안 지역의 한인은 61,522명으로 그곳에 사는 중국인 10,214명의
약 6배에 해당한다. 이를 간도 전체의 한인 16만여 명에 비하면 약 3분의
1은 강안 지역에 살고 있음을 알 수 있다. 이로써 연안 지역에 사는 한인의
밀도가 얼마나 농후한지를 알 수 있다.

시험적으로 함경북도의 연안 각 군에서 도문강에 연하는 각 면의 인구를
계상하면 다음과 같다.

군	면	호수	인구
무산군	삼장면	651	3,666
	서하면	538	2,841
	읍면	444	2,472
	영북면	438	2,733
	풍계면	496	3,216
회령군	운두면	412	2,507
	벽성면	578	3,676
	회령면	1370	5,797
	팔을면	499	3,217
	화풍면	646	3,483
종성군	남산면	559	3,440
	동관면	798	4,758
온성군	영중면	329	1,988
	유포면	588	4,249
	온성면	575	8,599

군	면	호수	인구
온성군	미포면	457	2,897
경원군	훈융면	318	1,829
	경원면	841	5,338
	안농면	757	5,028
	동원면	332	2,249
	아산면	436	2,781
경흥근	상하면	847	5,546
	경흥면	794	5,744
	호서면	238	2,028
계(24면)		13,941	90,082

따라서 도문강 연안의 한인 호구를 비교하면 다음과 같다.

구분	호수	인구
조선에서	13,942	90,082
대안 지방	11,638	61,522

이같이 조선쪽이 조금 많으나, 조선의 면과 도문강 대안의 사(社)와 크기가 얼마큼 차이가 있는지 명백하지 않아 명확한 비례를 취할 수 없으나 현저한 차이가 없는 것으로 보인다.

3 간도 지방

간도의 한인 분포의 상황은 국경에 가까운 곳일수록 농밀하고 점차 멀어지면서 희박하지만, 근년 이주자의 증가와 더불어 점차 미간지가 많은 지역으로 넓혀가고 있다. 국자가 이북 일양구(一兩溝)·백초구·하마탕·구송허자(九松墟子) 지역에서 다시 나아가 왕청, 나자구 방면으로 널리 퍼져 두도구 부근 및 삼도구 청산리·사도구·오도구 등의 계곡에도 점차 이주자가 증가하고 있다.

현재 이주 한인의 수는 전술과 같이 용정촌 및 남쪽 지역에 11만 명, 국자가 부근 및 북쪽 지역에 4만 명, 백초구 지역에 1만 명, 합계 약 16만 명이다.

5장

이주민의 현상

1 간도 지역 이주민의 생활 상태

이주 한인은 고향 땅이 척박하고 경지가 많은데 이에 반하여 간도의 경우 땅이 기름지고 넓으며 땅값 또한 저렴하다는 얘기를 듣고 가까운 지기와 동반하여 막연히 이주를 기도한다. 그렇지만 재산이래야 겨우 우차(牛車) 1대가 전부 다 보니 경작할 토지가 없고 먹을 식량도 없어 대개는 중국인 소작인으로 황무지 개간에 종사할 뿐이다. 가끔 자력으로 양호한 경지를 점하는 자가 있으나, 왕왕 간악한 중국인 관리와 결탁하는 자를 만나면 이유 없이 그 땅을 빼앗기는 경우가 있다. 이에 한인은 산간 계곡으로 거주를 옮기고, 중국인은 평탄한 옥야를 점하는 형세를 이루는 것 같다.

그러나 통감부임시간도파출소와 일본영사관이 설치되면서 그 폐해가 점차 개선되고 한인이 한층 격증하여 매년 이주자가 만 명에 이르렀다. 훈춘에 이주한 한인은 농업 외에 생업이 없고 오래된 자는 20년 전에 이주하였다. 이들 한인은 거의 중국인의 소작이거나 오래전 이주한 자는 귀화인이라 칭하는데 중국 관헌도 이들을 귀화인과 같이 취급하여 경작지의 소유권을 공인받아 비교적 기름진 땅을 얻어 생계 역시 매우 부유하다. 그런데 근래 이주자는 경지를 사들일 자력(資力)이 없을 뿐만 아니라 소유권도 완전히 인정받지 못해 부득이 소작하여 생계가 어려워 매우 가난하다.

다음으로 간도에 사는 중국인은 지금부터 30~40년 전경부터 이주를 시작한 것 같은데 대개는 산동인이다. 1886년 훈춘 초간도국 분국을 국자가로 옮겼을 무렵부터 이주가 본격화하였는데, 앞서 살고 있던 한인을 압박하여 자국민의 이주를 장려하는 정책을 취하였기 때문이다.

이같이 중국이 자국민을 편중 보호한 결과 마침내 오늘날과 같은 상태를 드러내 보여 한인은 수가 많을 뿐 세력에 있어서나 부(富)의 정도는 중국인

가을 타작을 하는 간도 한인 이주자들 모습(1900년대 초)

에 훨씬 미치지 못하지만, 점차 실력을 길러 오는 것 같다. 작년 말에 한인 농민은 간도에서 대략 28,000호이고, 소재지는 약 2만 정보, 중국인은 6천 호 내외로 경작지 45,000정보에 달했다고 한다. 지주의 비율로 보면 아직 정확한 조사가 없으나 간도총영사관의 추측한 바에 따르면, 한인 지주는 그 호수의 63% 내외지만 중국인은 실로 80%에 달한다. 이에 기초하면 지주의 호수 및 평균 소유지의 개산(概算)은 다음과 같다.

구분	지주 호수 개산	지주 1호 평균 소유지 개산
한인	약 17,000호	약 2정보
중국인	약 3,600호	약 10정보

또 이 개황에서 자작농, 소작농의 비율을 살피면 대략 다음과 같다.

자작농 소작농 백분율

자작소작별 ＼ 인별	한인	중국인
자작농	29	56
자작 겸 소작농	35	27
소작농	36	17

또 대안 지방에서의 월경 한인의 자작 및 소작별로 살펴보면 다음과 같다.

월경 경작자 자작 · 소작별 한인 호수

지역	무산군	회령군	종성군	온성군	경원군	경흥군	계
자작	347	131	161	72	-	12	723
소작	371	16	129	531	74	49	1,170
합계	718	147	290	603	74	61	1,893

이를 통해 자작농이 비교적 적지 않다. 역시 소작 쪽이 훨씬 많음을 알 수 있다. 요컨대 수년 전까지 한인 지주는 총인구의 20~30%에 지나지 않았으나 현재는 현저하게 늘어났다. 그러나 중국인에 비하면 토지 소유관계, 가옥 구조, 가축 수 등에서 여전히 큰 차이를 보인다.

2 간도의 생계비 비교

도문강 대안 이주민 대부분은 함북 사람이기에 생계비를 함북 지역과 비교하여 고찰하면 대략적인 상황을 알 수 있을 것이다.

1. 토질 및 토지 가격

간도 지역의 토질은 조선에서보다는 훨씬 비옥하여 어떤 곳이든지 개척되지 않은 곳이 없을 정도다. 이에 간도에 발을 한 번 들여 넣자마자 눈에 보이는 들이나 산이 개간되어 조[粟]·기장[黍]·옥수수[玉蜀黍] 등이 이삭도 무겁게 황금색으로 물들어 있음을 보게 된다. 수확량은 조선보다 20~30%에서 많으면 50% 이상을 수확할 수 있고, 그러고도 토지가 충분한 여유가 있어 지가는 매우 저렴하다. (조선에서의 2분의 1, 3분의 1 정도에 지나지 않는다.)

2. 제세율(諸稅率)

무릇 제세(諸稅)는 때와 장소에 따라 세율이 일정하지 않다. 중국과 조선 측에서 동일 정도의 토지를 가진 농민을 표준으로 삼아 정확한 세액을 비교하는 것은 매우 어렵다. 이에 극히 막연한 대조표이지만, 쌍방 모두 중등지 1상지(晌地)(조선의 2일경 정도) 정도의 전지를 가진 순연한 농민이 부담해야 할 공과를 비교하면 다음과 같다.

먼저 중국 측에서 농민이 부담해야 할 공과는 다음과 같다.

종목	단위	중국화폐(文)	일본화폐(圓)
지세	1상(晌)	650	0.400
순경비		600	0.360
학교비		400	0.250
염세	1호(戶)		0.840
사장비(社長費)			0.400
갑장비(甲長費)			0.200
소사비(小使費)			0.100
계			2.550

염세는 자못 무거운 부담이지만, 이는 생활필수품이므로 가령 이를 공제하면 1원 71전이 된다. 이에 반해 조선에서 2일경(日耕) 정도를 가진 순 농민이 부담하는 바를 보면 대략 다음과 같다.

1) 지세 80전

도문강 연안에서는 통상 결가(結價)는 2원에서 4~5원으로 1결은 약 10일경에 해당하기 때문에 가령 2원 결가를 4원이라 하면 2일경 분은 1년 80전이 된다.

2) 지방비 8전

지세 부가세로서 지세의 10분의 1이다.

3) 면비(面費) 35전

함북에서의 호별 해당의 평균액은 19전5리(厘), 지세 부가금은 본세(本稅) 1원에 대해 19전 1리이기에 80전에 대해서는 15전3리, 모두 약 35전이 된다. 합계는 1원 23전이다.

위의 비교는 정확하다고 할 수 없지만, 대체로 공과의 부담은 조선 내 벽촌의 표준으로 본다면 대안보다도 약간 가벼운 것 같다. 더욱이 이제 조선에서는 신정(新政, 조선총독부 정치 - 역자)이 시행되어 종전과 같은 부정한 징수가 근절된 것에 반하여 대안 지역에서는 지금도 종종 명목으로 주구(誅求; 관청에서 백성의 재물을 강제로 빼앗는 것 - 역자)되고 있기에 이 점은 대안보다도 조선에서 쪽이 안전하고 또 유리하다.

3. 소작료

중국 측의 소작제도에 대해서는 후에 기술할 것이지만, 우선 대체로 조선에서와 같은 형태의 지조(地租)는 지주가 이를 납입하고 수확물은 절반으로 나누는 것이 가장 보통의 예이다. 물론 다소의 예외가 있으나 개괄하면 큰 차이가 없는 것 같다.

4. 곡물 및 잡화

재주자 대개는 적어도 자기가 먹을 만큼의 곡물을 수확하지만, 이것도 가지지 못한 자가 있다. 이런 세민(細民)에게 필요불가결한 잡곡류는 간도의 주요 산물로 함북보다 늘 20%에서 50% 정도 저렴하다. 따라서 생활이 용이하지만, 이에 반하여 일상 잡화는 조선보다 훨씬 비싸다. 더욱이 가난한 생활을 감수할 수 있는 자들에게는 수용(需用)이 적어 심한 병상(病痒)을 느끼는 일이 없다. 요컨대 한인에게는 조선보다 중국 측의 생활이 편의하다고 말하지 않을 수 없다.

3 한인 상호 간의 관계

1. 압록강 방면

한인은 대개 지인 또는 고향 사람이 꾀어 이주하며 단신으로 이주하여 혼자 기거하는 예는 적다. 이에 종래부터 여러 가족, 또는 10여 호가 단체를 이뤄 이주하며 지주와의 관계에서도 역시 공동하여 계약하는 일이 많다. 서변계(西邊界, 초산 대안 - 역자)와 같은 지역에서는 면제(面制)를 시행한 바 있으나 폐지 이후에도 그들은 오히려 옛 면명(面名)을 쓰고 다소 재력이 있는 자를 추천하여 면장으로 삼아 유치하지만 자치 생활을 하는데 중국 관헌도 이에 대해 별로 괴이하게 여기지 않는 것 같다. 합니하에는 이시영을 중심으로 하는 확고한 단체가 있고, 압록강 상류의 약수동 같이 한인만 400여 호가 사는 곳도 있다.

그러나 통화 부근에 최근 이주자 중에는 정치상의 목적을 가진 자가 있어 종래의 이주자와 동기를 달리한다. 전자는 후자에 대해 연파(軟派)라고 하여 경시하는 경향이 있다. 또 먼저 온 자는 새롭게 이주해 온 자가 사정을 잘 모르는 것을 이용하여 사기를 치는 무리도 없지 않다.

2. 도문강 방면

연안 지역에 이주한 한인은 대개 한곳에 모여 살며 마을을 만든다. 대개는 같은 지역 출신의 가까운 친척이나 지기이기에 조선에서의 향리에 있는 것과 크게 다를 바 없다. 오히려 국외에 거주하기 때문에 조선에 거주하는 것보다 한층 더 원만하고 친밀한 관계를 유지할 수도 있다. 요컨대 한인 상호 간의 관계에 대해 특기할 사항은 없다.

4 한인·중국인 간의 관계

1. 압록강 방면

한인은 버릇처럼 혼자 거주하는 것을 좋아해서 평지를 피하고 마을에서 멀리 떨어진 산중에 들어가 자급적 생활을 영위하는 자가 많다. 이들 무리는 유순한 소작인으로 중국인이 버리고 돌보지 않는 토지를 경작하고 상당한 소작료를 납부하기에 중국인들로부터 환영을 받곤 한다.

한인이 마을을 형성하고 생활하는 지역에서도 중국인은 지주 지위를 가지고 한인 대하기를 속국인처럼 하면서 손쉽게 부를 얻으려 하는 것 같다. 아직은 중국인과 한인 간에 복잡한 문제를 낳은 일이 없고 겨우 소작료 미납 또는 처자에 관한 사건으로 때때로 강안 헌병을 번거롭게 하는 정도가 있을 따름이다.

2. 두만강 방면

한인은 대개 한인만의 집단을 이뤄 별천지를 이루고 중국인과 잡거(雜居)하는 곳은 그리 많지 않아 둘 간의 관계는 비교적 옅은 것 같다. 그러나 이미 중국에 거주하는 이상 정치상·생활상으로 중국인과 전혀 교섭하지 않을 수는 없다.

양자의 관계를 보면, 중국 관헌에 밀접한 한인 즉 각 사(社)의 사장·학교 교사 등은 중국 관민과 서로 왕래 친화하여 상당한 사회적 지위를 가지지만 일반 이주 한인은 옛 관습상 아직도 사대사상에서 벗어나지 못해 중국인의 압박을 감수하는 경향이 있다.

이에 평등한 관계를 이루는 것은 가까운 장래에 바랄 수 없으나, 한편으로 그들을 화객(華客)으로 하는 중국 상인, 그들의 노력을 필요로 하는 광업 경영자 등에게 이해 관계상 환심을 얻어 환영받고 있다.

5 중국 관헌의 이주한인 취급

1. 압록강 방면

한일병합과 더불어 청한 양국 간의 조약은 소멸하여 조선에 대해서는 일청 간 조약[간도협약 – 역자]을 적용하게 됨에 따라 병합 후 한인이 개항지 이외에 거주할 때는 유력(遊歷) 또는 상용(商用)을 위해 여권을 휴대해야 한다. 그런 때에만 도문강 대안에 있어서 한인 거주를 승준(承准)하였으나, 압록강 대안에 관해서는 그런 종류의 조약이 없기에 한인 거주의 실상은 조약상의 보장과 일치하지 않는 면이 있다.

중국 관헌도 이를 깨닫고 한인을 취급한 바가 없지 않으나, 대개는 이를 불문에 부치는 듯하다. 한인에 관해서는 대개 다음과 같이 취급하는 것을 목격했다.

1) 조세

이주 한인 소작농 대부분은 토지에 관해 납세의무가 없다고 하나, 경찰비는 회전(會錢)·병향(兵餉)·호포전(戶布錢)·방전(防錢)·회성곡(會城穀)·휘양곡(揮粮穀) 등의 명목으로 각지에서 모두 징수되는 것 같다. 납세율을 보면 다음과 같다.

환인현 : 연액 5일경(日耕)에 대해 6원

통화현 : 호별 할당이 종전 월 4각에서 2각으로 조정

집안현 : 호별 할당, 옥수수 1두에서 1두 5승, 중도면(中島面)은 금납으로 20원에서 30원(회방전)

장백현 및 임강현 : 남 1명(15세에서 60세)에 대해 연액 밀·조 또는 옥수수 2두씩. 이외에 각 관아의 연료(燃料)로 썰매[橇] 2대 또는 6태두(駄頭)의 땔감을 징수한다.

2) 소송

예전부터 대안의 면장은 한인 상호 간의 소송을 정리하여 이를 조선 내 군수에게 송치하여 재판을 청[앙청(仰請)]하고 중국인과의 다툼 사건은 중국 관헌에게 맡겼다. 그 뒤 한인 상호의 쟁송은 면장 등이 알선하여 화해토록 하고 중국인·한인 간의 다툼은 종래와 마찬가지였으나 근래 강안에 가까운 자는 병합 후 중국 관헌의 재판을 앙청했음에도 불고하여 일본헌병대에 출소하는 자가 있다.

3) 입적

1908년 임강현 지사 이옥정(李玉庭)은 이주 한인에 대해 공연히 입적을 강요하였는데, 당시 봉천제국 총영사의 항의를 받아 갑자기 좌절한 일이 있으나, 임강현에서는 1914년 3, 4월경 다시 이주 한인에 대해 입적 또는 귀국하라고 강요한 사실이 있다. 현임 지사 육영항(陸永恒)은 일행에게 관내의 한인 중 3분의 1은 입적했다고 한다. 기타 제현(諸縣)에 있어서도 다소 차이가 있으나 병합 이후 그쯤에 배일 한인을 선동하거나 지주·순경 등을 사주하여 이주자에 대해 입적하면 토지 소유권을 향유케 할 뿐만 아니라 종종 편의를 줄 것이지만, 입적하지 않으면 퇴거를 명령할 것이라며 교묘하게 입적을 권유하고 있다.

입적자는 토지소유권을 얻고 아동을 학교에 통학시키며 소송상에도 다소 편익이 있는 것 같다. 이시영 이하 배일 한인은 모두 입적해 있다.

임시귀화증

입적에는 2명 이상의 보증인이 필요하고 또 10년 이상의 거주를 요건으로 하는데 이를 강행하지 않은 것 같다. 그래서 구씨(仇氏, 통화현 순경국 순관으로 일찍이 일본에 유학하여 일본 경관학당의 졸업생이고 현재 삼나유자(三裸檢子) 순경 국장)의 말에 따르면, 입적원을 제공하여 지장이 없다고 인정할 때는 지사가 이에 임시귀화증을 교부하여 본 귀화증을 교부한 것과 동일한 취급을 한다고 한다. 봉천성을 거쳐 북경 정부에 신청하여 본 귀화증을 교부 받게 되는 것으로서 그간 통상 1년 이상을 요한다. 통화현 임시 귀화증은 그림과 같다.

요컨대 압록강 방면에서는 종래 중국 관헌은 이주 한인에 대해 크게 주의하지 않은 것 같았으나, 근래 증가세가 급격함을 보고 장래 중국·일본 간에 국제문제가 일어날까 두려워 호구 조사를 장려하고 문패를 붙이도록 하거나 귀화를 권유하는 등의 상황에 있다. 귀화 즉 입적을 권함은 곧 일본의 국적 관계를 떠나게 하려는 것에 불과하다. 관리 중에는 때로 격쟁(擊錚) 사건을 해결할 때 많은 금액의 뇌물을 강요하는 자가 있고, 편파적으로 처리하는 자가 있다. 특히 교통이 불편한 산간벽지에서는 순경 등의 하급 관리에게 부정한 징발을 강요받아 구타하는 등의 사례가 적지 않다.

2. 도문강 방면

중국 관헌은 일본인에 대해서 겉으로는 자못 정중하나 한인에 대해서는 심히 오만하여 왕왕 불법적으로 물자를 징발하거나 무고한 농민을 구타하고, 혹은 규정 외의 조세를 부과하여 중간에서 착복하는 등의 일이 드물지 않다.

중국 관헌의 이주 한인에 대한 태도를 말하기에 앞서 일행이 도문강 연안 지역을 통행하던 중에 받은 대우를 적겠다.

곤동(涸洞, 무산의 상류 대안)에 숙박하려 하자, 수비대의 하사와 병졸이 와서 일행의 임무·목적 등을 묻고는 이상한 눈으로 주시했으나 우리들의 답변을 듣고는 약간 안심하고 또 온화한 모습을 보였다. 하지만 수비대장 강영해(康永海)란 자가 부재하였기에 일행에 대해 하등의 편의도 제공하지 않았다.

무산의 하류 대안 남평(南坪)의 염국(鹽局) 위원 오염삼(吳焱三)이란 자와 도선 중 만났으나, 헤어진 후 일부러 사람을 시켜 명함을 지참케 하는 등의 호의를 표했다. 또 남평과 이웃한 길지(吉地)재판소 검찰관 손종대(孫鍾岱)와도 면회했으나 다과를 주고 연초를 권해서 하등 거리낌 없이 기꺼이 종종 질문에 응했다.

동경대(東京臺, 무산·회령 중간의 대안)에서는 수비대장 중위 전보선(傳寶善)이란 자가 일행의 여숙(旅宿)을 주선하고, 승마의 군량과 마초(馬草) 채취를 주민(한인)에게 명령하여 무료로 제공케 했다. 다음 날 아침 출발할 때 수비대장의 병사(兵舍)에 찾아갔더니 흉금을 털어놓고 간담하고, 이미 호위병 수명을 내도록 준비하고 있었으나 끝내 고사하여 받지 않자 일행과는 동행하지 않았으나 우리가 가려는 방면에 3명의 순찰병을 파견했다. 대개 중국에서는 일본인임은 알면 일종의 의심하는 눈으로 보는 느낌이 있다.

화룡현 지사 유(兪), 훈춘현 지사 팽수당(彭樹棠), 훈춘연대장 조진망(趙

振網), 재판관 전규문(田奎文)·신붕초(信鵬超) 등을 각지에서 종종 관헌에 면회했으나, 모두 사령(辭令)에 교(巧)하고 또 우리가 만약에 입실하면 곧 이어 다과와 연초를 권하여 관대가 미치지 않은 바 없는 자세를 보였다. 그러나 물러나 생각건대 참으로 호의를 다하는 자도 있지만, 간간이 겉으로만 그렇고 실제로는 이상한 눈빛으로 끊임없이 주의를 게을리하지 않는 것 같다.

요컨대 이와 같은 모양으로 중국 관헌은 일본인을 두려워하나 한인에 대해서는 전연 태도를 달리하여 자못 그들을 괴롭히고 있다. 이를 우리가 견문한 실례에 들어보면, 곤동(涠洞) 수비대에서는 도박 묵인세라고 하는 세금을 도박자에게 징수하여 범행을 묵인하는 일이 있다. 길지재판소 검사는 작년[1913]에 1호당 신탄(薪炭) 15관씩을 징수했으나, 1914년은 이를 두 배로 올려 30관씩을 징수하여 인민들이 불평하며 재판소에 몰려가자 수비대장이 중재하였는데 검사는 마침내 면직되었다. 또 1914년 7월경 같은 지역의 한인 과부(20세 정도)가 어느 한인 남자와 정을 통하여 도망하였기에 과부의 부친이 과부를 붙잡아 줄 것을 순경에게 의뢰했으나, 순경은 과부를 잡아와서 수감하였는데, 몇 번이나 부친이 과부를 풀어달라고 애타게 요청했지만, 2개월여가 지났음에도 아직 풀어주지 않았다. 이에 촌민이 들고 일어나 일행이 길지(吉地)를 통과한 쯤에(9월 7일) 재판소(순경소재)에 몰려갔다. 들은 바에 의하면, 과부는 아마도 순경 등에게 욕을 당하고 있을 것이라 한다. 수비대 순경 등의 소재지에는 쌀 또는 신탄 등을 무상 혹은 불법 염가로 징발당하는 일이 있고, 혹은 군수품 등의 운반을 강제로 당하는 것을 용연동(龍淵洞) 지신사(志新社) 등지에서 여러 번 들었으나 이와 같은 현상은 각지에서 행해지고 있는 것 같다.

6 일본헌병의 이주한인 취급

1. 압록강 방면

국경 연선에 헌병을 배치하여 경찰 사무를 관장케 한다. 강안(江岸)에 가까운 이주 한인과 조선 내에 있는 한인과의 계쟁(繫爭) 사건은 대개 강안 헌병에게 처치를 앙청한다. 조선에 관계 없는 사건은 대안의 이주 한인으로부터 소(訴)가 있을 때는 강안 헌병이 이를 안동영사에 송부한다. 조선에서 범죄를 저질러 대안으로 도주한 자에 대해서는 사복 헌병 또는 보조원(한인으로 헌병 보조의 사무을 보는 자)이 이를 대동하여 강을 건너 조선에 들어온 후 체포하고 있다. 기타 초산 혜산의원에서는 대안의 한인도 치료해주기에 강안 부근의 이주 한인이 진료를 받기도 한다.

2. 간도 방면

간도 재주의 한인은 과연 어느 국민이라 볼 것인가. 정식으로 귀화 절차를 밟아 중국인 혹은 러시아인이 된 자를 제외하면, 물론 그들은 일본의 제국 신민이라 봐야 할 것이다. 그러나 불행하게도 한인의 민적이 아직 완전히 정리되지 않았기에 그들 본적지에는 아직 민적부에 등록되지 않았고, 더욱이 본인들은 원래 국가적 관념이 없어 자기가 어느 나라의 인민임을 뜻에 두지 않는 자가 있다는 것은 심히 유감스럽다. 이미 국적이 판명되지 않았으므로 영사관 등에서도 이를 취급하는데 자못 곤란함이 적지 않다고 한다.

재주 한인이 중국 관헌 또는 중국인에게 불법적인 압박을 받았을 때, 즉 자기에게 불리할 때만 영사관에 소를 제기하지만, 평소에는 상관하지 않은 태도로 일관할 뿐만 아니라 단속이 필요한 경우에는 한인이 아니라며 대항하려는 경향이 있다. 고로 먼저 호적, 국적에 관한 법규를 제정하여 완전히 감독, 지도의 실질을 올리는 것이 가장 긴요하다. 지금은 재간도의 일본 관헌이 한인의 취급에 관해서 근본적 방침을 가지지 못한 것 같다.

헌병분대	인원	비고
무산헌병분대	11명	
회령헌병분대	4	가족 현주지는 동양사(東陽社)·산계사(山溪社)·영화사(永化社)·국자가로 각 1명씩임
종성헌병분견소	1	가족은 용지사(勇知社)에 거주함
경원헌병분대	4	가족 현주지는 국자가 2, 훈춘현 대동사(大洞社) 1, 왕청현 춘방사(春芳社) 1
경흥헌병분대	6	

7 이주 한인 가족의 조선 내 취직

이주 한인의 가족으로 조선에서 헌병보조원이나 학교의 교사인 자가 적지 않다. 그들은 간도에 이주해 있으나 결코 향리를 싫어한 것이 아님을 미뤄 짐작할 수 있다. 이제 도문강 방면에서 조사하였던 실례를 들면 다음과 같다.

1. 헌병보조원이 된 자

도문강 연안의 헌병분대에서만 26명이 있다.

2. 교사가 된 자

교사가 된 자는 겨우 종성군·경원군에 1명씩이 있을 뿐 극히 드물다. 요컨대 헌병보조원, 교사로서 조사에서 빠진 것도 다소 있을 것으로 믿어진다.

8 이주 한인의 감상(感想)

전술할 바와 같이 이주자의 대부분은 생활난에 쫓기는 자, 혹은 전에 이주한 친족, 친지로부터 권유받아 만연히 이주한 자 이므로 본래 국가적 관념을 가진 자는 거의 없다고 할 것이다. 고로 일본의 정치를 싫어하는 것도 아니고 중국의 정치를 그리워함도 아니다. 그렇다고 일본을 고맙게 생각하지 않아도, 결코 중국을 고맙게 생각해서 이주한 것도 아니다. 다만 하루하루를 안일(安逸)하게 보낼 수 있으면 족한 것이다.

대다수는 소위 취생몽사(醉生夢死; 술에 취한 듯 아무 목적 없이, 의미 없이, 이룬 일도 없이 한 평생을 흐리멍텅하게 살아감을 비유하는 말 – 역자)의 민들이다. 이들 가운데 소수만이 일본을 원망하고 미워하거나 중국에 심복(心服)하는 자들이다. 배일사상을 가진 자라 할지라도 일정(一定) 부동(不動)의 주의를 움켜쥐고 목적을 이루려고 하는 것이 아니다. 말하자면 일종의 호구 수단인 것 같다. 중국에 심복하는 자란 오래 중국 측에 거주해서 중국화하여 정신적으로 중국 국민과 같은 관념을 가진 자이다. 대다수는 어떤 주의도 없고 우선 일반으로 일본에 대해 호감을 느끼는 자라고 해도 지장 없을 것이다. 이제 방면을 나누어 기술하겠다.

1. 압록강 방면

1) 강안 부근 이주자의 감상

강안 부근의 이주자가 이주를 결정한 원인은 주로 의식(衣食) 때문이라는 것은 앞에서 언급한 바와 같고, 또 이주 후 비교적 많은 세월이 흘렀다. 일찍이 조선 시대에는 중국인 스스로 대국인이라 하여 한인을 경시하였으나, 병합 후에는 한인의 지위가 향상하여 중국인도 역시 그런 태도를 고쳐왔으므로 한인은 이를 고맙게 생각하고 있는 것 같다. 그리고 조선에서의 제도가 날로 갖춰가고 면목이 각각으로 개선되어 가는 것을 보면서 질서 없는 자기의 거주지와 비교하여 가만히 한인의 행복을 갈망하는 구안자(具眼者; 옳고 그름을 가릴 수 있는 안식을 가진 사람 - 역자)가 왕왕 있어 일행에게 장백부 부근에 빨리 영사관을 설치하여 한인 보호의 방침을 마련해 주기를 바라는 자가 있다.

또 서변계(西邊界, 초산의 대안)에서는 일행에게 "일본인은 누차 조사하러 와서 여러 번 우리를 조사해 갔다. 무슨 이유로 어느 나라가 우리를 보호해주지 않느냐, 지주로 하여금 지대를 인하케 해주지 않느냐"라고 호소한 자가 있다. 또 근래 그들은 강안 일대의 중국인 간에 일종의 떠도는 풍설로 만주는 조만간 일본에 병합될 것이라 하여 주택 부근의 나무를 베고 산림을 벌목하는 등 흡사 10년 이전의 한인과 같은 감상을 포기하고 풍설이 현실이 될 것이라 믿고 있는 것 같다.

2) 대안에서 이주자의 감상

내지 이주자 중에 10년 이전에 이주하는 자는 극히 적다. 애초 의식을 위해 또는 산업상의 희망을 안고 이주한 자도 그곳에서는 배일 한인이 소귀를 잡았기 때문에 자연 감화되는 경향이 있다. 농민은 일반적으로 토지의 비옥함과 화전의 수확이 많고 조세 공과가 없음을 기뻐하고 있다. 그들은 산간의 인적이 적고 극히 원시적 생활을 영위할 수 있다는 것을 덕으로 생각하는 것 같다.

실제 환인 광제의원(廣濟醫院)에서 장곡부(長谷部) 대위에게 말한 한 환자도 그런 생각을 하고 있었다. 이에 대위가 다시 묻기를 "힘쓰지 않고 화전을 경작하면 화전도 역시 멀지 않아 수확을 얻지 못하기에 될 것"이라고 하니, 한인은 극히 절망적으로 "그러면 곧 미국에 갈 뿐"이라 답했다.

배일 한인은 관헌과 서로 연락하고 비교적 부유하지만, 이를 대강 말하면, 대안 역시 팔짱을 낀 채 수확을 얻을 천혜 낙원이 아니고 떠도는 소문과 조금 다르다는 것을 알고 일부는 오히려 경솔하게 이주해 왔음을 후회하여 귀환하려는 자도 있다. 또 조선보다 대안에는 마적의 피해가 심해 생명 재산의 보증이 매우 불안함을 느끼고 멍하니 망향(望鄕)하는 자가 있다.

일찍이 후주(厚洲) 고읍(古邑)의 대안에서 한인이 산삼 600원어치를 팔고 판매 이익금을 짚신 안에 숨겨서 몰래 돌아오려다가 마적에게 빼앗겼고 목숨까지 잃었다. 기타 일종의 풍토병이 있고, 한인은 토지소유권을 얻을 수 없어 일부 기업자적 이민은 자못 불편을 느끼는 것 같다.

2. 두만강 방면

일행이 지나온 지역의 곳곳에서 한인이 우리를 반갑게 맞이하여 숙박하는데 정중하게 수고를 위로하고 자진하여 채소를 제공하거나 밥을 짓는 데 돕는가 하면, 출발할 때는 충심으로 헤어지는 것을 애틋하게 여기는 자도 적지 않다. 동경태(東京台)의 하류 판등동(板登洞, 한인 15호)에서 백금사(白金社) 사장 이화실(李化實)의 집에서 점심을 먹었는데, 사장 아버지(70세 정도)가 비를 무릅쓰고 일부러 2~3정까지 배웅하였다. 점심을 먹을 때 이들이 말하는 바에 따르면, 일본 헌병이 하루빨리 와서 보호해 줄 것을 희망한다고 한다.

또 각지에서 숙박할 때도, 집이 대개 도로에서 안으로 깊이 들어가 있어 통로를 알지 못하자 4~5정에서 반리(半里)나 안내하며 길을 알려주기도 했다. 수비대 소재지에서는 특히 숙박을 제공하거나 편의를 주는 것은 수비대를 꺼려 사양하는 것 같은 모양이다. 때때로 중국 관헌이 순회로 오는 지역에서는 어쩐지 두려워 사양하는 것 같아서 우리의 질문에 대해서 자못 요령부득한 대답을 하여 안타까운 마음도 없지 않았다.

우리가 농사동에 도착한 것은 마침 8월 31일 천장절(天長節; 일본왕 생일 - 역자)에 해당하여 각호 추녀 끝에 일장기를 게양하였는데, 이와 달리 겨우 4~5간 폭의 도문강 대안 지역의 한인 가옥에는 1호도 일본 국기를 보지 못했다. 그러나 용정촌에 향하는 도중 신흥평(新興坪)을 통과할 때가 9월 17일로 위안스카이 총통의 탄생일이었는데 한인은 모두 중화민국기를 게양하고 있었다. 이로써 보건대 표면적으로 중국 관헌의 뜻을 영합(迎合)하기에 급급하다는 것을 알았다. 마지막으로 대안 재주 한인의 가장 고통을 느끼는 2~3가지를 기술한다.

① 수비대 순경 등은 일반적으로 박봉이고 때때로 봉급이 지급되지 않기도 하여 왕왕 지역 주민에게 물자를 징수하기도 한다.

② 경찰 단속이 느슨하기에 불령(不逞)의 무리 또는 배일 한인들이 방황 도식하는 자가 많다.

③ 관염(官鹽) 제도가 있어 싸고 품질이 양호한 식염(食鹽)을 쉽게 얻을 수 있음에도 관염 사용을 강요받는다.

6장

도문강 방면에서
이주한인의 귀환

1 귀환 동기

생활난에 쫓기거나 친척, 오랜 친구 등으로부터 권유받아 간도 방면에 이주한 자도 일단 거처를 마련하여 살게 되면 종종 곤란한 장애가 여러 가지로 많이 발생하여 그들이 꿈꾸었던 낙천지가 아니었다는 것을 깨닫고는 끝내 초지(初志)를 관철하지 못하고 귀환하는 자가 적지 않다. 그 동기가 여러 가지가 있으나 주된 원인은 다음과 같다.

1. 생활난

이주 동기가 생활난에 기인한 바가 가장 많다. 동시에 귀환 원인도 역시 마찬가지로 생활 곤란에 있다. 그들 대부분은 맨주먹으로 막연하게 이주하여 땅 사정을 잘 알지 못하거나, 하등의 정해진 계획이 있지 않거나, 상업에 실패하거나, 경지가 없어 능히 농업에 종사하지 못하거나, 중국인에게 부담하여 더욱 곤비(困憊)를 당하여 부득이 귀환하는 것이다.

2. 중국의 압박

중국 관헌으로부터 불법 징수를 당하거나 종종 학대를 받아 더욱 간도 재주의 중국인과 화합하지 못해서 돌아가는 자도 있다.

3. 조선에서의 정치 상황을 알고 생명 재산의 보호가 완전할 것이라 믿고 귀환하는 자

비교적 성실하게 노동하고, 사업도 순조롭게 진행하고 있는 자도 경찰력이 충분히 미치지 못하여 왕왕 마적, 강도의 화를 당하여 오랫동안 노력하였던 것이 하루아침에 수포가 되는 일도 적지 않다. 다른 한편으로는 조선에서의 정치 상황이 과연 어떠한지 걱정하고 있던 자도 점차 정치의 진상을 알고 극히 공평하고 안전하다는 것을 깨닫고 귀환하는 자가 적지 않다.

4. 고향 생각에 못 이겨 귀환하는 자

사업이 여의치 않고 또 중국 관헌의 대우가 생각과 같지 않아 고향 산천을 그리워하여 돌아오는 자도 있다.

5. 성공해서 귀환하는 자

일반 이주자로서 성공하게 되면 영주(永住)하는 것이 보통이지만, 돈벌이를 위한 일시적인 이주자 중에는 다소 금전을 벌면 귀환하는 자가 있다.

2 귀환 상황

함경북도 연안 각 군에서 1910년부터 3년간의 귀환자, 1913년, 1914년(1월부터 6월)에 함경북도 각 군의 귀환자 수는 다음과 같다.

이주자 귀환자 조사(함경북도 연안 각 군)

구분		1910	1911	1912	계
무산	호수	4	8	14	26
	인구	20	37	73	130
회령	호수	4	7	8	19
	인구	22	42	44	108
종성	호수	15	18	14	47
	인구	79	86	67	232
온성	호수	-	6	30	36
	인구	-	29	105	134
경원	호수	-	-	16	16
	인구	-	-	78	78
경흥	호수	-	11	10	21
	인구	-	60	47	107
계	호수	23	50	92	165
	인구	121	254	414	789

간도이주한인 귀환자 조사표(1913년)

이주지		간도							합계
원적 군명		성진	길주	무산	경흥	회령	명천	경성	
1월	호수	2	-	-	-	-	-	-	2
	인원	16	-	-	-	-	-	-	16
2월	호수	-	-	-	-	-	-	-	-
	인원	-	4	-	-	-	-	-	4
3월	호수	-	-	3	1	-	-	-	4
	인원	-	3	10	5	-	-	-	18
4월	호수	-	-	-	-	-	-	-	-
	인원	-	-	-	-	-	-	-	-
5월	호수	-	-	-	-	-	-	-	-
	인원	-	-	-	-	-	-	-	-
6월	호수	-	1	-	-	-	-	-	1
	인원	-	5	-	-	2	-	-	7
7월	호수	-	-	-	-	-	-	-	-
	인원	-	-	-	-	-	-	-	-
8월	호수	-	-	-	-	-	-	-	-
	인원	-	1	-	-	-	-	-	1
9월	호수	-	-	-	-	-	-	-	-
	인원	-	-	-	-	-	-	-	-
10월	호수	-	-	-	-	-	-	-	-
	인원	-	-	-	-	-	-	-	-
11월	호수	-	-	-	-	-	-	-	-
	인원	-	43	-	-	-	50	-	93
12월	호수	-	-	1	-	-	1	3	5
	인원	-	2	2	-	-	3	12	19
계	호수	2	1	4	1	-	1	3	12
	인원	16	58	12	5	2	53	12	158

간도이주한인 귀환조사표(1914년 1월~6월)

이주지		간도				합계
원적 군명		경성	명천	무산	길주	
1월	호수	-	-	-	-	-
	인원	-	-	-	-	-
2월	호수	3	3	1	-	7
	인원	18	19	4	-	41
3월	호수	-	-	-	2	2
	인원	-	-	-	10	10
4월	호수	-	3	-	-	3
	인원	-	15	-	-	15
5월	호수	-	-	-	-	-
	인원	-	-	-	-	1
6월	호수	-	1	-	-	1
	인원	-	14	-	-	14
계	호수	3	7	1	2	13
	인원	18	48	4	10	80

이로써 보건대 귀환자도 역시 매년 다소 있으나, 이를 이주자에 비교하면 겨우 2% 정도에 불과하다.

9부

도문강 연안의
월경 경작

1장

개설

도문강 연안에서는 조선의 토질이 척박하고 또 경작지가 극히 협소하지만, 대안 지역은 토지가 비옥하여 조선보다 일반적으로 광활하여 경작에 훨씬 유리하다. 그런데 향리를 떠나는 것은 누구도 즐기지 않기 때문에 만일 향리에 있으면서 유리한 생업을 할 수 있으면 이보다 더 좋은 일이 없을 것이다. 이 때문에 왕환(往還; 왕복－역자) 경작이라는 현상을 낳았다. 도문강을 건너는 일은 자못 쉽기 때문에 비교적 그러한 경작자가 많은 것이다.

　　이상은 조선에 있으면서 대안 지역으로 월경 경작하는 경우이지만, 드물게는 이와 반대로 대안 지역에서 조선으로 건너와 경작하는 자도 있다. 이들은 종종 경작하던 중 강우에 돌아오는 길이 차단되어 곤란을 당하는 일이 있다.

2장

조선에서 재주자의
대안 경작

1 경작자 호수 및 경작지 반별(反別)

1913년도에 이런 경작자의 호수, 경작지 반별을 자작, 소작으로 구분하여 표시하면 다음과 같다.

구분	자작	소작	합계
경작자 호수	723호	1,170호	1,893호
경작지반별	738정2반8무	1,256정 4무	1,994정 3반 2무

이에 호수, 경작지 반별과 함께 자작은 소작의 6% 내외에 불과하다.

월경경작자 조사표

군명	연안 면수	호수			경지반별		
		자작	소작	계	자작	소작	계
무산	5	347	371	718	29661	10576	40,237
회령	7	131	16	147	7611	2635	10,246
종성	6	161	129	290	24706	26910	51,616
온성	6	72	531	603	9169	50361	59,530
경원	2	-	74	74	-	26036	26,036
경흥	4	12	49	61	2681	9059	11,740
계	30	723	1,170	1,893	73,828	125,577	199,405

월경경작자는 아침저녁으로 왕래하여 경작하는 자와 농번기 중에 대안에 임시 가옥을 짓고 그곳에서 침식하며 경작하는 자가 있다. 그 수는 물론 전자 쪽이 많지만, 후자도 곳곳에 있다. 실제로 삼하면 대안에서 우리는 임시 가옥을 실제 봤다. 아쉽게도 그 수는 명확하지 않으나 좀 광대한 토지를 경작할 때 이런 종류의 월경경작자가 적지 않을 것이다. 회령군·경흥군의 조사에 의하면 다음과 같다.

종별	화령군			경흥군		
	호수	인원	경지수(町)	호수	인원	경지수(町)
조석 왕래 경작자	27	130	6.51	41	53	81.5
농번기 중 이주 경작자	160	851	95.96	20	22	35.9
계	187	981	102.47	61	75	117.4

2 재배 작물의 종류 및 수확량

재배 주요 작물은 속·대두·대맥·옥수수 등으로 1913년도 작물의 수확량은 다음과 같다.

군명	조(石斗)	콩(石斗)	보리(石斗)	옥수수(石斗)
무산	1,366.7	677.8	947.3	90.3
회령	423.3	124.6	101.1	-
종성	1,542.8	457.3	646.3	317.9
온성	3,791.9	1,899.8	517.7	454.8
경원	648.0	973.0	-	81.0
경흥	27.8	135.0	-	30.8
계	7,800.5	4,267.5	2,212.4	974.8

3 월경 대안 경작 명세표

1. 무산군 대안

면별	자작·소작별	호수	경지반별(反畝)	재배 작물 내역										
				조	콩	팥	피	기장	보리	밀	옥수수	마령서	?	귀리
읍면	자	71	1134.8	576.4	131.1	73.9	-	15	324.8	-	12.6	-	-	-
	소	18	249.6	118.8	32.2	19.8	-	3.1	66.2	-	1.3	-	-	-
	계	89	1384.4	695.2	163.3	93.7	-	18.1	391	-	13.9	-	-	-
삼장면	자	21	30.2	15.2	2	-	-	0.8	12	-	-	0.2	-	-
	소	75	53.3	31.3	4.5	-	-	4	12	-	-	1.5	-	-
	계	96	83.5	46.5	6.5	-	-	4.8	24	-	-	1.7	-	-
서하면	자	22	16.3	6.1	3.3	-	0.5	1.5	3.6	0.2	0.1	1	3	2
	소	143	94.2	44.6	15.2	-	6	3.5	22.7	2.6	1.9	8	5	18
	계	165	110.5	50.7	18.5	-	6.5	5	26.3	2.8	2	9	8	20
영북면	자	171	17388	8980	2658	-	-	-	4596	-	580	564	-	-
	소	98	6428	3330	1410	-	-	-	1`970	-	132	180	-	-
	계	269	23816	12310	4068	-	-	-	6566	-	712	744	-	-
풍계면	자	62	460	255	133	-	-	-	-	-	21	51	-	-
	소	38	177	198	67	-	-	-	-	-	-	-	-	-
	계	100	637	453	200	-	-	-	-	-	21	51	-	-
합계	자	347	29661	15216	4155	73.9	0.5	133	8000	0.2	738	618	3	2
	소	371	10576	5475	1996	19.8	6	25	2979	2.6	154	203	5	18
	계	718	40237	20691	6115	93.7	6.5	248	10979	2.8	892	821	8	20

2. 회령부 대안

면명	자작·소작별	호수	경지반별	재배작물 내역(畝)			수확량(石)		
				조	콩	보리	조	콩	보리
부남	자작	16	6.33畝	4.12	1.61	0.83	28.84	8.05	7.74
	소작	7	3.99	2.38	1.25	0.13	17.66	6.25	1.17
	계	23	10.33	6.50	1.86	0.96	45.50	14.30	8.64
공북	자작	6	0.52	0.74	0.22	0.09	5.18	0.55	0.81
	소작	13	1.97	1.22	0.19	0.14	8.54	0.95	1.26
	계	19	2.49	1.96	0.30	0.22	13.72	1.50	2.07
영완	자작	56	28.28	15.47	7.48	4.19	108.29	37.40	37.71
	소작	14	5.61	3.52	1.84	0.99	24.64	9.20	8.91
	계	70	33.89	18.99	9.32	5.18	132.93	46.60	46.62
운두	자작	19	11.17	6.30	1.29	0.43	44.10	6.45	3.87
	소작	10	5.54	3.12	0.25	0.19	21.84	1.75	1.71
	계	29	16.71	9.42	1.64	0.62	65.94	8.20	5.58
용회	자작	3	2.69	1.37	0.20	0.70	9.59	1.00	6.30
	소작	-	-	-	-	-	-	-	-
	계	3	2.69	1.37	0.20	0.70	9.59	1.00	6.30
인계	자작	24	17.03	11.01	5.29	1.19	77.07	26.45	10.71
	소작	10	7.12	3.99	2.31	0.36	27.93	11.55	3.24
	계	34	24.15	15.00	7.60	1.55	105.00	38.00	18.95
봉의	자작	7	10.09	5.79	2.40	1.60	40.53	12.00	14.40
	소작	2	2.12	1.44	0.59	0.36	10.08	2.95	3.51
	계	9	12.21	7.23	2.99	1.99	50.61	14.95	17.91
합계	자작	131	76.11	44.80	18.38	9.03	33.60	91.90	81.27
	소작	56	26.35	15.67	6.53	2.20	109.69	32.65	19.80
	계	187	102.46	60.47	24.91	11.23	143.29	124.07	101.07

※ 옥수수·감자 재배도 있으나, 극히 소량이어서 게재하지 않는다.

3. 종성부 대안

면명	지작·소작별	호수	경지 반별	재배작물 내역(畝)					수확량(石)				
				조	콩	보리	옥수수	기타	조	콩	보리	수수	기타
종관면	자작	134	2,132.6	840.5	432.9	462.6	257.1	139.5	707.7	260.7	401.6	168.7	70.8
	소작	60	711.3	339.8	136.8	114.6	102.8	47.3	335.8	95.8	114.6	82.2	28.4
	계	194	2,873.9	1,181.3	569.7	577.2	359.9	186.8	1,043.5	356.5	516.2	250.9	99.2
남산면	자작	27	338.0	178.8	68.0	45.0	36.0	5.0	183.8	41.0	25.0	36.0	4.0
	소작	14	121.0	92.0	25.0	-	14.0	-	92.0	9.0	-	14.0	-
	계	41	459.0	270.8	83.0	45.0	50.0	5.0	275.8	50.0	25.0	50.0	4.0
고읍면	자작	-	-	-	-	-	-	-	-	-	-	-	-
	소작	5	63.3	30.0	13.3	20.0	-	-	15.0	4.0	10.0	-	-
	계	5	63.3	30.0	13.3	20.0	-	-	15.0	4.0	10.0	-	-
용계면	자작	-	-	-	-	-	-	-	-	-	-	-	-
	소작	9	103.3	76.6	50.0	26.7	-	-	76.6	-	26.7	-	-
	계	9	103.3	76.6	50.0	26.7	-	-	76.6	-	26.7	-	-
화방면	자작	-	-	-	-	-	-	-	-	-	-	-	-
	소작	10	298.4	95.1	50.0	93.3	30.0	30.0	47.7	15.0	46.7	12.0	7.0
	계	10	298.4	95.1	50.0	93.3	30.0	30.0	47.7	15.0	46.7	12.0	7.0
풍곡면	자작	-	-	-	-	-	-	-	-	-	-	-	-
	소작	31	363.7	168.4	99.8	37.3	12.8	25.4	84.2	31.8	19.0	5.0	9.6
	계	31	263.7	168.4	99.8	57.3	12.8	25.4	84.2	33.8	19.0	5.0	9.6
합계	자작	161	2,470.6	1,024.3	501.1	507.6	293.1	144.5	891.5	301.7	427.6	204.7	74.8
	소작	129	1,691.0	801.9	314.9	311.9	159.6	102.7	651.6	155.6	227.0	113.2	45.0
	계	290	4,161.6	1,826.2	816.0	819.5	452.7	247.2	1,542.8	457.3	644.6	317.9	119.8

면편	지역	자작·소작별	호수	경지 반별	재배작물 내역(畝)							
					조	콩	피	보리	밀	수수	옥수수	팥
온성	양수천자 하서	자작	-	-	-	-	-	-	-	-	-	-
		소작	17	166.7	76.7	66.7	-	-	-	-	23.3	-
		계	17	166.7	76.7	66.7	-	-	-	-	23.3	-
상포	태동,안산,양수천자	자작	63	713.4	333.3	193.4	15.4	51.3	88.5	-	31.5	-
		소작	327	2696.6	1,313.4	780.3	100.0	179.6	243.3	-	80.0	-
		계	390	3410.0	1,646.7	973.7	115.4	231.0	331.8	-	111.5	-
영와	양수천자,마패,집만동	자작	5	96.7	36.7	60.0	-	-	-	-	-	-
		소작	1	11.6	8.3	3.3	-	-	-	-	-	-
		계	6	108.3	45.0	63.3	-	-	-	-	-	-
영충	마패,집만동,시건평	자작	4	106.8	46.4	25.7	-	-	8.0	10.0	16.7	-
		소작	6	46.2	32.9	3.3	-	-	2.3	-	3.0	4.7
		계	10	153.0	79.3	29.0	-	-	10.3	10.0	19.7	4.7
미포	양수천자,삼하동,하서	자작	-	-	-	-	-	-	-	-	-	-
		소작	140	1,481.6	789.6	500.1	16.6	108.7	28.3	38.3	-	-
		계	140	1,481.6	789.6	500.1	16.6	108.7	28.3	38.3	-	-
훈융	밀강,훈융	자작	-	-	-	-	-	-	-	-	-	-
		소작	40	633.4	100.0	266.7	33.3	66.7	-	-	166.7	-
		계	40	633.4	100.0	266.7	33.3	66.7	-	-	166.7	-
합계		자작	72	916.9	400.7	279.1	15.4	62.3	96.5	10.0	48.2	-
		소작	531	5,036.2	2,313.9	1620.0	149.9	351.0	283.9	38.3	273.0	4.7
		계	603	5,953.0	2,720.0	1899.1	163.3	413.3	380.4	48.3	321.2	4.7

4-2. 온성군 대안(수확량)

면명	지작·소작별	호수	경지 반별	조	콩	피	보리	밀	수수	옥수수	팥
온성 (양수천자, 하서)	자작	-	-	-	-	-	-	-	-	-	-
	소작	17	166.7	138.0	96.0	-	-	-	-	33.6	-
	계	17	166.7	138.0	96.0	-	-	-	-	33.6	-
상포 (태동,안산,양수천자)	자작	63	713.4	543.6	172.8	17.4	77.4	79.8	-	47.4	-
	소작	327	2696.6	1,844.4	842.0	155.4	237.0	175.8	-	121.2	-
	계	390	3410.0	2,388.0	1,014.8	172.8	314.4	255.6	-	168.6	-
영외 (마과, 점만동)	자작	5	96.7	45.0	37.2	-	-	-	-	-	-
	소작	1	11.6	6.0	1.8	-	-	-	-	-	-
	계	6	108.3	51.0	39.0	-	-	-	-	-	-
영중 (마과, 점만동, 시진평)	자작	4	106.8	49.8	32.4	-	15.6	4.8	7.2	18.0	3.0
	소작	6	46.2	23.4	1.8	-	4.2	1.2	-	2.4	-
	계	10	153.0	73.2	34.2	-	19.8	6.0	7.2	20.4	3.0
미포 (양수천자, 삼하동, 하서)	자작	-	-	-	-	-	-	-	-	-	-
	소작	140	1,481.6	935.7	403.3	23.4	94.6	21.0	23.4	-	-
	계	140	1,481.6	935.7	403.3	23.4	94.6	21.0	23.4	-	-
훈융 (밀강, 훈춘)	자작	-	-	-	-	-	-	-	-	-	-
	소작	40	633.4	180.0	288.0	72.0	96.0	87.0	-	240.0	-
	계	40	633.4	180.0	288.0	72.0	96.0	87.0	-	240.0	-
합계	자작	72	916.9	647.8	265.8	17.4	84.4	87.0	7.2	57.6	3.0
	소작	531	5,036.2	3,144.1	634.0	251.1	433.3	229.5	23.4	397.2	-
	계	603	5,953.0	3,791.9	1,899.8	268.5	517.7	216.5	30.6	454.8	3.0

5. 경원군 대안

면명	경작지명	자작·소작별	호수	경지 반별	재배작물 내역(畝)				수확량(石)			
					조	콩	피	옥수수	조	콩	피	옥수수
경원	중국 훈춘	자작	-	-	-	-	-	-	-	-	-	-
		소작	50	2,006	420	704	832	50	199	779	940	54
		계	50	2,006	420	704	832	50	199	779	940	54
인풍		자작	-	-	-	-	-	-	-	-	-	-
		소작	24	600	105	175	303	17	116	194	285	27
		계	24	600	105	175	303	17	116	194	285	27
합계		자작	-	-	-	-	-	-	-	-	-	-
		소작	74	2,606	525	879	1,135	67	315	973	1,225	81
		계	74	2,606	525	879	1,135	67	315	973	1,225	81

6. 경흥군 대안

면명	자작·소작별	호수	경지 반별	재배작물 내역(畝)					수확량(石)				
				조	피	콩	옥수수	귀리	조	피	콩	옥수수	귀리
읍면	자작	9	19.81	0.66	13.41	4.30	0.45	0.99	4.6	127.4	23.6	5.0	6.6
	소작	43	83.49	2.31	63.78	15.05	2.35	-	16.2	586.8	90.3	25.8	-
	계	52	103.30	2.97	77.19	19.35	2.80	0.99	20.8	714.2	113.9	30.8	6.6
고면	자작	-	-	-	-	-	-	-	-	-	-	-	-
	소작	6	7.10	0.30	5.60	1.20	-	-	2.0	56.5	7.6	-	-
	계	6	7.10	0.30	5.60	1.20	-	-	2.0	56.5	7.6	-	-
서면	자작	2	5.30	0.70	3.00	1.60	-	-	5.0	28.0	9.6	-	-
	소작	2	1.70	-	1.00	0.70	-	-	-	8.2	3.9	-	-
	계	2	5.30	0.70	3.00	1.60	-	-	5.0	28.0	9.6	-	-
해면	자작	-	1.70	-	1.00	0.70	-	-	-	8.2	3.9	-	-
	소작	2	1.70	-	1.00	0.70	-	-	-	8.2	3.9	-	-
	계	2	1.70	-	1.00	0.70	-	-	-	8.2	3.9	-	-
합계	자작	12	26.81	1.36	17.44	6.60	0.45	0.99	9.6	163.6	37.1	5.0	6.6
	소작	49	90.59	2.61	69.38	16.25	2.35	-	18.2	643.3	97.9	25.0	-
	계	61	117.40	3.97	86.79	22.85	2.80	0.9	27.8	806.9	135.0	30.0	6.6

대안 지역 이주자의
조선에서 경작

처음 조선에서 토지를 가지고 한편으로 대안 지역에서도 경작하는 자가 점차 대안에 많은 토지를 가지게 되면 경작의 편의를 위해 마침내 이주하게 된다. 이런 자는 대안으로 이주한 후에도 통상 조선에서 토지 경작을 병행하기 때문에 이런 현상을 낳는 것이다. 그렇다고는 해도 그 이유만은 아닐 것이나, 우리가 들은 바에 따르면 대개는 이런 종류의 것이다.

① 농사동 대안의 치동(治洞)에 거주하는 17호는 조선에서 34정 5반의 토지를 가졌다.

② 종성군 남산면에서 대안의 용지사·광풍사·개문사 사람은 각 1명당의 토지를 소유하여 계 8반이 있어 도강 경작하고 있다.

③ 온성군 영충면 내의 신지사에 사는 자 5명, 용정촌 거주자가 1명이 있어, 속전(續田) 9정3반6무의 토지를 가졌다. 이들은 이미 경작을 폐지하여 이제는 완전히 황폐해졌다. 이외에도 이런 것이 전연 없다고 단언하기 어려우나, 각 군 및 헌병대의 조사에 따르면 거의 없는 것 같다. 이에 그 반별(反別)은 총계 26호 44정 5반여에 지나지 않아 이를 조선에서 거주자의 대안 경작자 1,793호, 경작지 1994정3반에 비하면 매우 미미하다는 것을 알 수 있다.

10부

도문강 연안의
국경 경찰

도문강을 경계로 하는 국경 경찰은 강도·절도·상해 사건·아편 밀수입·모르핀 밀매·도박 등으로 국경을 넘는 범행이 있다. 연안 각 헌병분대의 취급 건수는 다음과 같다.

분대별	연차	건 수
무산분대	1913	7
	1914	7
회령분대	1913	16
	1914	6
경원분대	1913	2
	1914	9
경흥분대	1913	15
	1914	5
합계	1913	40
	1914	27

　범행 중 도박은 중국령 각지에 유행한다고 하나 그 가운데 종성대안에서 가장 심하고, 대안의 관헌 즉 수비대·헌병대에서 사사롭게 뇌물을 받아 이를 묵과하는 경향이 있어 조선에서 유혹을 받아 중국령에 가서 재물을 걸고 도박하여 실패하고 돌아오는 자가 있다. 일본 헌병은 자못 단속에 고심하고 있다. 그 밖에 많은 것은 우마(牛馬) 절도, 식염의 중국지 밀수입, 피아(彼我) 섞이는 구타, 상해 사건 등이라 한다. 특히 겨울철 결빙기에는 중국에서 조선으로 와서 강도·절도를 하고 피안(彼岸)에 도주하여 일본 수색권이 미치지 않아 유감이 적지 않다. 이는 특히 강안 거주민의 고통이 크다.

　그러나 근년 겨울철에 조선에서 일본 헌병 지도하에 자위적 야경단을 조직, 촌민이 서로 경계하여 최근 강도 피해는 거의 자취를 감췄고, 도문강에 있는 중주(中洲) 가운데 종성의 고간도(古間島)는 가끔 경작과 관련하여 소작료의 고저 분쟁 문제가 일기도 하였고, 또 토리(土里)의 중주(中洲)는 백양나무[楊樹] 벌목으로 문제가 생긴 일도 있고, 토리에서는 연어잡이[鮭漁]

의 영역 분쟁이 일기도 했으나, 이는 피아 관헌의 의사가 소통하여 2~3년 전과 같은 문제를 낳는 일이 없고 자못 양호한 상황에 있다.

이상 진술한 일반적 경찰사고 외에 특히 하류 경흥에서는 연추(煙秋, 크라스키노-역자) 러시아 국경사무관으로부터 여권을 휴대치 않은 한인을 인도해 오기도 하는데 이는 쉽게 감소하지 않아 부랑인을 단속하는데 유감스러운 바이다. 이런 부랑 한인 중에는 ① 일본 관헌에 여권 발급을 출원하는 비용, 수고를 싫어하는 자 ② 출원해도 여권이 발급되지 않을 것이라 예견하여 출원하지 않는 자 ③ 출원했으나 불허가로 된 자의 3종류가 있다. 요컨대 일본 신민으로서 외국 관헌의 보호를 청구할 수 없는 자이다.

들은 바에 따르면, 한인으로 러시아령에 거주하는 자는 개인당 3루블을 내야 비로소 거주권을 얻고 이후 매년 이를 상납해야 한다. 또 여행자로 여권을 가지지 않는 자가 75가(哥)를 상납할 때는 6개월 동안 거주가 인허되는 제도가 있다. 그런데 근년에 러시아 정부는 극동 이민보호정책에 기초하여 한국인을 러시아령에서 추방하는 것이 극히 엄하다. 재작년(1912) 이후 여권을 가지고 있지 않아 러시아 국경사무관으로부터 경흥 헌병분대에 인도된 수는 다음과 같다.

연도	구분	인원수	합계
1912	남	304	304
	녀	0	
1913	남	472	479
	녀	7	
1914.1~8.	남	1,127	1,139
	녀	18	

인도 방법은 무여권자의 이름, 인원수를 기재한 송치장(러시아문)과 함께 재연추국경사무관에서 연추의 한인 촌장에 인도하고 촌장은 이를 촌에서 촌으로 보내 경흥헌병분대에 인도한다. 1912년에 '형법대전'이 철폐되

기까지 무여권자에 대해 외국 사출죄(私出罪)로 경흥헌병분대에서 형사소추한 자가 53명이었고, 1913년에는 인도 수령 후 행려병자로 경흥면 헌병에 인도한 자 3명, 또 '경찰범처벌규칙' 제1조 제2항(일정한 주거 또는 생업 없이 여러 곳을 배회하는 자)에 의해 처벌한 자 2명, 1914년에는 절도 1, 도물고매(賭物故買) 1, 경찰범처벌규칙에 의한 처벌자 3명이 있었다.

1913년 이래 경흥헌병분대에서 처벌한 자는 이상과 같고 기타는 무도분대에서 다시 무여권으로 러시아에 도항해서는 안 된다는 뜻을 말로 잘 타일러 향리에 귀환케 했다. 그러나 그 가운데 10분의 8은 다시 러시아 또는 중국으로 넘어가고, 귀향 혹은 조선에 머무르는 자는 10분의 2에 지나지 않는다. 이렇듯 무여권자 인도자가 끊이지 않는 것은 한 번 생각해 볼 사항이다. 여권을 받는 방법을 안내하고, 국경을 나가는 자의 검문을 한층 조밀하게 이행할 필요가 있다고 믿는다.

조선총독부의 간도 시찰 보고서
압록강·두만강 유역 『國境地方視察復命書』

1판 1쇄 인쇄   2023년 6월 20일
1판 1쇄 발행   2023년 6월 28일

저자   조선총독부
번역   문상명
펴낸이   유필남
디자인   역사공간
펴낸곳   도서출판 역사路
등록   553-93-01280
e-mail   historyroad@naver.com
인쇄   삼아인쇄사

ISBN   979-11-975004-6-6

• 잘못된 책은 바꾸어 드립니다.

가격 27,000원